Rudolf Hiestand (Hrsg.)
Traum und Träumen

Studia humaniora

Düsseldorfer Studien zu Mittelalter und Renaissance
Herausgegeben von
Wilhelm Busse, Hans Hecker, Rudolf Hiestand,
Gert Kaiser, Joachim Poeschke, Hans Schadewaldt, Ludwig Schrader,
Hubertus Schulte Herbrüggen, Josef Semmler
und Peter Wunderli

Band 24

Über den Herausgeber:
Professor Dr. Rudolf Hiestand ist Lehrstuhlinhaber für Mittelalterliche Geschichte an der Heinrich-Heine-Universität Düsseldorf und hat zu den Kreuzzügen und zum mittelalterlichen Papsttums publiziert.

Rudolf Hiestand (Hrsg.)

Traum und Träumen

Inhalt · Darstellung · Funktionen einer Lebenserfahrung in Mittelalter und Renaissance

Droste Verlag

Gedruckt mit Unterstützung der Dr. Reinhard und Emmi Heynen Stiftung

Umschlagbild:

Albrecht Dürer, Selbstbildnis
Erlangen, Universitätsbibliothek

CIP-Titelaufnahme der Deutschen Bibliothek

Traum und Träumen:
Inhalt, Darstellung, Funktionen einer Lebenserfahrung
in Mittelalter und Renaissance / Rudolf Hiestand (Hrsg.). -
Düsseldorf : Droste, 1994
(Studia humaniora ; Bd. 24)
ISBN 3-7700-0828-6
NE: Hiestand, Rudolf [Hrsg.]; GT

Einbandentwurf: Helmut Schwanen
Druck und Bindung: MVR Druck Köln GmbH, Köln
ISBN 3-7700-0828-6

Inhaltsverzeichnis

Rudolf Hiestand

Einleitung

Der Traum begleitet den Menschen, wie wir heute wissen, von seiner Geburt an, wenn nicht schon zuvor, als ein unentbehrliches "Ventil". Er macht, ob wir es im Nachhinein selber wissen oder nicht, einen unverzichtbaren Teil des nächtlichen Schlafes aus. Doch manchmal begleitet er uns auch am Tag, wenn wir während der Arbeit oder in Mussezeiten zu "träumen" beginnen.

Träume konnen Wünsche widerspiegeln, frohe Kunde vermitteln, erleichtern, für kürzere oder längere Zeit in positivem Sinne irreführen. Träume können aber auch bedrohlich wirken, Angst nach sich ziehen, bedrängende Erfahrungen sein, in denen aus dem Unbewussten Bedrohungen aufsteigen, bis wir gar schweissgebadet in den Wachzustand zurückgerissen werden. Gerade solche Träume sind es oft, an die wir uns erinnern, weil sie so jäh aus dem Schlaf aufschrecken, dass der Übergang zum Wachsein einen Teil des Geträumten mitnehmen lässt. Daneben steht freilich auch das geflügelte Wort: "Träume sind Schäume". In beiderlei Hinsicht: Ängste können eben unbegründet sein, wir schieben sie weg, weil wir dem Traum eine Spiegelung der Realität verweigern; ebenso können Träume aber im eigentlichen und im übertragenen Sinne Dinge glauben machen, die sich "nach dem Aufwachen" in der Wirklichkeit ganz anders darstellen.

Dass man träumt, ist eine Urerfahrung des Menschen, wie schon die frühesten literarischen Zeugnisse im Gilgamesch-Epos, in den Hieroglyphentexten, im Alten Testament und in den Homerischen Gesängen zeigen; wie man sich Träumen gegenüber verhalten soll, vor allem jenen Träumen, die man nach dem Aufwachen noch "weiss", rekonstruieren kann, hat stets beschäftigt. Vor dem Zwiespalt, dass einerseits ganz offenkundig ein Bezug zwischen Traum und Wirklichkeit existieren kann, andererseits ebenso oft ein solcher Bezug nachweislich nicht vorhanden ist, der Traum etwas ganz anderes verspricht oder androht, als es der

Fortgang der Ereignisse dann zeigt, suchte man eine Anleitung, wie der Traum zu verstehen und zu deuten sei.

Was der Traum in Literatur, Kunst und Geschichte des Mittelalters und der frühen Neuzeit auf den verschiedensten Feldern an Assoziationen wecken konnte, wie der kleine Ritter und der Politiker, der Theologe und die religiös ergriffene Nonne, der Kaufmann und der Künstler dem Phänomen Traum gegenüber stand, welche Inhalte, welche Funktionen der Traum für ihr Leben, ihr Handeln und in den von ihnen geschaffenen Werken hatte, wie sie ihn wiedergaben, an einer Reihe von ausgewählten Fragestellungen und Themen darzulegen, war das Ziel einer Ringvorlesung, die das Forschungsinstitut für Mittelalter und Renaissance an der Universität Düsseldorf im Wintersemester 1990/91 durchführte. Dass eine Reihe von Publikationen fast gleichzeitig oder kurz darauf ähnliche Fragestellungen aufgriff[1], zeigt, wie das Thema "aktuell" ist. Das Interesse der Teilnehmer in vielen sich anschliessenden Diskussionen bewies es gleichfalls, wohl weil eine menschliche Alltagserfahrung in eine andere Zeit transponiert zugrundeliegt.

Alle Aspekte des Themas erfassen zu wollen, wäre wiederum in sich ein "Traum" geblieben. So versuchte auch jeder der Referenten – ob Historiker, Literaturwissenschaftler, Kunsthistoriker, Medizinhistoriker – nur, aus seinem Bereich einen Blick auf das Verständnis des Traumes, seine Darstellung, seine Funktion

1 P. Dinzelbacher, *Vision und Visionsliteratur im Mittelalter*, Stuttgart 1981 (Monographien zur Geschichte des Mittelalters 23); T. Gregory (Hg.), *I sogni nel medioevo*, Roma 1985; K. L. Lynch, *The High Medieval Dream-Vision. Poetry, Philosophy, and Literary Form*, Stanford/Calif. 1988; A. Paravicini Bagliani-G. Stabile, *Träume im Mittelalter. Ikonologische Untersuchungen*, Stuttgart 1989; P. Dinzelbacher (Hg.), *Mittelalterliche Visionsliteratur*. Eine Anthologie, Darmstadt 1989; Maria Elisabeth Wittmer-Busch, *Zur Bedeutung von Schlaf und Traum im Mittelalter* (Medium Aevum Quotidianum, Sonderband 1), Krems 1990 (mit umfassenden Literaturverweisen); S. E. Kruger, *Dreaming in the Middle Ages*, Cambridge 1992. Zeitlich vorausging eine sozusagen programmatische kurze Studie von J. Le Goff, "Les rêves dans la culture et la psychologie collective de l'Occident", in: ders., *Pour un autre Moyen-Age*, Paris 1975, S. 299-306.

und auf das Verhältnis von Traum und Wirklichkeit zu werfen. Ein besonderes Glück war es, dass ein Vertreter der klassischen Philologie die Theorie des Traumes der Antike vorstellte und der Medizinhistoriker einen Einblick in die meist ganz unbekannten naturwissenschaftlichen Vorstellungen der Zeit gab. Wie in so vielen Feldern war das Mittelalter auch in seinem Verhältnis zum Traum und in seinen Traumtheorien weitgehend ein Erbe der Antike.

In einem breit angelegten Überblick geht Bernd Manuwald den vielfältigen Aspekten des Verhältnisses der Griechen zum Traum und seiner Bedeutung für den Menschen nach. Von den ersten literarischen Zeugnissen bei Homer an zeigt sich als eine konstante Linie das Verständnis des Traumes als etwas von aussen Kommendes, das daher nach einer ratgebenden Interpretation verlangt, ohne doch das Bewusstsein über das zwiespältige Verhältnis zwischen Trug und Wirklichkeit im Traum völlig verdrängen zu können. Neben der daraus hervorgehenden Mantik, die sich auch in weitverbreiteten Traumbüchern niederschlägt, stehen jedoch die diagnostische und therapeutische Anwendung in der Medizin, sehr moderne Züge aufweisende naturwissenschaftliche Erklärungen des Traumes, der Traum als literarische Form und schliesslich die über Macrobius dem Mittelalter als Basis für dessen eigene Auseinandersetzung mit dem Phänomen vermittelte Kategorisierung bei Artemidor.

Ausgehend von einem Disput über eine solche diametral unterschiedliche Interpretationsmöglichkeit von Träumen in Chaucers *Troilus und Criseyde* und dem Streit zwischen Chauntecler und Pertelote in seiner Erzählung vom Nonnenpriester in den *Canterbury Tales* sowie anderer Texte des 12. bis 14. Jahrhunderts zeichnet Wilhelm G. Busse in weit gespanntem Bogen vom Frühmittelalter bis in die Neuzeit die philosophischen und kirchlichen Traditionen beider Positionen nach. Durch medizinische Interpretationen und den Rekurs auf biblische und theologische Warnungen vor falschen Träumen stand seit dem 12. Jahrhundert wieder der uralte Gegensatz zur Diskussion: *somnium coeleste* oder *somnium animale* bzw. *naturale, somnia vera* oder *somnia falsa*, auf der einen Seite die kritische Haltung "Träume sind Schäume", ja Teufelswerk, auf der anderen die mit der existentiellen Frage der Prädestination verbundene Interpretation von Träumen als göttliche Weisungen, ein Zwiespalt, der sich in grossen literarischen Werken wie dem *Roman de la Rose* niederschlägt, um die Frage zu stellen, welche Auswirkungen auf kollektive Einstellungen der jeweiligen Zeit das Verhältnis zum Traum hatte. Damit ist auch das Wiederentstehen von Traumbüchern als ein Schritt der Emanzipation von der kirchlichen Kontrolle über den Traum zu sehen.

An einem viel enger umgrenzten Stoff und einer kleinen Gruppe von extremen Lebensgestaltungen stellt Otto Langer mit den modernen hermeneutischen Kriterien die Frage nach der Bedeutung und Funktion von Traum und Traumvisionen in der spätmittelalterlichen Frauenmystik. Als Aspekt charismatischer Spiritualität, die keinen absoluten Dualismus zwischen Leib und Geist anerkennt, bzw. Traum und Vision als legitime Form unmittelbarer Gottesoffenbarung sieht, werden sowohl in kompilatorischen Nonnenviten als auch in individuell ausgerichteten Gnadenviten aus oberdeutschen Dominikanerinnenkonventen Visionen und Träume zum Nachweis für den Gnadenstand der einzelnen Schwestern. Während hier Träume oder Visionen funktional als Medium der Belehrung das Lebensgefühl der Visionärinnen, aber auch bis in die leibliche Sphäre z.B. mit einer Stigmatisierung verändern können, hat gleichsam als Korrektiv zu dieser Haltung nach Meister Eckhart jedes Werk der göttlichen "minne" gegenüber der Nächstenliebe zurückzutreten.

Als ein dichterisches Werk, in dem der Traum nicht einzelner Erzählungsinhalt unter anderem, aber auch nicht mehr Weg zur Transzendenz ist, sondern Grundstruktur und Rahmen eines Gesamtwerkes, stellt Ludwig Schrader Joachim Du Bellays *Songe* von 1558 vor. Einer von drei Sonnett-Zyklen, die der Dichter während eines als Exil empfundenen Aufenthaltes in Rom verfasste, ist der *Songe* trotz unablässiger Interpretationsbemühungen in mancher Hinsicht bis heute dunkel geblieben und stellt der Forschung viele noch ungelöste Fragen, vielleicht weil gerade das hermeneutische Problem das heimliche Thema ist. Vom zentralen Thema der *vanitas* beherrscht, stehen zwischen einer Traumerscheinung eines Daemons am Anfang und derjenigen einer Gigantin am Ende mit dem darauf folgenden plötzlichen Erwachen fünfzehn je eine Traumvision enthaltende Sonette, die fast immer nach einer über die Hälfte hinaus aufsteigenden Linie zu einem Zerbrechen, einem Verfall umschlagen, zugleich aber dank ihres Traumstatus der als Bild gewählten Vergangenheit "Realität" zu geben vermögen und dank der Traumform eine auch den Leser einbeziehende kommunikative Struktur erhalten.

Als zentrales Strukturelement der dichterisch-dramatischen Gestaltung eines historischen Themas erkennt Hubertus Schulte Herbrüggen die Rolle der Träume in Shakespeares *The Tragedy of King Richard III.* Sie begleiten an drei entscheidenden Stellen die Handlung und zeigen zugleich drei verschiedene Funktionen und Reaktionen an: den weissagenden Angsttraum des in der Folge selber Betroffenen, den Traum als eine an einen Dritten weiterzuleitende, von diesem aber zum eigenen Unheil vernachlässigte Botschaft und schliesslich, wenn auch unter konträren Vorzeichen, als Rückblick. Dabei handelt es sich in allen drei Fällen nicht um Gaukelei, sondern "reale" Botschaft. Doch über die unmittelbare Rolle der Träume in der dreifachen Form der dichterischen Gestaltung durch den Träumenden selbst, den Bericht über den Traum eines Dritten und in dramaturgisch kühner Weise das Miterleben durch den Zuschauer wird die Frage nach ihrer Bedeutung nicht nur für die Mikrostruktur des Einzeldramas, sondern auch für das Gesamtwerk des Dichters und schliesslich für die Tragik-Auffassung gestellt.

In einer Verbindung von historischem Geschehen und seiner literarischen Gestaltung unter einem Traummotiv betrachtet Rudolf Hiestand das Phänomen des Kreuzzuges. Wenn am Ende des 14. Jahrhunderts Philippe de Mézières seinen Kreuzzugsaufruf als *Songe du vieil pèlerin* in Traumform kleidet, erhebt sich die Frage, wie weit sich darin nicht ein Symptom für die zunehmende Distanz zur Idee offenbart. Doch liesse sich angesichts der historischen Entwicklung nicht die ganze Kreuzzugsbewegung in der sich wiederholenden Diskrepanz zwischen Ziel und wirklichen Ergebnissen als ein grosser "Traum" der hochmittelalterlichen *christianitas* sehen? Schliesslich gilt es zu prüfen, wie weit Träume im Verlauf der Kreuzzüge selber eine Rolle gespielt haben, wer die Träger waren und welche Funktionen ihren Träumen zukam.

Eine doppelte Bedeutung hat der Traum auch in der Legende von der "Weißen Mitra" von Nowgorod, an der Hans Hecker die Zusammenhänge von Politik und Mythos, Traum und Legende aufzeigt. Nicht nur drückt die angeblich nach göttlichem Willen aus Rom nach Russland gekommene "Weiße Mitra" – eine Spiegelung aus der bekannten Konstantin- und Silvesterlegende – den ideologisch-religiös abgestützten Selbsterhaltungstraum einer historisch in Bedrängnis geratenen Gesellschaft gegenüber neuen politischen Kräften und Strukuren aus, in diesem Fall der von Kaufleuten getragenen Stadtrepublik Novgorod und ihres Erzbischofs gegenüber dem aufsteigenden Grossfürstentum Moskau zu Beginn des 16. Jahrhunderts, in erster Linie dem bedeutenden Iwan III., sondern in ihr selbst spielt der Traum immer wieder als Mittler zwischen der transzendentalen und der irdischen Ebene eine entscheidende Rolle.

Vom kunstgeschichtlichen Blick her erweist sich, wie Joachim Poeschke hervorhebt, die erste "moderne" bildliche Darstellung eines Traumes, Albrecht Dürers Aquarell mit dem Titel "Traumgesicht" aus dem Jahre 1525, zugleich als ein entscheidendes Dokument des Übergangs vom Mittelalter zur Neuzeit trotz oder gerade wegen vieler mit ihm verbundener ungelöster Fragen. Denn in einem Bruch mit den weitgehend von literarischen Vorlagen bestimmten und nach festen Formen gestalteten Traumdarstellungen des Mittelalters beruht es auf einem persönlichen Erleben, in einzigartiger Weise zudem mit einem schriftlichen "Protokoll" über den in der Folge wiedergegebenen Traum versehen. Damit tut sich der Wandel von einer mittelbaren, illustrativen zu einer unmittelbaren, subjektiven Wiedergabe kund, die das neue Selbstverständnis des Künstlers in der Renaissance spiegelt. Da Angstträume, wie hier offensichtlich festgehalten, eine allgemeine menschliche Erfahrung darstellen, stellt sich die

Frage nach der kunstgeschichtlichen Einordnung doppelt, auch etwa im Vergleich zu Leonardos Zeichnungen über die Sintflut.

Auf dem Hintergrund der modernen Traumforschung seit Freud und C.G. Jung und der neuen Erkenntnisse über die gemeinhin mit der Kürzel REM (Rapid Eye Movements) bezeichneten Traumphasen führt Hans Schadewaldt auf das wenig bekannte Feld der physiologischen Kenntnisse und Erkenntnisse des Mittelalters über den Vorgang des Traumes. In hohem Masse von antiken, sowohl direkt als durch die Araber vermittelten Ideen, vor allem der Lehre von den vier Säften, bestimmt, beruhte die Erklärung des Traumvorganges auf der Ventrikellehre, die zwar richtig das Erinnerungsvermögen, als dessen Teil der Traum galt, ins Gehirn verlegte, doch glaubte sie, dass ein aus heutiger Sicht imaginärer *Vermis rubrus* im Traum den Austausch von memoriertem Material mit der Verarbeitungsstelle der *imaginatio* und *fantasia* reguliere. In der Regel nur spirituell wahrgenommen, blieben die Träume in dieser Deutung wenigstens fragmentarisch dann lebendig, wenn sie sozusagen versehentlich in die Gedächtniskammer zurückkamen. Doch damit wurden sie statt als Signale von aussenstehenden Gottheiten bereits innerweltlich im Zusammenhang mit der eigenen Psyche verstanden.

Die einzelnen Beiträge, zum Teil etwas erweitert und mit weiterführenden Literaturangaben versehen, geben bewusst weitgehend die Vortragsform wieder, die auch einem weiteren Kreis einen Einblick in die vielfältige Thematik erleichtern soll.

Es bleibt allen zu danken, die das Zustandekommen und das Erscheinen dieses Bandes möglich gemacht haben: der Gesellschaft von Freunden und Förderern der Heinrich-Heine-Universität Düsseldorf unter ihrem Präsidenten, Herrn R. Schwarz Schütte, für die großzügige Bereitstellung von Mitteln für den Druck aus der Dr. Reinhard und Emmi Heynen-Stiftung, der Gerda-Henkel-Stiftung für die Mittel, die die Einladung an auswärtige Vortragende erlaubt haben, Herrn Dr. M. Lotsch und den Mitarbeitern des Droste-Verlages Düsseldorf für die vorbildliche Betreuung der Publikation und schliesslich den Mitarbeitern, die zur technischen Vorbereitung der Drucklegung beigetragen haben.

Bernd Manuwald

Traum und Traumdeutung in der griechischen Antike

“Denn auch der Traum kommt von Zeus”, sagt Achill am Anfang der Ilias, als er die divinatorischen Möglichkeiten durchgeht, um eine Auskunft zu bekommen, warum Apollon die Griechen mit einer Seuche heimsuche und wie man ihr begegnen könne (Hom. Il. 1,63). Mit dieser am Beginn der schriftlichen griechischen Überlieferung stehenden Aussage ist schon ganz Wesentliches für eine, um nicht zu sagen *die* Hauptlinie griechischer Traumauffassung festgelegt, die sich über die gesamte Antike beobachten läßt: Der Traum wird verstanden als von Gott gesandtes Phänomen, das darüber belehren kann, was sein wird oder was man zu tun hat, dessen Auswertung mithin einen Teil der Mantik bildet. In den homerischen Epen sind die Träume (ὄνειροι) aber nicht bloß gottgesandt in dem Sinne, daß im schlafenden Menschen ohne sein Zutun ein Vorgang ausgelöst wird, sondern sie können ganz konkrete, von außen herantretende Wesen sein. Einmal hören wir sogar von einem Wohnort, dem Land der Träume (δῆμος ὀνείρων), nahe der Unterwelt (Od. 24,12), und ganz passend verfügen sie dann bei Hesiod als Abkömmlinge der Nacht auch über eine Genealogie (th. 211f.).

Träume können – nach Homer – auf verschiedene Weise zu den Menschen gelangen: Im 2. Buch der Ilias gibt Zeus dem personifizierten Traum, dem Oneiros, einen (in diesem besonderen Fall) trügerischen Auftrag, den er Agamemnon ausrichten soll. Oneiros[1] geht zu Agamemnon, tritt ihm zu Häupten, wobei er das Aussehen Nestors annimmt, und teilt Agamemnon mit,

1 Zum Epitheton οὖλος (wohl “‘baneful, destructive’”) vgl. A.H.M. Kessels, *Studies on the dream in Greek literature*, Utrecht 1978, S. 40ff., dessen Untersuchung überhaupt zu den Träumen bei Homer zu vergleichen ist (worauf sie sich im Gegensatz zum Titel im wesentlichen beschränkt).

was Zeus ihm aufgetragen hat, nicht ohne sich ausdrücklich als Bote des Zeus zu bezeichnen[2]. Agamemnon 'träumt', daß ihm jetzt nichts mehr im Wege stehe, Troja zu erobern – ein klassischer Wunscherfüllungstraum im Freudschen Sinne, nur daß für den epischen Dichter der Traum eben kein Produkt der Innenwelt ist (Il. 2,5-83). Der Vorstellung von der Außenverursachung entspricht der im Griechischen übliche Ausdruck 'einen Traum sehen' (ὄναρ ἰδεῖν, V. 82) statt 'einen Traum haben', wie wir sagen[3]. Als Traumgestalt kann auch die Seele eines Toten kommen, offenbar dann aus eigener Kraft, ohne daß von der Sendung durch einen Gott die Rede wäre. So erscheint der tote Patroklos dem schlafenden Achill und gibt ihm Anweisungen bezüglich seiner Bestattung. Derart 'real' ist die Erscheinung, daß Achill sie anspricht und nach ihr greifen will (Il. 23,65-101). Ein Gott kann aber auch selbst erscheinen, wie Athene in die Kammer der schlafenden Nausikaa geht und ihr in Gestalt einer Freundin im 'Traum' Anweisungen gibt (Od. 6,13-42). Wie sehr der Traum in solchen Fällen als etwas von außen Kommendes verstanden wird, zeigt ein weiteres Beispiel aus der Odyssee: Athene schafft ein Bild (εἴδωλον) in Gestalt von Penelopes Schwester und schickt es mit einer Trostrede in Penelopes Schlafgemach, das es durch das 'Schlüsselloch'[4] betritt und ebenso wieder verläßt (Od. 4,795-839).

---

2 Nach E.R. Dodds (*The Greeks and the Irrational*, Berkeley and Los Angeles 1951, 5. Aufl. 1966; dt. Übers. *Die Griechen und das Irrationale*, Darmstadt 1970 [wonach im folgenden zitiert wird], S. 57; S. 206 Anm. 9) bezeichnet ὄνειρος bei Homer fast stets eine Traumfigur, nicht das Traumerlebnis, in welcher Bedeutung das Wort nur in dem Ausdruck ἐν ὀνείρῳ (Il. 22,199; Od. 19,541 = 21,79) vorzukommen scheine. Aber wenn Nestor sagt: εἰ μέν τις τὸν ὄνειρον Ἀχαιῶν ἄλλος ἔνισπε (Il. 2,80), dann muß der Trauminhalt gemeint sein. Vgl. auch Od. 19,535. Sehr wohl kann allerdings die ursprüngliche Bedeutung von ὄνειρος 'Traumfigur' gewesen sein; vgl. Kessels (wie Anm. 1), S. 174ff. zum Unterschied zwischen ὄνειρος und ὄνειρον.

3 Vgl. Dodds, S. 58; G. Björck, "ONAP IΔEIN. De la perception de rêve chez les anciens", *Eranos* 44 (1946), S. 306-314, bes. S. 311ff.

4 παρὰ κληῖδος ἱμάντα, Od. 4,802.

Die bisher aufgeführten Träume lassen sich, wenn man ihre Art bestimmen will, nach späterer antiker Klassifikation am ehesten dem Typus des χρηματισμός zuordnen, d.h. dem orakelhaften Traum, bei dem eine Autoritätsperson erscheint und unverhüllt angibt, was geschehen soll[5]. Träume dieser Art bedürfen als solche keiner Auslegung. Anders verhält es sich bei symbolischen Träumen, von denen es ein erstes, besonderes Beispiel ebenfalls in der Odyssee gibt. Penelope träumt[6]: Zwanzig Gänsen, die bei ihr den Weizen aus dem Wasser fressen, brach ein vom Berge gekommener Adler den Hals und verschwand wieder. Auf das Wehklagen der Penelope hin kommt der Adler wieder und sagt mit menschlicher Stimme: "Fasse Mut, Tochter des weitberühmten Ikarios! Kein Traum ist dieses, sondern richtige Wahrheit, die dir vollendet werden wird. Die Gänse sind die Freier, ich aber war dir vordem ein Adlervogel, jetzt aber hinwieder bin ich als dein Gatte gekommen, der ich über die Freier alle ein schmähliches Schicksal bringen werde!" (Od. 19,546-550; Übers. Schadewaldt).

Penelope hat also – ganz ungewöhnlich für symbolische Träume – die Deutung gleich mitgeträumt[7]. Daß sie dann trotzdem noch den unerkannt als Bettler vor ihr sitzenden wirklichen Odysseus um eine Stellungnahme dazu bittet, mit der natürlich die Interpretation des geträumten Odysseus nur bestätigt werden kann (Od. 19,535; 555-558), hängt mit Penelopes grundlegender Skepsis hinsichtlich der Gültigkeit von Träumen zusammen. Schon der Traum selbst hatte sich paradoxerweise damit legitimiert, daß er nicht Traum, sondern in Erfüllung gehende Wirk-

5 Macrobius, somn. 1,3,2 u. 8; dieser Typ des (gottgesandten) Traums entspricht der direkten Art des Umgangs der Götter mit den Menschen in den homerischen Epen überhaupt. Vgl. Kessels (wie Anm. 1), S. 157.

6 Vgl. zu diesem Traum Kessels (wie Anm. 1), S. 91ff.

7 Insofern nimmt auch dieser Traum (in seinem zweiten Teil) das Muster des "message-dream" an; vgl. Kessels (wie Anm. 1), S. 150f. Vgl. zur besonderen Struktur dieses Traumes auch schon W.St. Messer, *The Dream in Homer and Greek Tragedy*, New York 1918, S. 34f.

lichkeit sei[8] (V. 547) – eine erste Formulierung der unaufhebbaren Spannng, die besteht zwischen der Einschätzung des Traumes als eines die üblichen menschlichen Möglichkeiten übersteigenden Erkenntnismittels einerseits und andererseits der Auffassung, die eigentliche Wirklichkeit sei nicht der Traum, sondern das im Wachen Wahrgenommene ("Träume sind Schäume"). Auf dieser letzten Vorstellung beruht (schon bei den Griechen) die Verwendung von 'träumen' und 'Traum' als Chiffre für etwas Nichtiges, worauf ich hier nur hinweisen kann, etwa wenn Pindar den Menschen ein schattenhaftes Traumbild (σκιᾶς ὄναρ, Pyth. 8,95) nennt[9].

Penelopes eigene Skepsis geht noch erheblich weiter: Träume seien nicht eigentlich handhabbar, sie redeten Ungeschiedenes, und nicht alle gingen den Menschen in Erfüllung, d.h. man sähe es ihnen als solchen nicht an, ob sie in Erfüllung gingen (sc. auch wenn die Deutung an sich klar ist)[10]. Es gibt nämlich, wie Penelope meint, zwei Tore, durch welche die Träume kommen, eines aus Horn und eines aus Elfenbein. Kommen sie durch das aus Horn (κέρας), bringen sie Erfüllung (κραίνω), passieren sie das elfenbeinerne Tor (ἐλέφας), so betrügen sie (ἐλεφαίρομαι) (Od. 19,560-567)[11]. Diese Ausführungen dienen

8 Zum Begriffspaar ὄναρ – ὕπαρ vgl. Kessels (wie Anm. 1), S. 186ff. Anders R.G.A. van Lieshout, *Greeks on dreams*, Utrecht 1980, S. 41ff.

9 Genauer: ein Traumbild, das zum Gegenstand einen Schatten hat; vgl. zur schwierigen und umstrittenen Bedeutung des Ausdrucks Kessels (wie Anm. 1), S. 228ff. – Vgl. zur Chiffre 'Traum' auch Platon, Politeia 476 cd, wonach das Befangensein in der empirischen Sinnenwelt dem Träumen entspricht, die Fähigkeit aber, die Dinge an sich (Ideen) zu erkennen und, was an ihnen nur teilhat, von den Dingen selbst zu unterscheiden, dem Wachzustand.

10 Dies ist vermutlich der Sinn der Vv. 560f.

11 Horn und Elfenbein sind wohl wegen der 'etymologischen' Verbindung mit κραίνειν und ἐλεφαίρεσθαι gewählt; J. Hundt, *Der Traumglaube bei Homer*, Diss. Greifswald 1934, S. 78ff. Abwegig scheint mir die von Eustathios ausgehende Erklärung van Lieshouts (S. 38f.), wonach Elfenbein mit dem Mund (Zähne) assoziiert wird (Träume, die man hört) und Horn mit den Augen (Träume, die man sieht). Die Assoziationen an Körperteile liegen schon wegen der Epitheta (πριστός, V. 564; ξεστός, V. 566) fern, die auf künstliche Bearbeitung weisen.

zunächst der Zeichnung der Penelope, für die charakteristisch ist, daß sie an die Rückkehr des Odysseus nicht mehr glauben kann, soviele Anzeichen es dafür auch gibt und so nahe er ihr in Wirklichkeit schon ist. Aber hinter den Bemerkungen steht gewiß auch eine allgemeine, vom Autor geteilte Unsicherheit über die Verläßlichkeit von Träumen.

Das führt uns zurück zum Traum Agamemnons in der Ilias, der von Zeus ausdrücklich als Trugtraum gesandt war. Welche Möglichkeiten hat der Mensch zu entscheiden, ob er einem Traum folgen soll? Nestor bemerkt zu dem von Agamemnon erzählten Traum, wenn ihn irgendein anderer Achäer erzählt hätte, würde man ihn für Trug (ψεῦδος) halten und sich nicht danach richten; tatsächlich habe ihn aber der weitaus beste der Achäer gesehen (Il. 2,80-83). Das ist nichts anderes als der – in diesem konkreten Fall freilich untaugliche – Versuch, ein Kriterium zur Traumbeurteilung zu finden, und zwar wird das Kriterium des aus der orientalischen Traumliteratur bekannten Königstraums angewandt, dem man eine herausragende Bedeutung beimaß. Noch die spätere griechische Traumdeutung berücksichtigte die soziale Stellung des Träumenden[12].

Sodann 'sieht' der Grieche immer einen Traum, auch wenn eine Person darin spricht. Könnte der Träumende zwischen "'sight-dreams'" und "'hearing-dreams'" unterscheiden, gäbe es für ihn, wenn man van Lieshouts Erklärung folgt, ein Wahrheitskriterium. Penelopes Problem ist es aber gerade, daß sie nicht erkennen kann, durch welches Tor ihr Traum kam. Hundt (S. 74f.) verbindet den Gedanken der Tore vermutlich zu Recht mit demjenigen vom δῆμος ὀνείρων, dem Land der Träume, das nahe der Unterwelt liegt (Od. 24,12) und von wo aus die Träume dann durch die verschiedenen Tore kommen (vgl. Verg. Aen. 6,893ff.). Vgl. im übrigen Kessels (wie Anm. 1), S. 101ff.

12 Vgl. P. Frisch, *Die Träume bei Herodot*, Meisenheim 1968 (Beitr. z. Klass. Phil. 27), S. 52f. (mit Belegen), bes. Artemidor 1,2 p. 9,19 – 10,17 Pack; Dodds, S. 61 mit Anm. 35. Nicht nachvollziehen kann ich es daher, wenn J. Latacz die Reaktion Nestors auf den Punkt bringt: "Der Generalstab faßt sich im Innern an den Kopf!" ("Funktionen des Traums in der antiken Literatur", *Würzburger Jahrbücher für die Altertumswissenschaft* N.F. 10 (1984), S. 23-39, hier: S. 35).

Traumdeutung, für die insbesondere, aber – wie wir sahen – nicht nur, bei symbolischen Träumen Bedarf besteht, ist, wie es scheint, so alt wie das Träumen selbst. Sie ist bei Homer vermutlich schon als professionelle Kunst bekannt. Denn wenn Achill im Eingang der Ilias verlangt, einen Seher, Priester oder auch einen ὀνειροπόλος zu befragen (1,62f.), dann zeigt die Reihe, daß ein berufsmäßiger Traumdeuter gemeint ist, der gleichzeitig so auch unter die Gruppe hieratischer Personen gerechnet wird, wie offenbar der Dichter an einer späteren Stelle ebenfalls (5,149f.) an einen Traumdeuter denkt, der seine Tätigkeit als Beruf ausübt[13].

---

13 Vgl. Th. Hopfner, Art. "Traumdeutung", *RE* VI A 2 (1937), Sp. 2235. Die beiden Stellen wurden und werden sehr unterschiedlich aufgefaßt. Ob ὀνειροπόλος an beiden 'Traumdeuter' (sc. von fremden Träumen) heißt (so Hopfner), oder an der ersten 'Traumseher' (sc. eigener Träume) und nur an der zweiten 'Traumdeuter' (so Hundt [wie Anm. 11], S. 101ff.; Dodds [wie Anm. 2], S. 207 Anm. 22) oder an beiden 'Traumseher' (so Kessels [wie Anm. 1], S. 25-35), ist strittig; van Lieshout (wie Anm. 8) betrachtet den ὀνειροπόλος als einen auf Traumfragen spezialisierten Mantis, wobei er es offenläßt, ob es sich um eigene oder fremde Träume handelt (S. 165f.).
Tatsächlich ist das Charakteristikum des ὀνειροπόλος nach Il. 5,149f. nicht das Träumen, sondern das κρίνεσθαι ὀνείρους, also eine auf die Träume bezügliche Tätigkeit nach dem Träumen, bei welcher freilich der hier genannte Eurydamas versagt hat, da er aus den Träumen offenbar nicht erkannte, daß Diomedes seine Söhne töten werde. Daß es eigene Träume des ὀνειροπόλος sein sollten, ist schon vom Satzduktus her unwahrscheinlich: τοῖς (bezogen auf die Söhne) οὐκ (zum Bezug auf ἐκρίνατ' vgl. Kessels, S. 27) ἐρχομένοις ἐκρίνατ' ὀνείρους (V. 150). Sowohl der Dativ τοῖς als auch der Plural ὀνείρους legen es nahe, an die Träume der Söhne zu denken. Und außerdem: wäre der ὀνειροπόλος Traumseher, dann müßten sich seine Träume von denen gewöhnlicher Träumender durch ihre divinatorische Kraft unterscheiden. Wesentlich wäre dann, *ob* er einen Traum hatte oder nicht. Der Dichter hätte dann einfach sagen können: Obwohl Eurydamas ein Traumseher war, *sah* er in bezug auf seine Söhne kein Traumbild, das ihn vor ihrem Schicksal gewarnt hätte. Wenn nun aber das κρίνεσθαι das Entscheidende ist, müssen eigene Träume des ὀνειροπόλος zwar nicht ausgeschlossen sein, aber es ist kein Grund zu sehen, warum sie vor den Träumen anderer ausgezeichnet sein sollten.

Die Auffassung des Traumes als mantischer Erkenntnisquelle und die dazugehörige, sich zur Profession entwickelnde Kunst der Traumdeutung lassen sich in großer Verbreitung und Wirksamkeit bis an das Ende der Antike verfolgen (und darüber hinaus; die folgenden Erörterungen sollen aber auf den Bereich der Antike beschränkt bleiben). Es schien gerechtfertigt, anhand der homerischen Epen etwas ausführlicher darauf hinzuweisen, wie das Prinzipielle schon in den ersten uns faßbaren Anfängen erkennbar ist. Im übrigen handelt es sich bei 'Traum und Traumdeutung bei den Griechen' um ein so umfassendes Gebiet, daß im Folgenden nur sehr punktuell, ohne den Anspruch, dem Spezialisten etwas Neues zu bieten[14], auf einige besonders signifikante Phänomene eingegangen werden kann. Dazu sollen die ab den homerischen Epen faßbare Linie in einigen ausgewählten Aspekten noch weiter verfolgt und anschließend die Gebiete 'Traum und Wissenschaft' sowie 'Traum und Literatur' berührt werden.

Aus Il. 1,62f. kann man zunächst mit van Lieshout nur schließen, daß ein Fachmann in Traumfragen gemeint sein muß (ganz entsprechend wie auf seinem Gebiet der wenig später [V. 69] genannte οἰωνοπόλος). Nichts spricht aber gegen einen Traumdeuter (auch fremder Träume), jedenfalls nicht die Tatsache, daß kein Traum erwähnt wird, den es zu deuten gäbe (womit Hundt und Kessels argumentieren); denn Achill nennt ja auch den ἱερεύς (V. 62), ohne daß wir von einem Opfer erfahren, aus dem er seine Schlüsse ziehen könnte. Daß etwa Agamemnon (Il. 2,56ff.) und Achill (Il. 23,103ff.) keine ὀνειροπόλοι konsultieren (worauf Kessels, S. 26, hinweist), spricht natürlich nicht gegen die Existenz professioneller Traumdeuter. Denn die Träumenden haben wegen der Eindeutigkeit der Träume gar kein Bedürfnis nach Deutung. Und daß es sich bei Agamemnons Traum um einen Trugtraum handelt, darf ihm um der Struktur des Geschehens willen ja gerade nicht bewußt werden.

14 Hilfreich für weitere und detailliertere Informationen sind u.a.: B. Büchsenschütz, *Traum und Traumdeutung im Alterthume*, 1868 (Ndr. Wiesbaden 1967); J.S. Hanson, "Dreams and Visions in the Graeco-Roman World and Early Christianity", *Aufstieg und Niedergang der Römischen Welt* II 23.2 (1980), S. 1395-1427 (bes. zur Typologie von Traumberichten) sowie die bereits genannten Arbeiten von Hopfner, Dodds (wie Anm. 2) (dessen Kap. IV: *Traumform und Kulturform*, S. 55ff., die vorliegenden Ausführungen besonders verpflichtet sind), Kessels (wie Anm. 1) und van Lieshout (wie Anm. 8).

Zunächst also noch einmal zurück zu der uns seit den homerischen Epen bekannten divinatorischen Auffassung des Traums. Sie basiert generell zumeist darauf, daß der Traum etwas in irgendeiner Form 'Gottgesandtes' (θεόπεμπτος) ist, jedenfalls etwas von außen Erregtes. Dazu ist auch die Vorstellung zu rechnen, Dämonen, Wesen zwischen Mensch und Gott, vermittelten bzw. verursachten die Träume[15]. Es gibt daneben eine andere Konzeption, die mit der orphischen Auffassung des Körpers als Grab der Seele zusammenhängt und von mantischen Fähigkeiten der als göttlich verstandenen Seele selbst, wenn sie sich soweit als möglich vom Körper freimachen kann, ausgeht. Wir finden diese Ansicht erstmals in einem Pindarfragment (131 b Snell). "Der Leib aller folgt dem überaus starken Tod. Doch bleibt noch lebendig ein Abbild des Lebens (εἴδωλον αἰῶνος~Seele). Denn dieses allein stammt von den Göttern. Und es schläft, wenn die Glieder tätig sind, aber den Schlafenden zeigt es in vielen Träumen die herankommende (künftige) Entscheidung zwischen Angenehmem und Schlimmem"[16]. Auch so ergibt sich also eine übernatürliche Bedeutung der Träume.

Auf welcher Basis auch immer[17], der Traumglaube war so sehr ein Bestandteil des Lebens, daß es Leute gab, die, sooft sie geträumt hatten, zum Traumdeuter gingen (Theophrast [char. 16,11] hielt dies freilich für ein Merkmal des Abergläubischen), und der Glaube an die mantische Qualität der Träume machte auch vor den führenden Kreisen nicht halt, wobei selbst unter den

15 Erstmals angedeutet bei Platon, symp. 202 e – 203 a. Vgl. auch unten Anm. 17.

16 Weitere Belege für diese Traumtheorie bei A. Palm, *Studien zur Hippokratischen Schrift ΠΕΡΙ ΔΙΑΙΤΗΣ*, Diss. Tübingen 1933, S. 62ff.

17 Vgl. zu den drei genannten Möglichkeiten Cic. div. 1,64 (Poseidonios fr. 108,4ff. E.-K. = 373a Th.): *Sed tribus modis censet [sc. Posidonius] deorum adpulsu homines somniare, uno quod provideat animus ipse per sese, quippe qui deorum cognatione teneatur, altero quod plenus aer sit inmortalium animorum, in quibus tamquam insignitae notae veritatis appareant, tertio quod ipsi di cum dormientibus conloquantur.* Bemerkenswert ist, daß alle drei genannten Formen unter den Oberbegriff '*deorum adpulsu somniare*' fallen.

Philosophen strikte Gegner dieser Auffassung, wie Epikur[18] und seine Anhänger und der akademische Skeptiker Karneades[19], die Ausnahme blieben. Um einige Beispiele zu nennen: Xenophon wurde beim Zug der Zehntausend in schwieriger Lage durch einen Traum bewegt, die Initiative zu ergreifen, wie er selbst berichtet (an. 3,1,11ff.)[20]. Und sechs Jahrhunderte später ließ sich ein 'Kollege' Xenophons, der Historiker Cassius Dio, durch einen Traum veranlassen, Geschichte zu schreiben, und, als er verzagen wollte, durch Träume zur Fortsetzung seines Monumentalwerkes der römischen Geschichte motivieren (Dio 73 [72], 23,2-4). Alexander d. Gr. hatte wenigstens zeitweilig gar einen eigenen Traumdeuter im Gefolge, Aristandros aus der lykischen Stadt Telmessos, deren Einwohner als zur Mantik besonders begabt galten[21]. Als Alexander z.B. einst vor Tyros lag und es mit der Belagerung der Stadt nicht recht voranging, träumte er, auf seinem Schild spiele ein Satyr (gr. Σάτυρος). Aristandros deutete dies – durchaus ernstgemeint – als 'σὰ Τύρος', d.h. 'Dein ist Tyros', womit er Alexander dazu gebracht haben soll, den Krieg entschlossener zu führen, so daß er die Stadt einnahm (Artemidor 4,24 p. 260,3-10 Pack)[22].

Die Reihe der Träume, die Griechen die Zukunft vorhersehen ließen oder zu einer Handlung veranlaßten, könnte fast unbegrenzt fortgesetzt werden, für das Verständnis antiker Traumauffassung scheint es aber förderlicher und erkenntnisträchtiger,

---

18 Vgl. die in fr. 395 Us. gesammelten Belege.

19 Vgl. Cic. div. 1,7; 2,150; Palm (wie Anm. 16), S. 61.

20 Zur Traumgläubigkeit Xenophons vgl. auch an. 4,3,8-13; equ. mag. 9,9.

21 Vgl. das Material bei W. Ruge, Art. "Telmessos", *RE* V A 1 (1934), Sp. 413f.

22 Vgl. auch Zonaras 4,10; Plut. Alex. 24,8-9. Als Zitat von Aristandros' Traumdeutungsverfahren möchte es Latacz (wie Anm. 12, S. 24f.) verstehen, wenn S. Freud das geträumte Wort "Maistollmütz" in Stücke analysiert, welche sich als Rest einer Konversation ('Mais' bzw. 'Meißen' – 'toll' – 'mannstoll' – 'Olmütz') erkennen lassen (S. Freud, *Ges. Schriften* II: *Die Traumdeutung*, Leipzig, Wien, Zürich 1925, S. 297f.). Aber einerseits liegt bei 'Satyros' keine "Verdichtungsarbeit" vor, und andererseits (und entscheidender) stellt Aristandros eben gerade keinen Bezug zu Erinnerungen her, sondern will die Zukunft deuten.

etwas näher auf die eben berührte professionelle Traumdeutung einzugehen, zu der wir Ansätze schon bei Homer beobachten konnten. Alexanders Traumdeuter Aristandros hat selbst eine Schrift über Traumdeutung verfaßt[23] und gehört damit in die recht umfängliche Liste der Verfasser von Literatur zur Traumdeutung, die in der Antike von Antiphon (vermutl. 5. Jhdt. v. Chr., wenn er mit dem gleichnamigen Sophisten identisch ist)[24] bis Synesios im 4. Jhdt. n.Chr. reicht[25]. Oft kennen wir nur Namen und einzelne Anschauungen. Für vieles Verlorene entschädigen aber die erhaltenen fünf Bücher über die Traumdeutung (᾿Ονειροκριτικά) des Artemidor von Daldis, wie sich der aus Ephesos stammende Autor nannte, um die Heimatstadt seiner Mutter zu ehren (Artemidor 3,66 p. 235,13ff. Pack). Er lebte im 2. Jhdt. n.Chr. und hat nach eigener Aussage nicht nur die gesamte bisherige Traumdeutungsliteratur in seinen Besitz gebracht, sondern verkehrte sogar auch mit Wahrsagern auf den Märkten und sammelte in der ganzen alten Welt Träume und ihre Erfüllungen (Artemidor 1, pr. p. 2,11-21 Pack). Artemidors Werk kann daher als Sammelbecken antiker Traumdeutung betrachtet werden. Es zeichnet sich geradezu durch ein Bestreben um eine Art Wissenschaftlichkeit aus. Diese zeigt sich einerseits in der erwähnten umfassenden Berücksichtigung der Empirie[26], zum andern in dem Bemühen, die Phänomene zu klassifizieren, etwa nach den verschiedensten Traumarten und den einzelnen Traumsymbolen[27].

23 Artemidor 1,31 bes. p. 37,11-14 Pack; u.a. befaßte er sich mit der symbolischen Bedeutung von einzelnen Zähnen, wenn sie im Traum eine Rolle spielen.

24 Vgl. van Lieshout (wie Anm. 8), S. 217ff.

25 Vgl. Hopfner (wie Anm. 13), Sp. 2237-2241.

26 Damit hängt wohl eine gewisse Offenheit des Autors in der Theorie der Traumherkunft zusammen: "Für mich gibt es nicht mehr das Problem wie für Aristoteles, ob die Ursache des Träumens außerhalb von uns liegt und göttlichen Ursprungs ist oder ob etwas in unserem Innern der Grund ist, das die Seele dazu befähigt und einen natürlichen Vorgang in ihr auslöst, vielmehr nennen wir schon in der Umgangssprache alles Unerwartete gottgesandt." (Artemidor 1,6 p. 16,4-9 Pack; Übers. Brackertz).

27 Vgl. bes. Artemidor 1,1-10. Andere scheinen es mit der Einteilung freilich noch weiter getrieben zu haben; vgl. Artemidor 1,3 p. 11,19 – 12,4 Pack.

Hier kann nur die Haupteinteilung der Träume vorgeführt werden, wie sie außer bei Artemidor im Prinzip gleichartig noch bei weiteren Autoren vorkommt, denen offenbar letztlich eine gemeinsame Quelle zugrunde liegt[28], über die allerdings nichts Sicheres auszumachen ist[29]. Die nachstehende Klassifizierung der Träume stützt sich auf Artemidor (1,1-2) und – ergänzend – auf Macrobius (somn. 1,3).

Grundlegend ist zunächst die Unterscheidung zwischen Träumen mit Vorbedeutung und solchen ohne Vorbedeutung. In der ersten Klasse unterscheidet man drei Arten: ὄνειρος – *somnium*, ὅραμα – *visio*, χρηματισμός – *oraculum*. Ein *oraculum* liegt vor, wenn im Traum eine Autoritätsperson (z.B. Vater, Priester oder Gott) erscheint und verkündet, was sein wird oder nicht, was man tun oder lassen muß. Eine *visio* ist ein 'theoramatischer Traum', bei dem man unverhüllt sieht, was geschehen wird, z.B. wenn man träumt, man erleide Schiffbruch, und kaum ist man erwacht, geht das Schiff auch schon unter[30]. Diese beiden Arten divinatorischer Träume bedürfen als solche naturgemäß keiner Deutung, wohl aber die erstgenannte, das *somnium*, der 'allegorische Traum'[31], der die Zukunft in symbolischen Bildern verhüllt anzeigt und darum die Domäne der Traumdeuter bildet.

---

28 Vgl. L. Deubner, *De incubatione capita quattuor*, Leipzig 1900, S. 1-4.

29 Vgl. Pack, p. XXIVf. seiner Artemidor-Ausgabe. Zu der Artemidor und Macrobius gemeinsamen Quelle (vermutlich ein Traumbuch) vgl. A.H.M. Kessels, "Ancient systems of dream-classification", *Mnemosyne* IV 22 (1969), S. 387-424, hier S. 411-414.

30 Das Beispiel nach Artemidor 1,2 p. 5,1-3 Pack.

31 Nach Macrobius ist der ὄνειρος, das *somnium*, immer symbolisch (1,3,2 u. 10) im Unterschied zu ὅραμα – *visio* (1,3,2 u. 9). Artemidor dagegen unterscheidet allegorische und theoramatische ὄνειροι (1,2 p. 4,22f. Pack) und stellt dann zu ὄνειρος auch ὅραμα (und χρηματισμός), ohne das Verhältnis der Begriffe zueinander zu klären (1,2 p. 6,16-20 Pack). – Zu weiteren Traumklassifikationen vgl. Kessels (wie Anm. 29), S. 387-424 (in Auseinandersetzung u.a. mit der an wertvollen Belegen reichen Arbeit von C.A. Behr, *Aelius Aristides and the Sacred Tales*, Amsterdam 1968, S. 171-195 [The Interpretation of Dreams in Antiquity]); zu den Gemeinsamkeiten zwischen Artemidor und Macrobius und den Besonderheiten bei Artemidor vgl. auch Kessels, ebd., S. 391-396.

'Träume' ohne Vorbedeutung sind das φάντασμα (*visum*), womit eine Erscheinung bezeichnet wird, die in der Natur so keine Entsprechung hat und die man im Halbschlaf wahrnimmt (auch der ἐπιάλτης, der Alptraum, wird hierzu gerechnet)[32] und das ἐνύπνιον (*insomnium*). Das ἐνύπνιον ist ein Schlafphänomen, das nichts Zukünftiges, sondern lediglich bestehende oder dem Schlaf bereits voraufgehende Zustände anzeigt. Sie werden ausgelöst durch psychische oder psychosomatische Affektionen, wobei für den Körper Mangel oder Überfluß, für die Seele Furcht oder Hoffnung (bzw. Verlangen) als Ursachen angegeben werden. Artemidor rechnet zu diesen Träumen auch die Pollutionsträume (ὀνειρωγμοί)[33]. U.a. werden als Beispiele genannt: Ein Liebhaber, der träumt, mit seinem Lieblingsknaben zusammenzusein, ein Dürstender, der träumt zu trinken, ein Mächtiger, der sich im Traum fürchtet, seiner Machtstellung verlustig zu gehen (wobei vorausgesetzt wird, daß ihn diese Sorge schon im Wachen bedrückte) (Artemidor 1,1 p. 3,17 Pack). Mithin geben derartige Träume Einblick in die Wünsche und Befürchtungen des Träumenden.

Eine solche Auffassung von Träumen kommt wenigstens in die Nähe moderner Theorien. Der entscheidende Unterschied ist aber, daß diese Träume für den vorherrschenden Zweig antiker Traumdeutung nur *eine* Klasse der Träume bildeten, und zwar eine als uninteressant, weil für die Zukunftsdeutung wertlos, beiseite geschobene. Man suchte nämlich bei der zumeist betriebenen Art der Traumdeutung nicht Aufschluß über die Person des Träumenden, sondern über sein zukünftiges Schicksal[34]. Nicht daß dabei die Person des Träumenden nicht berücksichtigt worden wäre, aber gewissermaßen in umgekehrter Richtung: Aus Geschlecht, Alter, beruflicher und sozialer Stellung usw. des Träumenden sowie seiner psychischen Gestimmtheit suchte man

---

32 Vgl. Macrobius, somn. 1,3,7.

33 Artemidor 1,1 p. 3,17 Pack.

34 Vgl. auch K. Brackertz (Übers.), *Artemidor von Daldis. Das Traumbuch*, München 1979 (dtv Bibliothek Literatur, Philosophie, Wissenschaft), S. 364f.

Aufschlüsse über die zukunftsweisende Bedeutung der Träume und der darin vorkommenden Symbole zu erhalten. Das konnte bis zur Absurdität führen: Ebenso wie andere Körperteile wurden auch die Zähne als Traumsymbole angesehen. So führt Artemidor, offenbar im wesentlichen nach Alexanders Traumdeuter Aristandros, aus, der Mund stehe für das Haus, die Zähne für Hausbewohner, und zwar die rechten für Männer, die linken für Frauen. Doch gebe es Ausnahmen: Beim Traum eines Bordellbesitzers, der nur Frauen beschäftige, werde man die rechten Zähne auf die älteren, die linken auf die jüngeren Frauen beziehen müssen (Artemidor 1,31 p. 37,11-38,2 Pack). Aber gerade auch, wenn es um in unserer Sicht ernsthaftere Dinge geht, tritt der Unterschied zur modernen Auffassung deutlich hervor: Artemidor gibt dem Traumdeuter den Rat, den Klienten zu fragen, ob er ein angenehmes oder ein unangenehmes Gefühl beim Traum hatte. War nämlich die Seele bei einem Traum von schlechter Vorbedeutung gut gestimmt, so gehe das Schlechte in geringerem Maße oder überhaupt nicht in Erfüllung, usw. (Artemidor 1,12 p. 21,5-11 Pack).

Unsere bisherigen Ausführungen über mantisch relevante Träume bezogen sich auf solche, die sich spontan einstellten und die Artemidor schon deswegen 'gottgesandt' nennt (1,6 p. 16,1-4 Pack). Man konnte aber auch Gottheiten um einen Traum bitten; jedoch weist Artemidor auf ein Problem bei ihrer Auslegung hin: Man müsse darauf achten, daß sie inhaltlich nichts mit der Sorge zu tun haben (aus der heraus die Bitte um den Traum entstand), weil es sich sonst um bedeutungslose ἐνύπνια handle[35].

Solche Bedenken scheinen diejenigen Menschen nicht gehabt zu haben, die sich an den Kultstätten chthonischer Gottheiten unter bestimmten Ritualien zum Schlafen niederlegten[36] in der Hoffnung, der jeweilige Gott werde ihnen im Traum erscheinen und Hilfe für ihre Probleme gewähren.

35 Vgl. Artemidor 1,6 p. 15,19-23 Pack, dessen Gedanken hier frei wiedergegeben sind.

36 Vgl. Deubner (wie Anm. 28), S. 5ff.

Diese sog. Inkubation – die auch in christlicher Zeit noch ausgiebig geübt wurde – war vor allem in der Form der medizinischen Inkubation[37] im Asklepios-Kult von Bedeutung. Am meisten wissen wir von den auf diese Weise vollzogenen Heilungswundern im Asklepios-Heiligtum von Epidauros. Im heiligen Bezirk waren, wie Pausanias (2. Jhdt. n.Chr.) berichtet, zu seiner Zeit noch sechs Stelen zu sehen. Er sagt: "Auf ihnen sind die Namen von Männern und Frauen verzeichnet, die von Asklepios geheilt wurden, und dazu die Krankheit, an der jeder litt, und wie er geheilt wurde" (2,27,3; Übers. Meyer). Von diesen Tafeln haben sich drei (mit teilweisen Beschädigungen) und Bruchstücke einer vierten mit insgesamt 70 Heilungswundern erhalten[38], die vermutlich aus der zweiten Hälfte des 4. Jhdts. v.Chr. stammen[39]. Die überlieferte Redaktion des Textes geht großenteils auf Votivtafeln der Geheilten zurück[40] und hatte den Zweck, die Heilungssuchenden in ihrem Glauben zu bestärken[41]. An etlichen Stellen ist denn auch von Zweiflern die Rede, die eines Besseren belehrt wurden[42]. Einige Texte dienen denen zur Warnung, die gegen die Riten verstoßen oder den Gott betrügen wollen, etwa indem sie gelobte Weihungen nicht vollziehen[43]. Ob man nun ein Geschwür hatte, mit Blindheit geschlagen oder stumm war, ob einen ein Bandwurm plagte oder man unter Unfruchtbarkeit litt (um nur einiges zu nennen), es scheint kaum eine Krankheit gegeben zu haben, bei welcher der Gott nicht helfen konnte. Ein Textbeispiel

---

37 Zum Verhältnis der (wiss.) Medizin zu Wunderheilungen vgl. L. Edelstein, "Greek Medicine in its Relation to Religion and Magic", *Bull. Inst. History of Medicine* 5 (1937), S. 202-246, wieder abgedruckt in: O. u. C.L. Temkin (Hgg.), *Ancient Medicine*, Baltimore 1967, S. 205-246, hier bes. S. 241ff.

38 IG IV^2 1, 121-124. Bequem zugänglich (mit Übers. u. Komm.) in: R. Herzog, *Die Wunderheilungen von Epidaurus.* Ein Beitrag zur Geschichte der Medizin und der Religion, Leipzig 1931 (Philologus, Suppl. 22,3).

39 Vgl. Herzog, S. 2.

40 Vgl. Iamata 1; 3; 4. Weitere Überlegungen bei Dodds (wie Anm. 2), S. 64ff.

41 Vgl. Herzog, S. 57ff.

42 Iamata 3; 4; 9; 36; 61.

43 Iamata 11; 7; 47; 55.

möge für viele stehen: "Ein Mann (sc. kam) mit einem Geschwür innerhalb des Bauches. Dieser sah im Heilraum[44] einen Traum: Es träumte ihm, der Gott befehle den Gehilfen in seinem Gefolge, ihn zu ergreifen und festzuhalten, um ihm den Bauch zu schneiden; da sei er geflohen, sie hätten ihn aber ergriffen und an einen Türring gebunden. Hierauf habe Asklepios den Bauch aufgeschlitzt, das Geschwür ausgeschnitten und ihn wieder zugenäht, und er sei aus den Fesseln gelöst worden; und daraufhin kam er gesund heraus, der Fußboden im Heilraum (ἄβατον) aber war voll mit Blut" (Iama 27; Übers. Herzog). Die Wundertätigkeit des Gottes zeigt sich nicht zuletzt darin, daß er (beim Träumenden) Operationen durchführt, die man damals am lebenden Körper noch nicht vornehmen konnte[45].

Statt weiterer Beispiele sei aus einem literarischen Text referiert, der für den Ablauf eines Inkubationsvorganges und das ganze Drum und Dran besonders instruktiv ist. Er stammt aus der 388 v.Chr. aufgeführten Komödie 'Plutos' (Reichtum) des Aristophanes. Die Person Plutos wird als blind eingeführt, wodurch das Phänomen, daß die Ungerechten reich und die Gerechten arm sind, seine Erklärung findet. Was liegt da näher als der Gedanke, eine gerechte Verteilung des Reichtums dadurch zu bewirken, daß man Plutos sehend macht? Einen brauchbaren Arzt gibt es nicht in Athen, und so verfällt man darauf, Plutos durch Inkubation im Asklepiostempel zu heilen (Vv. 406-412). Der Asklepios-Kult war inzwischen seit über einer Generation auch in Athen heimisch geworden[46]. Über die Vorgänge beim Heilgeschehen berichtet ein Sklave, der Plutos begleitet hat (Vv. 627-770). Ich hebe nur das Wichtigste heraus: Am Anfang des Inkubationsgeschehens steht ein wohl der rituellen

44 ἐγκαθεύδων, eigentl.: schlafend (im Heiligtum zu Heilzwecken), inkubierend.

45 Vgl. *Asclepius.* A Collection and Interpretation of the Testimonies by E.J. Edelstein and L. Edelstein, Vol. II, Baltimore 1945, S. 166 mit Anm. 26.

46 Vgl. Herzog (wie Anm. 38), S. 38 (W 72).

Reinigung dienendes Bad des Plutos im Meer (Vv. 656f.)[47]. Nach der Rückkehr in den Tempelbezirk werden auf dem Altar Opferkuchen und andere Voropfer als Brandopfer dargebracht, dann wird Plutos im Heilraum zu Bett gebracht, wobei sich ein jeder Inkubant sein Streulager zurechtmacht (Vv. 659-663). Der Tempeldiener löscht das Licht und heißt die Inkubanten schlafen und still zu bleiben, wenn einer ein Geräusch höre (Vv. 668-671). Der Sklave schläft aber nicht und bekommt mit, was die andern überhaupt nicht oder nur im Traum wahrnehmen. So sieht er den Priester vom heiligen Tisch Kuchen und getrocknete Feigen rauben, sodann an allen Altären herumgehen und nachsehen, ob vom Opferkuchen etwas übrig sei. Und was der Priester fand, das habe er geweiht ... in einen Sack (Vv. 672-681). – Das ist also die Weise, in der Aristophanes die wundersame Entgegennahme der Opfergaben durch den Gott für möglich hält! – Schließlich taucht Asklepios aber doch noch selber auf, mit seinen Töchtern Iaso (der Heilerin) und Panakeia (der Allheilerin) sowie Sklaven[48] im Gefolge (vgl. Vv. 701f.; 710). Die eigentliche Heilung des Plutos wird dann wie folgt beschrieben: Asklepios setzt sich neben ihn und befühlt zuerst Plutos' Kopf – Handauflegen ist als Gestus bei Heilgottheiten allgemein bekannt[49]. Dann nimmt Asklepios ein reines Leinentuch und wischt die Augenlider sauber. Panakeia bedeckt den Kopf und das ganze Gesicht mit einem purpurnen Tuch – die rote Farbe gehört zum Heilzauber[50]. Dann schnalzt der Gott, und aus dem Tempelinnern schießen zwei übergroße Schlangen hervor – auch sonst tritt Asklepios in Schlangengestalt auf oder bedient sich, wie hier, der Schlangen als Gehilfen[51]. Die

47 Ob der bedauernde Einwurf der Zuhörerin bezüglich des Bades des alten Mannes im kalten Meer (Vv. 657f.) gleichzeitig auch eine Anspielung auf entsprechende Verordnungen ist, wie wir sie aus Epidauros kennen?

48 Es ist von einem παῖς die Rede. Nach O. Weinreich, *Antike Heilungswunder.* Untersuchungen zum Wunderglauben der Griechen und Römer, Gießen 1909 (Religionsgeschichtliche Versuche und Vorarbeiten 8,1; Ndr. Berlin 1969), S. 97, ist der Sohn des Asklepios gemeint.

49 Vgl. Weinreich, S. 18ff., bes. S. 28ff.

50 Vgl. Weinreich, S. 97-99.

51 Vgl. Weinreich, S. 92ff.

Schlangen kriechen unter das Tuch, belecken die Lider, und in kürzester Zeit ist Plutos geheilt – im Schlaf, denn der begleitende Sklave weckt ihn jetzt. Darauf verschwinden der Gott und die Schlangen. Die Mitinkubanten drängen sich um Plutos, und an Schlafen ist nach diesem Wunder natürlich nicht mehr zu denken (Vv. 727-744).

Mag Aristophanes dem Geschehen auch mit merklicher Distanz gegenüberstehen, es mit komischen Elementen (die hier übergangen wurden) angereichert und an sich auch einzeln wirkende Maßnahmen (Handauflegen, Purpurtuch, Schlangen) kumuliert haben, insgesamt dürfte der Text doch ein recht lebensnahes Bild des Inkubationsvorganges, wie ihn sich jedenfalls die Teilnehmer als möglich vorstellten[52], bieten. Und unter diesen gab es zutiefst ergriffene Gläubige, wie das Zeugnis des Aelius Aristeides (2. Jhdt. n.Chr.) lehrt. Er war in langjähriger Krankheit Verehrer des Asklepios geworden und schilderte in einer Art Tagebuch (ἱεροὶ λόγοι) Krankheit, Traumoffenbarung und daraus folgende Anwendungen, die er, wie man festgestellt hat, mit der eisernen Konstitution eines chronisch Kranken überstand[53]. Ich zitiere aus einem seiner Berichte: "Es (sc. ein Heilmittel) wurde mit der größtmöglichen Deutlichkeit angezeigt, wie auch in unzähligem anderen die Gegenwart des Gottes deutlich war. Denn es war, als ob man ihn zu berühren schiene und wahrzunehmen, daß er selbst gekommen sei, und sich mitten zwischen Schlaf und Wachen zu befinden und die Augen öffnen zu wollen und Angst zu haben, daß er sich zuvor entferne, und die Ohren anzustrengen und einiges wie im Traum zu hören, anderes wie im Wachen; und Haare standen zu Berge und Tränen waren mit Freude vermischt und der Sinn war stolz erhaben, aber in unanstößiger Weise. Und welcher Mensch ist in der Lage, derartiges mit Worten darzulegen? Wenn aber einer zu den Eingeweihten gehört, teilt er meine Erkenntnis und versteht" (or. 48,31f.).

52 Vgl. Dodds (wie Anm. 2), S. 210 Anm. 56.

53 Vgl. C. Bonner, "Some Phases of Religious Feeling in Later Paganism", *Harvard Theological Review* 30 (1937), S. 126; Dodds (wie Anm. 2), S. 67 mit Anm. 80.

Wurde also der Inkubationstraum unmittelbar zu Heilzwecken benutzt, so machte sich andererseits auch die eigentliche Medizin das Träumen, und zwar in der Form der Traumdeutung, zunutze. Damit kommen wir nun zu der Rolle, welche der Traum bei den wissenschaftlichen Bemühungen der Griechen spielte. Aristoteles weiß von führenden Ärzten, die der Ansicht waren, man müsse entschieden auf die Träume achten (div. somn. 1, 463 a 4-6). In einigen Fällen sind wir darüber unterrichtet, welche Vorstellungen dabei entwickelt wurden. So behandelt das vierte Buch der hippokratischen Schrift περὶ διαίτης [54] ('Über die richtige Lebensweise'), um 400 v.Chr. entstanden[55], die medizinische Berücksichtigung der Träume. Der Verfasser folgt anscheinend einer Theorie, nach welcher die orphische Auffassung einer allgemein mantischen Fähigkeit der Seele – sie war kurz erwähnt worden – zu einer speziellen Wahrnehmungsfähigkeit der Seele in bezug auf körperliche Erscheinungen während des Schlafes transformiert ist[56]. Dem wachen Körper sei die Seele untertan, könne sich nicht auf sich konzentrieren, sondern müsse sich auf viele Aufgaben aufteilen, indem sie jeder Körperfunktion einen Anteil abgebe, dem Hören, Sehen, Berühren, der Fortbewegung usw. Wenn aber der Körper ruhe, dann verwalte die Seele, in Bewegung und wach, ihr eigenes Haus und könne alle die Aktionen des Körpers (wie Hören, Sehen usw.) für sich allein durchführen (vict. 4,86). Diese gesteigerte Fähigkeit der Seele, wenn der

54 Die folgenden Ausführungen verdanken Wesentliches Palm (wie Anm. 16), S. 43ff.

55 Vgl. Hippocrate, Du Régime, Texte établi et traduit par R. Joly, Paris 1967, XIV-XVI.

56 Der Akzent liegt auf 'transformiert'. Daß der Verfasser von De victu einfach auf der orphischen Lehre gründet (vgl. zu dieser Auffassung Palm [wie Anm. 16], S. 44-47; 62ff., bes. S. 66-69; Joly [wie Anm. 55], S. 97 Anm. 1), hat G. Cambiano wohl zu Recht bestritten, indem er auf Unterschiede zur orphischen Lehre und 'materialistische' Elemente in De victu hinweist ("Une interprétation 'matérialiste' des rêves: *Du régime IV*", in: M.D. Grmek [Hg.], *Hippocratica*. Actes du Colloque Hippocratique de Paris, Paris 1980, S. 87-96). Dadurch ist aber bei allen Unterschieden eine Anleihe bei letztlich orphischen Vorstellungen nicht ausgeschlossen.

Körper schläft, besteht nach dem Verfasser des Traktates auch darin, daß sie Affektionen des Körpers vorweg anzeigen kann, etwa ein Zuviel oder ein Zuwenig an natürlichen Substanzen oder eine Veränderung zu einem ungewohnten Zustand hin. Nicht ganz konsequent leugnet unser Autor keineswegs "göttliche Träume" (d.h. offenbar nicht auf Körpervorgänge bezügliche), für die er auf die professionelle Traumdeutung verweist. Er hält diesen Traumdeutern freilich vor, daß sie sich auch den Träumen widmen, welche sich auf körperliche Zustände beziehen, und dabei einerseits mangels Ursachenkenntnis nur willkürliche Zufallstreffer erzielten, andererseits zur Vermeidung künftigen Übels im Grunde nur das Beten empfehlen könnten. Dagegen hat er nichts, freilich ist er der Ansicht, daß man sich an die Götter wenden müsse, indem man auch selbst Hand anlege (vict. 4,87).

Auf der Grundlage seiner Theorie der natürlichen Träume entwickelt der Autor eine feste Zuordnung von bestimmten Trauminhalten und des jeweils dadurch vorbereiteten körperlichen Wohlbefindens oder der körperlichen Störung. Er ist dabei offenkundig von den Kategorien der üblichen Traumbücher beeinflußt[57], indem er nach Trauminhalten gruppiert und, vereinfacht ausgedrückt, das Prinzip zugrunde legt, daß Träume, die der natürlichen Lebens- und Weltordnung entsprechen, Gutes, die ihr entgegenstehenden Schlechtes anzeigten. Der Autor begnügt sich nun aber nicht mit der früh- oder besser prädiagnostischen Erkenntnis, sondern empfiehlt bei schlechten Träumen jeweils diätetische und bewegungstherapeutische Maßnahmen, die dem manifesten Ausbrechen der Störung entgegenwirken sollen. Er erstrebt also mit medizinischen Methoden, was sonst Menschen, die sich den Folgen eines unheilverkündenden Traums entziehen wollten,

57 Vgl. van Lieshout (wie Anm. 8), S. 185ff.; vgl. auch S.M. Oberhelman, "The diagnostic dream in ancient medical theory and practice", *Bull. Hist. Med.* 61 (1987), S. 47-60. Soweit Oberhelman auf die medizinische Traumdeutung außerhalb von De victu eingeht, scheint er mir allerdings die Beziehungen zur traditionellen Traumdeutung gelegentlich überzustrapazieren.

mit religiösen versuchten, indem sie etwa den Traum dem Sonnengott erzählten, Unglück abwehrenden Göttern opferten oder sich mit Wasser rituell reinigten[58]. Ein Beispiel aus dem medizinischen Bereich: Träumt ein Gesunder von einem Erdbeben, so zeigt dies ihm eine Krankheit an. Er soll seine Lebensweise ändern, zuerst ein Erbrechen herbeiführen (ein vom Autor besonders häufig empfohlenes Mittel) und dann allmählich wieder Nahrung zu sich nehmen. Denn die vorliegende Ernährung sei Ursache für die Störung (vict. 4, 90,5).

Zwar nicht als Ausgangspunkt präventivmedizinischer Maßnahmen, aber als Mittel zur medizinischen Diagnostik benutzt Träume auch der Arzt Galen (2. Jhdt. n.Chr.). Für ihn können Träume Aufschluß über körperliche Zustände, vor allem auch über die quantitative und qualitative Beschaffenheit der Körpersäfte geben[59]. Grundlage ist eine vom Mirakulösen (wie es deutlich beim Autor περὶ διαίτης zu sehen war) befreite Theorie von der Wahrnehmungsfähigkeit der Seele im Schlaf: Im Schlaf tauche die Seele in die Tiefe des Körpers, und von den äußeren Gegenständen der Wahrnehmung zurückgezogen, nehme sie die körperliche Verfassung wahr, und von allem, wonach sie strebe, ergreife sie die Vorstellung, als sei es schon da[60]. Nur in Parenthese sei dar-

58 Vgl. Büchsenschütz (wie Anm. 14), S. 7f. (mit Belegstellen); Palm (wie Anm. 16), S. 75f.

59 Galen, περὶ τῆς ἐξ ἐνυπνίων διαγνώσεως, vol. VI p. 832-835 Kühn; In Hippocratis epid. I, Corpus medicorum Graecorum 5.10.108,1ff. Vgl. auch schon Rufus von Ephesos, Interrog. §33 (Corpus medicorum Graecorum Suppl. 4). – Die Schrift περὶ τῆς ἐξ ἐνυπνίων διαγνώσεως ist allerdings möglicherweise unecht; vgl. G. Demuth, *Ps.-Galeni De dignotione ex insomniis.* Ausgabe mit Übersetzung und Kommentar, Diss. Göttingen 1972, bes. S. 49ff. Wenn es sich jedoch, wie Demuth ausführt (S. 71f.), um eine Kompilation aus byzantinischer Zeit auf der Grundlage teils erhaltener, teils verlorener Schriften des Galen handelt, ist die Echtheitsfrage für unseren Argumentationszusammenhang nicht von entscheidender Bedeutung.

60 Galen VI p. 834 Kühn = p. 8,5ff. Demuth (vgl. auch Ps.-Hipp. vict. 4,93,3, wo der Gedanke allerdings so speziell ist, daß es mir zweifelhaft erscheint, ob man mit Dodds [(wie Anm. 2), S. 70] von Wunscherfüllungstraum sprechen sollte). – Auch die Wunschträume beruhen dem Zusammenhang nach für Galen offenbar auf Körperphänomenen, so wenn ein Dürstender

auf hingewiesen, daß es vom letztgenannten Element der Theorie bis zum Freudschen Wunscherfüllungstraum nicht weit ist, nur daß Galen eben nicht alle Träume so bestimmt. Er leugnet noch nicht einmal divinatorische Träume (deren Möglichkeit er für empirisch gewiß hält)[61]. Das bringt nun freilich ein methodisches Problem mit sich, dem sich der Autor περὶ διαίτης noch nicht gestellt hatte[62]. Wenn Träume nämlich nur entweder durch die körperlichen Verfaßtheiten bedingt wären oder durch das Tun und Denken des Tages (eine weitere Möglichkeit, die Galen nennt[63]), könnte man ein Ausschlußverfahren anwenden: Was einer nicht getan hat und was nicht seinem Denken entsprang, das muß von seinem Körper herrühren. Dieses Vorgehen wird aber dadurch erschwert, daß von den verbleibenden Träumen nicht entsprechend die mantischen ausgeschlossen werden können, so daß die medizinische Traumdiagnostik mit einem erheblichen Unsicherheitsfaktor behaftet bleibt (vgl. Galen VI p. 833f. Kühn = p. 4,6ff. Demuth).

Im Vergleich zur zeitgenössischen mantischen Traumdeutung liegt also bei Galen geradezu eine umgekehrte Problemlage vor. Schob jene die durch Erlebnisse und Körperphänomene bedingten Träume, die nur Aufschluß über den gegenwärtigen Zustand des Träumenden geben können, als irrelevant beiseite, stellte die als mantisch angenommene Qualität mancher Träume für die medizinische Diagnostik ein störendes Element dar. Zur Illustration der Differenzierungsprobleme, die Galen sieht, sei ein Beispiel angefügt: Es habe einer geträumt, sein eines Bein (σκέλος) sei zu Stein geworden, und diesem Traum hätten viele Traumkundige eine Vorbedeutung hinsichtlich der Sklaven dieses

---

träumt zu trinken, ohne den Durst stillen zu können, oder einer, der von Samen angefüllt ist, träumt, sich dem Liebesgenuß hinzugeben.

61 Zu Galens Glauben an divinatorische Träume, durch die er sich auch selbst bestimmen ließ, vgl. S.M. Oberhelman, "Galen, *On Diagnosis from Dreams*", *Journal of History of Medicine* 38 (1983), S. 36-47, hier: S. 37-39.

62 Vgl. Palm (wie Anm. 16), S. 71.

63 Der Gedanke, Träume spiegelten das Denken des Tages wieder, findet sich schon bei Herodot 7,16β.; vgl. auch Empedokles VS 31 B 108.

Mannes zugeschrieben[64]. Tatsächlich sei er aber an der Lähmung seines Beines erkrankt, womit keiner der Ärzte gerechnet habe (Galen VI p. 833f. Kühn = p. 6,6ff. Demuth). Ein zunächst als mantisch verstandener hat sich also als diagnostisch auswertbarer Traum herausgestellt.

Während nun in der Medizin die Beschäftigung mit den Träumen streng anwendungsorientiert ist, liegt uns in den Bemühungen des Aristoteles die wohl differenzierteste, geradezu naturwissenschaftlich zweckfreie Behandlung des Phänomens vor, die wir aus der Antike kennen. Aristoteles, der Träume durchaus sinnesphysiologisch erklärt als 'Vorstellungsbilder' (φαντάσματα), ausgelöst durch Bewegungen, die von Sinneseindrücken (auch noch nach Beendigung der eigentlichen Sinneswahrnehmung im Wachen) ausgehen[65], sieht im Wesentlichen drei Möglichkeiten, wie sich Traum und künftiges Geschehen zueinander verhalten können[66], wobei er übernatürliche Erklärungen, insbesondere die Vorstellung, die Träume könnten gottgesandt sein, entschieden ausschließt[67]: Ein Traum kann Ursache (αἴτιον) des Künftigen

64 In der professionellen Traumdeutung wurden den Körperteilen, wenn sie im Traum vorkamen, bestimmte Bedeutungen zugeschrieben. Vgl. Artemidor 1, 16ff. p. 25,15ff. Pack, der jedoch im Bereich 'Bein' sehr viel genauer differenziert: Knie und Unterschenkel können sich auf Freigelassene, Knöchel und Fußspitzen auf Sklaven beziehen (Artemidor 1,47f. p. 53,14-20 Pack).

65 Vgl. die Schrift περὶ ἐνυπνίων (De insomniis), bes. 3,462 a 29-31.

66 Vgl. Arist., περὶ τῆς καθ' ὕπνον μαντικῆς (De divinatione per somnum).

67 Vgl. div. somn. 1,462 b 20ff.; 2,463 b 12ff.; 464 a 20-22. Nach dem Protreptikos fr. 55 Rose = 9 Walzer = 73,39-43 Gigon sind Traumerscheinungen sogar trügerisch; vgl. auch Metaph. Δ 28, 1024 b 23f. Man muß allerdings vermerken, daß für die exoterische Schrift περὶ φιλοσοφίας berichtet wird, Aristoteles habe die Entstehung des Gottesglaubens u.a. mit Hilfe der Traummantik erklärt, wobei sich unser Gewährsmann (Sextus Empiricus) so ausdrückt, als sei Aristoteles von einer solchen Tätigkeit der Seele auch selbst überzeugt (fr. 10 Rose = 12a Walzer = 947 Gigon). Einen Versuch, die Sonderstellung der für De philosophia bezeugten Aussage zu erklären, macht A.H. Chroust, "Aristotle's Protrepticus versus Aristotle's On Philosophy", *ΘΠ [Theta Pi – A Journal for Greek and Early Christian Philosophy]* 3 (1974), S. 168-178.

sein, er kann Indiz (σημεῖον) sein, oder das Verhältnis von Traum und Realität kann zufällig sein (σύμπτωμα), wobei nicht an sich ausschließende Alternativen gedacht ist (div. somn. 1,462 b 26ff.).

Für den auf den ersten Blick überraschenden Gedanken, Träume könnten Ursache des Künftigen sein, ergibt sich eine ganz einfache Erklärung: Wie der Traum vom voraufgegangenen Geschehen im Wachen seinen Ausgang nehmen kann, so umgekehrt das Handeln des Menschen und sein Denken darüber von dem, was er nachts geträumt hat (div. somn. 1,463 a 21-30).

Soweit Aristoteles Träume als Indizien einschätzt, befindet er sich auf dem Boden der medizinischen Traumdeutung, wobei freilich die Möglichkeiten, welche der Autor περὶ διαίτης der Seele im schlafenden Körper zuschrieb, auf ein mehr realistisches Maß – wovon dann Galen ausging – reduziert werden: Nach Aristoteles gehen am Tage kleinere (interne) Prozesse einfach unter, sie bleiben neben den größeren, dem Wachzustand eigenen, unbemerkt. Umgekehrt im Schlaf: Da erscheint das Kleine groß, wenn man etwa ein nur geringes Geräusch als Donnern deutet. Da nun die Anfänge von allem klein sind, so gilt das auch für die Krankheiten und die Affektionen, die im Körper auftreten wollen. Und dieser Sachverhalt wird eben im Schlaf deutlicher erkannt als im Wachen (div. somn. 1, 463 a 7-21).

Aristoteles hat jedoch nur eine kleine Gruppe von Träumen (ἔνια) als Ursachen bzw. als Indizien eingestuft, bei den meisten hielt er das Verhältnis von Traum und künftiger Realität für genauso zufällig, wie wenn man von jemandem spreche, und er komme dann tatsächlich. So erklärt es sich nach Aristoteles auch, daß eben viele Träume nicht in Erfüllung gehen (div. somn. 1, 463 a 30 – b 11), was übrigens in gleicher Weise für die Indizienträume gelte, da es eben möglich ist, daß Ursachen aufgrund von später auftretenden, stärkeren Einflüssen faktisch nicht zur Entfaltung kommen (div. somn. 2, 463 b 22-31).

Damit könnte eigentlich für Aristoteles alles Wesentliche erklärt sein. Es ist nun aber bezeichnend für die Macht des Traumglaubens auch z.Z. des Aristoteles und zugleich für seinen Rationalismus, daß Aristoteles sich zwar nicht in der Lage sieht, mantische Träume außerhalb der genannten Gruppen gänzlich zu leugnen, aber sogar dafür eine gewissermaßen naturwissenschaftliche, jedenfalls nicht übernatürliche Erklärung sucht. Und zwar dienen als Modell offenbar die Indizienträume, nur daß jetzt die Ursache, von der die jeweilige Bewegung ausgeht, nicht *im* Körper des Träumenden, sondern außerhalb liegt, wobei die Bewegungen durch die im Gegensatz zum Tage ruhigere Nachtluft übertragen werden und die Seele des Träumenden erreichen[68]. Freilich geschehe das nicht bei den gedankenvollsten Menschen, sondern bei denen, deren Denken 'leer' und damit für äußere Reize besonders zugänglich sei (div. somn. 2, 463 b 31 – 464 a 24)[69]. Es gilt gewissermaßen: Je hohler der Kopf, desto mantischer der Traum.

Am Anfang unserer Betrachtung standen Träume bei Homer, d.h. fiktive Träume in der Literatur, die allerdings als Zeugnisse für den herrschenden Traumglauben herangezogen wurden. Homer geht es aber, und ebenso anderen Autoren, bei der Verwendung des Traummotivs, natürlich um erzählerische Effekte, worauf zum Abschluß noch kurz eingegangen sei. Generell kann man in der griechischen Literatur unterscheiden zwischen einzelnen Träumen *in* literarischen Werken und Werken bzw. Werkteilen, die sich als Träume ausgeben. Einzelne Träume finden sich verbreitet besonders in epischer und dramatischer Dichtung, aber auch in der Geschichtsschreibung (z.B. häufiger bei Herodot, aber bezeichnenderweise nicht bei dem rationalistischeren Thukydides). Weil eben auch in der Literatur die Träume überwiegend als gottgesandt verstanden wurden, verwendete man sie – wie andere Formen der Mantik – als besonders eingängiges, keiner weiteren

68 Daß Aristoteles mit seiner Erklärung die Theorie Demokrits adaptiere, wie H. Wijsenbeek-Wijler (*Aristotle's Concept of Soul, Sleep and Dreams*, Amsterdam 1978, S. 242) meint, widerspricht freilich dem Text. Aristoteles muß eben keine (atomistischen) εἴδωλα oder ἀπόρροιαι bemühen, sondern erklärt die Übertragung der Sinneseindrücke analog zu seiner Wurftheorie. – Zur Traumtheorie Demokrits selbst vgl. VS 68 A 77.

69 Vgl. auch Aristoteles, EE VIII 2, 1248 a 39ff.

Erklärung mehr bedürftiges Mittel, Handlungen zu motivieren ('Auftragsträume'), das künftige Schicksal anzudeuten oder eine bestimmte Stimmung hervorzurufen, aber auch um die psychische Situation einer Gestalt zu charakterisieren[70], um nur einige wichtige Funktionen zu nennen. Für ein ganzes 'Traumwerk' sind wohl das berühmteste Beispiel die Aitia des Kallimachos. Diese Ursprungssagen haben weithin die Form von Antworten, welche die Musen dem im Traum auf den Musenberg Helikon versetzten Dichter auf seine Fragen geben (vgl. AP 7,42), so daß die Aitia als *somnia Callimachi* (Properz 2,34,32) bezeichnet werden konnten. Der Traum ist in diesem speziellen Fall offenbar eine raffinierte alexandrinische Abwandlung des Motivs der Dichterinspiration.

Aus der Vielzahl der Träume in der griechischen Literatur soll ein besonders herausragendes Beispiel näher erläutert werden, der Traum der Medea im 3. Buch der Argonautika des Apollonios Rhodios (3. Jhdt. v.Chr.)[71].

Zur Situation: Medea hat sich in Jason verliebt, der nach Kolchis gekommen ist, um das goldene Vlies zu holen, das ihm Medeas Vater, Aietes, nur unter Bedingungen zu geben verspricht, die für Jason kaum erfüllbar sein werden: Er muß ein Feld mit feuerschnaubenden Stieren pflügen, Drachenzähne säen und die daraus erwachsenden Krieger niederkämpfen. Medea ist zutiefst um Jason bekümmert, den sie schon dem Tode geweiht

---

70 Vgl. etwa die Arbeiten von Hundt (wie Anm. 11); R. Staehlin, *Das Motiv der Mantik im antiken Drama*, Gießen 1912 (Religionsgeschichtliche Versuche und Vorarbeiten 12,1); Frisch (wie Anm. 12); H. Schwabl, "Zu den Träumen bei Homer und Herodot", in: «ΑΡΕΤΗΣ ΜΝΗΜΗ». Ἀφιέρωμα «εἰς μνήμην» τοῦ Κωνσταντίνου Ἰ. Βουρβέρη, Athen 1983, S. 17-27; weitere Literaturangaben bei Latacz (wie Anm. 12), S. 38f.

71 Vgl. zu diesem Traum auch A.H.M. Kessels, "Dreams in Apollonius' Argonautica", in: A. den Boeft - A.H.M. Kessels (Hgg.), *Actus*. Studies in Honour of H.L.W. Nelson, Utrecht 1982, S. 155-173, bes. S. 158-161. Kessels scheint mir jedoch das sich im Traum zeigende psychologische Einsichtsvermögen des Autors zu gering zu veranschlagen. Auf die Modernität dieses Traums im Vergleich zu sonstigen Träumen in der griechischen Literatur hatte zu Recht H. Fränkel hingewiesen (*Noten zu den Argonautika des Apollonios*, München 1968, S. 364).

sieht. In ihrem Kummer sinkt sie in den Schlaf und träumt (Vv. 616ff.). Sie wähnt, der Fremdling habe den Kampf nicht so sehr in dem Bestreben auf sich genommen, das Vlies des Widders heimzubringen, noch sei er deswegen in die Stadt des Aietes gekommen, sondern um sie als eheliche Gattin nach Hause zu führen. Sie glaubt, selbst den Kampf mit den Stieren mit leichter Mühe zu bestehen; ihre Eltern aber achten das Versprechen nicht, weil sie nicht der Tochter auferlegt hatten, die Stiere ins Joch zu spannen, sondern dem Fremdem selbst. Daraus entsteht ein unentschiedener Streit zwischen dem Vater und dem Fremden. Beide übertragen Medea die Entscheidung, es solle so sein, wie sie in ihrem Herzen den Spruch fälle. Sie entscheidet sich unversehens, der Eltern nicht achtend, für den Fremden. Die Eltern ergreift betrüblicher Kummer, zornig schreien sie auf. Medea aber läßt mit diesem Schrei der Schlaf los.

Bei dem Traum handelt es sich weder um einen 'theoramatischen', der die Zukunft genau so offenbart, wie sie sein wird, noch um einen symbolischen Traum in dem Sinne, daß die Bedeutung erst enträtselt werden müßte. Vielmehr entspricht er seiner Art nach einem Traum, wie ihn wohl alle aus eigener Erfahrung kennen, wobei *nach* den Ereignissen das Geschehene, Gefühlte und Gedachte in durchsichtiger Umsetzung erscheint. Will man in den Möglichkeiten antiker Klassifikation verbleiben, könnte man den Traum am ehesten dem in der Literatur seltenen nicht-divinatorischen ἐνύπνιον zurechnen, das Auskunft über Erlebnisse und Befindlichkeiten des Träumenden geben kann. Insofern nun Medeas Traum *vor* dem konkreten Geschehen liegt, hat er zwar auch eine prophetische Funktion[72]. Mehr aber enthüllt er – auf das genaue Eintreffen der einzelnen Trauminhalte kam es dem Dichter offenbar ja gerade nicht an – die geheimen Wünsche, Befürchtungen und Gedanken Medeas, die dem Bewußtsein Medeas im Wachzustand vor dem Traum weit vorauseilen und zu denen sie sich nach dem Traum erst allmählich und nach

72 Diesen Aspekt hebt Kessels (wie Anm. 71, S. 158f.; S. 167) in diesem Falle wohl etwas zu sehr hervor.

langem inneren Kampf bekennt. Vor dem Traum war ihre Liebe, soweit Medea sie sich eingestand, was Jason und ihre Eltern angeht, noch unschuldig, kein Gedanke an Heirat oder Hilfeleistung gegen den Willen der Eltern. Im Traum sieht Medea das ganze Handeln Jasons nur auf sie selbst bezogen, ihre spätere Hilfeleistung mit Zaubermitteln ist im Traum durch ihr eigenes Eintreten vorweggenommen, und der unausweichliche Konflikt, ob sie sich für die Eltern oder für Jason entscheiden soll, ist für die Träumende durch die Schiedsrichterszene symbolisiert (die es in der Realität nicht geben wird).

Indem nun Apollonios Rhodios diesen Traum in erster Linie zur psychologischen Charakterisierung Medeas benützt, kann er die durch moralische Kategorien nicht gebremsten Wünsche Medeas dem Kampf zwischen Pflicht und Neigung bei wachem Bewußtsein gegenüberstellen und klarmachen, wie stark und eindeutig die inneren Antriebe sind. Gleichzeitig hat der Leser die Möglichkeit zu beobachten, wie sich die reale Entwicklung auf das innere Wunschbild zubewegt[73]. Dadurch daß Apollonios Rhodios mit Hilfe des Traumes die unterbewußte Innenwelt Medeas offenlegt, gibt er ein geradezu modernes Traumverständnis zu erkennen, wie es die antike Traumdeutung nicht interessierte und wie es in der griechischen Literatur sonst kaum je erreicht wurde[74].

---

73 M. Campbell (*Studies in the Third Book of Apollonius Rhodius' Argonautica*, Hildesheim 1983, S. 37f.) möchte den Traum konventioneller verstehen, indem er ihn, obwohl er nicht als von Hera gesandt bezeichnet wird, so in der epischen Tradition als (eigenständige, von außen kommende) "personalities" gestaltet sieht, daß dies einer Erwähnung Heras nahekomme. Campbell verweist auf das "agent noun" ἠπεροπῆες (V. 617), auf das Epitheton ὀλοοί (V. 618; vgl. Il. 2,22) usw. – Das kann man alles zugeben, aber es spricht nicht gegen eine psychologische Auswertung des Traumes. Genauso wie Apollonios bei der Entstehung der Liebe Medeas der epischen Konvention göttlicher Verursachung genügt *und* gleichzeitig auf das sorgfältigste psychologisch motiviert, so sind auch hier Konvention und psychologische Einsicht verbunden.

74 Auch bei Apollonios Rhodios ragt der besprochene Traum heraus. Man vgl. die beiden weiteren Träume 4, 662ff. (Kirke) und 4, 1731ff. (Euphemos).

Traum und Traumdeutung in der griechischen Antike: Die Phänomene reichen vom Aberglauben bis zur wissenschaftlichen Theorie, von Wunderheilung durch Inkubationsträume bis zu medizinischer Diagnostik, von der Auffassung des Traumes als Produkt unmittelbaren göttlichen Eingreifens bis zur gelegentlich erreichten Einsicht in den Traum als Spiegel der Seele. Die Griechen haben damit ein Fundament geschaffen, worauf andere – von den Römern an – gründen und in verschiedenster Richtung weiterbauen konnten[75].

75 Korr.-Zusatz: Das Manuskript wurde im September 1990 abgeschlossen.

Wilhelm G. Busse

Träume sind Schäume

Etwa um 1385 beendet der englische Dichter Geoffrey Chaucer seinen großen Liebesroman *Troilus and Criseyde.* Die Geschichte der Liebe des trojanischen Ritters Troilus wendet sich endgültig zu einer Geschichte des Leids, als Criseyde von den Trojanern gegen Antenor ausgetauscht und damit ins Griechenlager vor Troja geschickt wird. Zwar haben sich die Liebenden ein Wiedersehen nach zehn Tagen versprochen; die Trennung von der Geliebten weckt jedoch Todessehnsüchte bei Troilus, läßt ihn verzagen, sie läßt ihn aus düsteren Alpträumen aufschrecken, in denen er sich von seinen Feinden umzingelt oder allein in schreckenerregender Einöde sieht. Die Träume und sein Leid künden ihm den nahen Tod. Vor seinem Freund und Vertrauten Pandarus macht Troilus sein Testament, gibt genaue Anweisungen, wie die Asche seines Herzens in einer goldenen Urne Criseyde zugeleitet werden soll. "Denn wegen meines Leids und [angekündigt] durch meine Träume, die ich jetzt und jüngst hatte, weiß ich gewißlich, daß ich sterben muß" (V. 316-8). Pandarus jedoch, ein in Liebesdingen und auch in wissenschaftlicher Erkenntnis beschlagener Mann, sieht den schwierigen Liebeskasus ganz anders. Eine Trennung von zehn Tagen hätten schon Liebende in größerer Not als Troilus überstanden; vor allem aber, so argumentiert er, sei nun mal auf die prophetische Kraft der Träume keinerlei Verlaß.

> "Thi swevnes ek and al swich fantasie
> Drif out and lat hem faren to meschaunce,
> For they procede of thi malencolie
> That doth the fele in slep al this penaunce.
> A straw for alle swevenes signifiaunce!
> God helpe me so, I counte hem nought a bene!
> Ther woot no man aright what dremes mene.

For prestes of the temple tellen this,
That dremes ben the revelaciouns
Of goddes, and as wel they telle, ywis,
That they ben infernals illusiouns;
And leches seyn that of complexiouns
Proceden they, or fast, or glotonye.
Who woot in soth thus what thei signifie?

Ek oother seyn that thorugh impressiouns,
As if a wight hath faste a thyng in mynde,
That therof cometh swiche avysiouns;
And other seyn, as they in bokes fynde,
That after tymes of the yer, by kynde,
Men dreme, and that th'effect goth by the moone.
But leve no drem, for it is nought to doone.

Wel worthe of dremes ay thise olde wives,
And treweliche ek augurye of thise fowles,
For fere of which men wenen lese here lyves,
As revenes qualm, or shrichyng of thise owles.
To trowen on it bothe fals and foul is.
Allas, allas, so noble a creature
As is a man shal dreden swich ordure!" (V. 358-85)[1]

"Auch deine Träume und ähnliche Phantastereien vertreibe, laß sie zunichte werden, denn sie entstehen [nur] aus deiner Melancholie, die dich im Schlaf solche Pein empfinden läßt. Keinen Deut auf die Bedeutung aller Träume; bei Gott, sie sind nicht eine Bohne wert! Es weiß kein Mann so recht, was sie bedeuten.

1 Alle Chaucer-Zitate sind entnommen aus Larry D. Benson (Hg.), *The Riverside Chaucer*, 3rd ed., Boston 1987. Eine deutsche Übersetzung des *Troilus* findet sich in Reclams Universalbibliothek; die *Canterbury Tales* sind übersetzt und herausgegeben von Jörg Fichte, *Geoffrey Chaucer: Die Canterbury-Geschichten* Mittelenglisch und Deutsch, 3 Bde, München 1989.

> Denn die Priester im Tempel sagen dies: daß Träume Offenbarungen der Götter seien; und zugleich erzählen sie, fürwahr, daß sie teuflische Illusionen wären. Und die Ärzte behaupten, daß sie aus der Zusammensetzung der Körpersäfte [*complexiouns*] entstünden, vom Fasten oder der Völlerei. Wer weiß dann in Wahrheit, was sie bedeuten?
>
> Andere wiederum sagen, von Eindrücken – wie wenn ein Mensch in Gedanken mit etwas sehr beschäftigt ist – kämen solche Visionen; und wieder andere meinen – wie sie es in Büchern finden –, daß gemäß der Jahreszeiten, nach der Natur, die Menschen träumen, und daß die Wirkung vom Monde abhängig sei. Trau also keinem Traum, dazu ist keine Not.
>
> Sollen doch alte Weiber aus Träumen Nutzen ziehen! Und fürwahr, auch Prophezeihungen aus der Vogelschau, die Menschen vor Furcht gar wähnen lassen, ihr Leben zu verlieren – wie beim Krächzen des Raben oder dem Schrei der Eule –: daran zu glauben, ist falsch und schändlich. Weh, weh, daß ein so edles Geschöpf wie ein Mann solchen Schund fürchten sollte!"

Mit solch harscher Lektion also liest Pandarus seinem Freund Troilus die Leviten, will ihn aus der Lethargie und dem Selbstmitleid aufrütteln. Die Hauptthese, die Chaucer seinen Pandarus vertreten läßt, ist klar: Träume sind Schäume, keiner weiß so recht, woher sie kommen und was man aus ihnen herauslesen soll. Folglich kommt ihnen keinerlei Bedeutung für das Handeln der Menschen zu; ihr Wahrheitsgehalt und ihr Bezug zur Lebenswirklichkeit des Träumers sind doch selbst unter den Gelehrten umstritten – sagt jedenfalls Pandarus.

Denn der Geltungsanspruch und die Lebensbedeutsamkeit, die dem Traum im Disput der Gelehrten des Mittelalters zugestanden werden, umspannen eine weite Skala: Vom prophetischen

Eingriff des Numinosen über die Welt der Magie und des Aberglaubens bis hin zur bloßen Verdauung des letzten Mahls vor dem Traum reichen die Erklärungsmuster; und diese Spannbreite der Möglichkeiten formuliert in der gerade zitierten Passage ja selbst noch der skeptische Pandarus[2]. In seinem *Troilus* artikuliert Chaucer somit Einschätzungen des vorbedeutenden Traums und des Traumgeschehens, wie sie im Mittelalter geläufig waren und wie sie wiederholt vertreten wurden – am deutlichsten in der Scheidung der Träume in ihre übernatürlichen und ihre natürlichen Ursachen, sowie in ihrer Wertung als göttliche Offenbarung oder diabolische Verführung. Ist das im Schlaf Geschaute Wahrheit oder Lüge? Hat es prophetische, auf die diesseitige Zukunft deutende Kraft? Ist es eine Eingebung Gottes oder des Satans? Enthält es Erklärung für bisher nicht Verstandenes? Ist es lediglich Reflex unserer gedanklichen Obsessionen oder gar nur Ausfluß einer Verdauungsstörung, gegen die schon ein leidlich wirksames Abführmittel hilft? Chaucer kommt auf diese ganz offensichtlich viele Menschen bewegende Frage nach der Bedeutung der Träume in seinen Werken immer wieder zurück. Im Prolog zu seinem *Book of the Duchess*, einer Dichtung von etwa 1368/9, die den Erzähler die Klage eines Ritters über den Verlust der Geliebten als Traum erleben läßt, im Prolog zu dieser Dichtung also spricht der Erzähler in hyperbolischer Wendung sogar dem biblischen Joseph und dem spätantiken Traumtheoretiker Macrobius die Fähigkeit zur Deutung seines Traums ab. Er stellt damit den Konnex zum enigmatischen Traum her, der nach mittelalterlicher Auffassung einer Auslegung bedarf und daher doch

2 Über die mittelengl. Traumdichtungen handelt schon ausführlich C.B. Hieatt, *The realism of dream visions: the poetic exploitations of the dream-experience in Chaucer and his contemporaries*, Den Haag 1967; über ma. Visionen handelt generell P. Dinzelbacher, *Vision und Visionsliteratur im Mittelalter*, Stuttgart 1981 (Monographien zur Geschichte des Mittelalters 23); eine Vielzahl von Aspekten der Träume berücksichtigt u.a. der Sammelband von A. Paravicini Bagliani und G. Stabile (Hg.), *Träume im Mittelalter: Ikonologische Studien*, Stuttgart 1989; Texte von Visionen hat übers. und ediert P. Dinzelbacher, *Mittelalterliche Visionsliteratur: Eine Anthologie*, Darmstadt 1989.

Bedeutung hat – wie denn auch der Erzähler durch seine Behauptung ja implizit die Hörer oder Leser zu einer Auslegung geradezu auffordert. Sind also die Träume doch nicht nur Schäume, wie Pandarus meint?

Schwer zu sagen, denn in der Bußpredigt des Landpfarrers aus den *Canterbury Tales* läßt Chaucer seinen Kleriker gegen diejenigen wettern, die Träumen Glauben schenken; sie werden von ihm in eine Ecke gestellt mit denjenigen Sündern, die der Hexerei, der schwarzen Magie, dem Vogelflug, dem Knarren von Türen, dem Kratzen von Mäusen und ähnlichem Spuk mehr Bedeutung beimessen als der Heilsgewißheit der Religion und dem Verbot solchen Aberglaubens durch die Kirche (*Parson's Tale*, Vv. 605). In einer weiteren Erzählung aus derselben Kollektion der *Canterbury Tales*, in der des Schildknappen, bescheidet Chaucer sein Publikum mit der knappen Feststellung, daß ein Bericht über die Träume der Festgesellschaft nicht verlohne, weil die Köpfe der Feiergäste im Schlaf nur voll von "fumositee, / That causeth dreem of which ther nys no charge" waren, voll von Ausdünstungen also, die ihren Rauschträumen keinerlei Bedeutung beigeben (*Squire's Tale*, Vv. 358-9). Daß Träume auch Nachwirkungen der täglichen Beschäftigung der Menschen sein können, formuliert Chaucer im Prolog zu seinem Vogelparlament, einer weiteren Traumdichtung aus der Zeit um 1380, die die höfische Liebe als zentrales Thema hat. Der Erzähler dieser Dichtung schläft über der Lektüre von Ciceros *Somnium Scipionis* ein und trifft in seinem Traum niemand anders als Scipio selbst, der ihn in einen Liebesgarten führt, in dem dann die verschiedenen Ränge der Vögel Streitfragen der Liebeskasuistik debattieren. Hier also ist literarisch die lebenspraktische Vorstellung eingefangen, daß Träume aus der intensiven Beschäftigung des Tages entstehen.

> Der müde Jäger, der in seinem Bette schläft, dessen Geist schweift sofort zum Wald zurück; der Richter träumt, wie seine Fälle stehen; der Fuhrmann träumt, wie seine Wagen fahren; der Reiche vom

Gold; der Ritter kämpft mit seinen Feinden; der Kranke träumt, daß er vom labenden Weine trinke; dem Liebenden träumt, er hätte seine Dame erobert. // Ich kann nicht sagen, ob meine Lektüre des Afrikaners (d.h. Scipios) der Grund dafür war, daß mir träumte, er stünde plötzlich vor mir; jedenfalls sagte er dies: "Du hast dich so gut geschlagen bei der Lektüre des alten, zerrissenen Buches über mich, auf das Macrobius so große Stücke hielt, daß ich dir etwas von deiner Anstrengung vergelten will."

(*Parliament of Fowls*, Vv. 99-112).

Die verschiedenen Auffassungen vom Traum und seinen möglichen Ursachen; seine Wertung als Lug und Trug oder als bedeutungsvolle Ankündigung zukünftiger Dinge; als von Gott oder vom Teufel gesandt; dazu die terminologischen Ausgrenzungen nach der Traumtheorie des Mittelalters: all das läßt Chaucer in einer langen Passage mit einer einzigen, geradezu atemraubenden syntaktischen Einheit von vierzig Versen noch einmal Revue passieren im *House of Fame*. Wie das Vogelparlament stammt die Traumdichtung über das Haus der Fama, in dem die Gerüchte und die Meinungen der Menschen entstehen, aus der Zeit um 1380. Alles mittelalterliche Wissen und Denken über Träume, ihre verschiedenen Formen und Ursachen sind in den ersten 58 Versen des Prologs zu dieser Dichtung katalogartig entfaltet. Die Summe des dort Gesagten beginnt mit dem frommen Wunsch, daß Gott unser aller Träume zum Guten wenden möge, und sie schließt nach der Ausbreitung des schier endlosen Wissens über die Träume wie in einer Klammer mit einer Variante eben dieses Wunsches die ellenlange Syntax ab. Seine eigene Meinung über die Träume will der Erzähler aber nicht kundtun, das überläßt er lieber den Gelehrten, die so gekonnt nach *somnium coeleste*, *animale* oder *naturale* und damit zwischen Bedeutungslosigkeit oder Bedeutungsschwere der Träume entscheiden.

Wel worthe of this thyng grete clerkys
That trete of this and other werkes,

For I of noon opinion
Nyl as now make mensyon,
But oonly that the holy roode
Turne us every drem to goode!
(*House of Fame* Vv. 53-8)

In dieser Sache viel Glück den Gelehrten, die sich mit dieser Frage und anderen beschäftigen; denn ich will hier keiner anderen Meinung Erwähnung tun als der, daß uns das Heilige Kreuz jeden Traum zum Guten wenden möge!

Die Meinung der Gelehrten über die Träume, ihre Inhalte und ihre Natur sowie ihre Zuordnung auf einer großen Skala – vom Traum als prophetischem Eingriff des Numinosen bis zum Traum als in den Körpersäften verortete Ausdünstung des Menschen – hat Chaucer dann in seiner Erzählung des Nonnenpriesters aus den *Canterbury Tales* ironisch aufgespießt. In dieser Geschichte aus den späten 80er Jahren des 14. Jahrhunderts läßt er den Hahn Chauntecler und dessen Lieblingshenne Pertelote über 250 Verse lang gelehrt über die Frage streiten, ob der nächtliche Alptraum Chaunteclers ein *somnium coeleste* sei und daher vorbedeutende Kraft habe, oder eben doch nur ein *somnium naturale*, das im ungeordneten Säftehaushalt des Hahns seinen Ursprung hätte und deshalb ohne Zukunftsbedeutung wäre. Die schöne Henne Pertelote, skeptisch wie Pandarus, liest ihrem Hühnerhof-Galan gehörig die Leviten, schimpft ihn einen Feigling, der sich vor Träumen fürchte, hält ihm ein medizinisches Kolleg über die Dominanz der Körpersäfte Galle und Melancholie sowie die respektiven Trauminhalte, die das Ungleichgewicht solcher Säfte im Schlaf produziere. Für Pertelote erledigt sich die Frage nach der Bedeutung von Chaunteclers Alptraum mit der richtigen Rezeptur: Würmer verschreibt sie als Verdauungsmittel, und dazu ein Laxativ aus Lorbeer-Seidelbast, Tausendgüldenkraut und Erdrauch, alternativ auch einzunehmen mit Nieswurz, oder Kreuzbeeren, oder Gundermann – alles übrigens so ausgesucht, daß es im Hühnerhof zu haben ist, da im nahen Dorf kein Apotheker wohnt. Ihre medizinische Belehrung ist eingerahmt von der These, daß Träume ein Nichts und daher ohne Bedeutung seien; obendrein kann sie die Spruchweisheit der *Disticha Catonis* zitieren, "which that was so wys a man, / Seyde he nat thus, 'Ne do no fors of dremes'?" (Vv. 2940-1). Hat nicht schon der weise Cato gesagt, man solle sich einen Deut um Träume scheren? "Somnia ne cures" heißt es in Chaucers Quelle: Träume sind Schäume.

Gegen all diese medizinische Gelehrsamkeit zieht Chauntecler mit ganz anderen Autoritäten ins Feld. Exempel auf Exempel häuft er die Beispiele, in denen das im Traum Geschaute Wirklichkeit wurde. Der Hahn erzählt von zwei Fällen, die Chaucer aus Ciceros *De divinatione* und deren Verarbeitung bei Valerius Maximus und Albertus Magnus nachgedichtet hat; er zitiert Legenden und Chroniken, verweist auf die biblischen Träume von Nebukadnezar bis Joseph und will so seinem eigenen Alptraum nach und nach die Aura der göttlichen Offenbarung zukünftiger Ereignisse verleihen. All sein rhetorisches Pathos soll belegen "That dremes been significaciouns / As wel of joye as of tribulaciouns / That folk enduren in this lif present," daß Träume eben doch Ankündigungen der Freude wie auch des Leids sind, die Menschen noch im diesseitigen Leben widerfahren (Vv. 2979-81). Und damit seiner geliebten Henne Pertelote diese quer zu ihrer eigenen Meinung stehende Position so recht eingetreten werde, rahmt auch Chauntecler seine Redeteile in Varianten seiner Kernthese ein "that dremes been to drede," daß man Träume und ihre Ankündigungen des Zukünftigen fürchten müsse (V. 3063; vgl. Vv. 2973, 3109). Wer von Ihnen nun aber glaubt, daß diese gelehrte Disputation im Hühnerstall über die Bedeutung der Träume mit einer Entscheidung zwischen den Disputanten ende, der sieht sich gründlichst getäuscht. Getreu der christlich-orthodoxen Devise nämlich, daß die Frau sowieso den Untergang des Mannes bewirke, fliegt Chauntecler mit eben dem Zitat "Mulier est hominis confusio" auf den Lippen – Verzeihung: im Schnabel natürlich – auf den Hühnerhof hinaus und schlägt seine eigenen Vorahnungen wie seine Meinung darüber in den Wind. Und wenn Sie dann auch noch hören, daß er sich in seinem Alptraum mit einem schrecklichen Tier konfrontiert sah, das ihn nun im Hühnerhof in Gestalt des Fuchses bei der Kehle packt und in den Wald verschleppen will, wenn Sie weiter hören, daß der Hahn nach dem Muster der Tierfabel den Fuchs überlistet und sein Leben rettet, dann könnten Sie endgültig diese ganze Diskussion über die Träume und ihre Bedeutung für einen Jux halten, hinter dem man unüberhörbar das Gegacker des akademischen Meinungsstreites der Gelehrten in Schulen und Universitäten vernimmt. Erneut: weit gefehlt. Denn listigerweise verbindet der Erzähler der Geschichte das offenbar unlösbare Problem der Einschätzung eines Traums mit der gewichtigen, philosophisch-theologischen Streitfrage über die Prädestination: Wenn nämlich Gottes Vorwissen von der Zukunft dem Hahn durch einen zukunftdeutenden Traum eine Vorahnung des drohenden Unheils eingegeben hat, folgt dann nicht zwangsläufig, daß Chauntecler – Traum hin, Traum her – direkt in die Fänge des Fuchses fliegen mußte, weil doch die göttliche Vorsehung nicht fehlgehen kann? Oder hatte der Hahn gar die Freiheit einer eigenen Entscheidung, zwingt ihn Gottes Vorwissen zu rein gar nichts?

Sie sehen an diesen Fragen, daß für gebildete Menschen des 14. Jahrhunderts das Problem der Bedeutung der Träume kein rein akademisches war: im Gegenteil, diese Frage geht an die Wurzeln ihrer Existenz, sie trifft in ihr Verständnis von Welt. Über die Zukunft auf dieser Welt oder in der jenseitigen etwas zu wissen und folglich sein Leben darauf einrichten zu können, das rührt wohl in allen Gesellschaften an das Problem der Bewältigung von Lebensängsten angesichts vielfältiger Bedrohungen, vor allem angesichts der Unsicherheit über den eigenen Tod. Traumerscheinungen, Traumdichtungen, Diskussionen über die Träume, Erzählungen von Träumen in Predigten und Bußbüchern, in Legenden oder Chroniken sind im hohen und späten Mittelalter so verbreitet, daß Jacques LeGoff kürzlich die Träume eine der Obsessionen des Mittelalters genannt hat. Und sie sind in dieser Zeit zugleich ein enervierendes, theologisch-philosophisches Problem, das das christliche Mittelalter letztlich vom Frühchristentum, aus der Bibel wie aus der Antike geerbt hatte, das sich aber zum 12. und 13. Jahrhundert fast dramatisch zuspitzt.

Daß in der Antike die Träume der Menschen Gegenstand theoretischer Erörterung waren, daß man Systeme zu ihrer Klassifizierung erfand, um die Welt der nächtlichen Phantasien zu ordnen und zu überschauen, daß berufsmäßige Traumdeuter die unklaren Erinnerungen an die Bilder des Schlafs für die Zukunft der Träumer interpretierten und so den Grundstein legten für alphabetisch geordnete Nachschlagewerke der Traumdeutung, das alles hat Herr Manuwald schon enthüllt[3]. Der Einfluß dieses Erbes ist noch in den ersten Traumtypologien der frühchristlichen Zeit spürbar, und er wird durch die Rezeption der Typologie des Macrobius das Mittelalter überdauern. Da kommt aber noch mehr hinzu als nur das antike Erbe. Denn schließlich ist die Grundlegung der christlichen Religion, die Heilige Schrift, vornehmlich im Alten Testament voller zukunftsträchtiger Träume, und die meisten von ihnen sind von Gott selbst eingegeben, demnach unstrittig wahr. Die Existenz von vorausdeutenden Traumbildern im Schlaf kann also auf der Basis der Bibel gar nicht geleugnet werden; sie wird auch deswegen von den frühen Christen nicht geleugnet, weil zwei ihrer einflußreichsten, Hieronymus und Augustinus, ihre Konversion zum christlichen Glauben auf Traumerscheinungen zurückführen, auf Eingebungen Gottes im Schlaf, die sie auf den rechten Weg führten[4]. Wenn Sie des weiteren erinnern, daß nach der Geschichtsschreibung des Christentums auch die Bekehrung Konstantins des Großen im Jahr 312 – und damit die Anerkennung der christlichen Religion in Rom – auf einen Traum zurückgeführt wird, dann werden Sie wissen, daß

3 Siehe oben in diesem Band.

4 Über Träume und das Frühchristentum sowie über die Unterdrückung des im Traum vorhandenen Freiraums bis zum 7. Jhdt. vgl. J. LeGoff, "Le christianisme et les rêves (IIe-VIIe siècles)," S. 171-218, in Tullio Gregory (Hg.), *I sogni nel medioevo*, Rom 1985 (Lessico Intellettuale Europeo 35); im gleichen Band ist für die Analyse der Träume des Guibert de Nogent (12. Jhdt.) anregend J.-C. Schmitt, "Rêver au XIIe siècle," S. 291-316.

die Träume der Menschen quasi von Anfang des Christentums an Bestandteil des Glaubens sind. "In hoc signo vinces," sagt der Herr im Traum zu Konstantin, im Zeichen des Kreuzes beginnt mit einem Traum der Siegeszug des Christentums im Westen.

Zugleich aber, und das ebenfalls von Anfang an, präsentieren die Träume ein abgrundtiefes Dilemma. Denn wie scheidet man die *somnia vera* von den *somnia falsa*, die wahren prophetischen von den falschen Träumen, wie Augustinus sie nennt? Schon die Bibel warnt ja vor den Eingebungen der Dämonen und des Teufels, warnt auch vor den *somniatores*, den falschen Traumdeutern, die die Menschen in die Irre führen. In der Geschichte des Christentums bis ins 12. Jahrhundert ist die Geschichte der Träume eine der zunehmenden Unterdrückung, der Verdrängung, der Aussonderung ins Subkulturelle. Wer da von der Zukunft zu träumen meint, so scheint es, bewegt sich immerfort auf einem schmalen Grat zwischen Heiligkeit und Dämonie, zwischen Glaube und Häresie. Dieser Eindruck drängt sich auf, wenn man die Aufzeichnungen der Träume und die Diskussionen über sie verfolgt. Was da als akzeptabler und wahrer prophetischer Traum in der Schriftlichkeit aufscheinen darf, das rührt nur von einem kleinen Zirkel auserwählter Träumer her: von Königen, von Heiligen, und dann von Mönchen. Anderen Träumern ist ein Blick in die eigene Zukunft nicht gestattet, von ihnen erfahren wir nur durch ihre verbale Verurteilung: So von dem Priester, der seinen eigenen Träumen mehr glaubte als der Heiligen Schrift und der sich selber zum Propheten machte; oder von dem Mann, dem von einem langen Leben träumte, der deshalb für dieses lange Leben Geld ansammelte, der dann aber bei seinem plötzlichen Tode nicht ein einziges gutes Werk vorweisen konnte. All solche Träumer enden als Verdammte. Wohlgemerkt: Es geht hier nicht darum, ob die akzeptablen oder die verworfenen Träume auf realer Erfahrung beruhen oder nur fromme Erfindung sind; es geht vielmehr um das System der Kontrolle, das sich in der christlichen Lehre entwickelt. Ein System, das zwischen wahr und falsch scheidet, das das Träumen der Menschen kanalisieren und die Deutung ihrer Träume als vorbedeutende scharf kontrollieren, wenn nicht gar ganz unterbinden will. Der *locus classicus* für diese christliche Lehre des Mittelalters, für die Ausgrenzung der Vielen zugunsten einiger weniger Auserwählter, und zugleich eine Fundgrube für die entsprechenden Exempel, sind die *Dialoge* des Papstes Gregor des Großen. Ich zitiere einen Teil der Antwort des Lehrers Gregor auf die Frage des Schülers Petrus, ob man sich um Träume kümmern solle, "si hoc qoud per nocturnas visiones ostenditur, debeat observari":

> Wisse, Petrus, daß die Bilder der Träume auf sechs Arten die Seele erreichen. Denn manchmal entstehen Träume aufgrund eines vollen oder leeren Bauches, manchmal aufgrund von illusionären Eingebungen, manchmal durch intensive gedankliche Beschäftigung und durch Offenbarung. Die beiden erstgenannten Typen kennen wir alle aufgrund von Erfahrung, die vier letztgenannten finden wir in der Heiligen Schrift[5].

Für diejenigen, die schnell mitgezählt haben und deshalb nur vier oder fünf Traumtypen fanden, sei präzisiert. Die Ursache für Träume liegt beim Menschen, d.h. erstens entweder im Bauch oder zweitens im Kopf; oder sie liegt beim Teufel, d.h. drittens: ist illusionäre Eingebung; und sie kann bei Gott liegen, ist also viertens: Offenbarung. Der fünfte und der sechste Typ schließlich entstehen durch Mischung der Ursachen, nämlich: gedankliche Beschäftigung mit Illusion bzw. gedankliche Beschäftigung mit Offenbarung. Wie aber entscheidet man – und das ist doch die wesentliche Frage – und noch wichtiger: *Wer* entscheidet nun darüber, zu welcher Kategorie die Traumbilder der Nacht gehören? Die Antwort ist frappierend und logisch zugleich; sie impliziert jene Kontrollinstanz über die Wahrheit der Träume, von der ich vorhin sprach, die eine Grenze ziehen will zwischen zulässigen und verbotenen Träumen, die den Blick in die Zukunft

5 "Sancti Gregorii Magni Dialogorum Liber," Buch IV Kap. xlviii ("An observanda sint somnia, et quot sint modi somniorum"), ed. Migne, *Patrologia Latina* 77 [im folgenden *PL*], Sp. 409-12; Zitat Sp. 409; lateinisches Zitat aus Kapitel xlvii, Sp. 409.

reklamiert für eine begrenzte Gruppe von Auserwählten. Ob ein Traum göttliche Offenbarung ist oder nicht, ob ihm also vorausdeutende Qualität zukommt, das, so Gregor, können nur die *viri sancti* entscheiden, die Heiligen. Wiewohl es Gregor mit den Heiligen sicher ernst ist, will ich sogleich hinzufügen: gemeint sind natürlich die Klerikalen, die kirchlichen Würdenträger und Mönche; denn wer sonst könnte den gegenwärtigen Träumern Auskunft geben über die Art ihrer Träume und deren Bedeutung für die Zukunft? Genauso ist es dann auch überliefert: Die Rezeption der *Dialoge* wie die der anderen Schriften Gregors und die Übernahme der Klassifizierung in die Enzyklopädie des Isidor von Sevilla sichern die weitere Verbreitung dieser Lehre[6]. In Bußbuch auf Bußbuch werden Gregors Grundsätze zu Träumen und ihrer Bedeutung immer wieder wiederholt, in vielen Sprachen Westeuropas. Als Anglist greife ich zwei englische Beispiele heraus, aus der Zeit um 900 und der um 1300; beide belegen, wie dogmastisch diese Lehre den Gläubigen vermittelt und wie zugleich die Deutung der Träume als Monopol der Kleriker reklamiert wird.

Mein erstes Beispiel. In einer der populärsten Heiligenlegenden des späten 10. Jahrhunderts warnt der Benediktiner-Abt Ælfric seine aristokratischen Zuhörer vor den Verführungen teuflischer Träume:

> Wisset, daß man Träumen ganz und gar nicht trauen soll, weil sie nicht alle von Gott gesandt sind; einige kommen fürwahr von Gott, wie wir in Büchern lesen, und einige sind Betrug des Teufels, der unsere Seelen verderben will. Doch können seine Täuschungen den guten Menschen nicht schädigen, wenn er sich bekreuzigt und Gott empfiehlt. Träume von Gott sind angenehm; Träume des Teufels sind

6 Das Kapitel über die Träume verwendet Gregor fast unverändert auch in seinen einflußreichen *Moralia in Job* (*PL* 75, Sp. 827-8); Bischof Isidor von Sevilla (c.570-636) verbreitet die Lehre über seinen *Liber Sententiarum* (Buch III Kap. 6, sowie Appendices Kap. 13 in *PL* 83, Sp. 668-71, 1165).

> schreckensvoll. Und Gott selbst hat uns verboten, Träumen zu folgen, damit nicht der Teufel Macht habe, uns zu betören[7].

Sein Verbot der Inanspruchnahme von Träumen für Vorausschau im Leben kann sich auf allererste Autorität berufen, schließlich sind die *Dialoge* Gregors schon rund hundert Jahre vor Ælfric ins Englische übersetzt und werden auch um 1000 gelesen und zitiert. Und dort ist natürlich erneut auch die Instanz genannt, die allein zwischen guten und schlechten, zwischen göttlich-glaubwürdigen und teuflisch-verdammenswerten Träumen scheidet: die *halige weras*, die Heiligen der Kirche, über deren Heiligkeit die führenden Vertreter der Amtskirche wachen, Bischöfe wie Mönche, die demnach auch Macht über die Träume haben[8]. Daran änderte sich über die Jahrhunderte nichts, im Gegenteil: Der Anspruch gilt bald als verbrieft. So wird im Sündenhandbuch des Robert Manning aus der Zeit um 1300 das ideologische Konstrukt der Traumtypen exakt nach Gregors Modell wiederholt und mit den gleichen Begründungen versehen; Manning folgt darin den anglofranzösischen Vorlagen seines Typs von Sündenhandbuch. Und wie die inselfranzösischen Versionen, die ab etwa 1270 überliefert sind, schließt auch er sein Kapitel über die Träume ab mit dem expliziten Hinweis:

> "Da es so viele Arten von Träumen gibt [sechs], ist großer Zweifel angebracht, und Sorge zu wissen,

7 Das Heiligenleben des Swithun [Bischof von Winchester] ist mit engl. Übersetzung ediert von W.W. Skeat, *Ælfric's Lives of Saints*, London 1966 (Early English Text Society OS 76, 82, 94, 114, Nachdr. als 2 Bde), S. 441ff; Zitat: Vv. 403-13.

8 "[...] halige weras tosceadath mid sumum incundum wisdome tha swefn ge tha heowunge thara swefna betwux tham bysmrungum & æt tham sothan onwrignessum [...]", 'heilige Männer scheiden mit der ihnen innewohnenden Weisheit die Träume und auch die Art der Träume in die Täuschungen und die wahren Offenbarungen': *King Alfred's West-Saxon version of Gregory's Pastoral Care*, hg. H. Sweet, Nachdr. London 1950 (Early English Text Society OS 45, 50), S. 339 (im Zitat sind die altengl. Schriftzeichen *eth* und *thorn* durch ⟨th⟩ ersetzt).

woher die Träume kommen; es gibt so viele unnütze Träume, daß niemand etwas Sicheres darüber sagen kann – außer denen, die mit Gott vertraut sind, denen ist gewährt, solches zu entscheiden: solche Menschen täuscht der Teufel nicht, sie erkennen sein übles Wirken. Sonst findet niemand in den Träumen Sicherheit, sie sind so trügerisch"[9].

Mit anderen Worten: über die Träume und ihre vorausdeutende Kraft Verbindliches auszusagen, ist allein Vorrecht der Klerikalen, ist Monopol der Kirche. Schon das Kind, so Robert Manning, solle den Merkspruch lernen "Yeve no charge to dremys, / They been but as glemys" (Vv. 423-4), zu deutsch: "somnia ne cures," Träume sind Schäume.

Über diese wohlgeordnete Konstruktion christlicher Lehre über die Träume bricht aber nun im 12. Jahrhundert das Unwetter herein. Ich kann hier nicht alle Facetten jenes Wandels aufdecken, der unter Schlagworten wie Renaissance des 12. Jahrhunderts, Humanismus, Entdeckung des Individuums, Marienkult und ähnlichen mehr bekannt ist. Für meinen Redegegenstand relevant soll allein jener Aspekt dieser Zeit sein, der letztlich zu einer Neubewertung, ja dann sogar zu radikaler Kritik an jenem Lehrgebäude von den Träumen führte, das ich eben skizziert habe. Erstes Anzeichen für den Wandel ist die Tatsache, daß in Chroniken und Biographien nun auch Träume von Laien aufgezeichnet werden, aus einem Personenkreis also, der nicht zum auserwählten Traum-Zirkel der Könige, Heiligen oder Mönche gehörte[10]. Oder anders gesagt: Das, was bis dahin – für uns in den schriftlichen Aufzeichnungen meist nur im Gegenbild und nur selten direkt faßbar – allenfalls subkulturell existieren durfte, findet nun nach und nach Eingang in das offizielle Schrifttum. Noch innerhalb des Lehrgebäudes der Mutter aller Wissenschaften, der Theologie, werden nun auch Stimmen laut, die

9 *Robert of Brunne's Handlyng Synne, A.D. 1303*, hg. F.J. Furnivall, Nachdr. New York 1975 (Early English Text Society OS 119, 123), Vv. 461-72; vgl. Vv. 379-478.

10 Vgl. den Beitrag von Jean-Claude Schmitt (wie Anm. 4).

eine vorausdeutende Potenz auch solchen Träumen zugestehen wollen, die nicht von Gott gesandt sind. So greift in der zweiten Hälfte des 12. Jahrhunderts John of Salisbury, Student von Abaelard, Sekretär des Erzbischofs von Canterbury und dann Bischof von Chartres, die Traumtheorie des Macrobius wieder auf und etabliert damit die Kategorie des *somnium* als des enigmatischen Traums, der seine wahre Bedeutung verhüllt und deshalb nach Deutung verlangt. Wie Macrobius hält der Kleriker John gerade diesen Typ des Traums für den, den die Menschen am häufigsten träumen; und, erneut Macrobius folgend:

> Manchmal beziehen sich solche Träume nur auf den Träumer selbst, manchmal auf eine andere Person oder auf beide, manchmal haben sie auch öffentliche, ja generelle Bedeutung[11].

Damit ist geradezu ein Damm gebrochen: Denn nun ist ja durch einen der berühmtesten Gelehrten seiner Zeit quasi legitimiert, sich mit der Möglichkeit der Vorausdeutung durch Träume intensiv zu beschäftigen. Es etabliert sich so neben der orthodoxen Lehre eine neue, die erst zaghaft und dann immer selbstbewußter Emanzipation von der Aufsicht der Kirche für das Träumen verlangt. Von der Jahrhundertwende an sind in steigender Zahl – beeinflußt vom empirischen Denken der Zeit, beeinflußt auch von medizinischer Erkenntnis und der Astrologie – Traum-Traktate überliefert, die das Wissen der Antike vermitteln und Handreichung sein wollen bei einer eher privaten Deutung der Träume. Zwar sind sie noch nicht für jedermann, weil in Latein, und sie bedienen sich noch ähnlicher Ausgrenzungsargumente wie die Theologie, jedoch in deutlich anderer Intention. Zitat aus einem beliebigen Vorwort:

> Medizin und auf das Göttliche gerichtete Gedanken, Träume, Visionen oder Orakel sind nicht

11 Zitiert aus John of Salisburys *Policraticus*, Buch II Kap. 15, in Auszügen übers. als *Frivolities of courtiers and footprints of philosophers* von J.B. Pike, repr. New York 1972; Zitat dort S. 77.

> verboten; verdammenswert aber sind teuflische Beschwörungen, Hexerei, Phantasmata: denen sollt ihr nicht trauen[12].

Mit anderen Worten: dem individuellen Traum ist ein Freiraum geschaffen, in dem sich nun auch die Kunst der Traumdeutung langsam wieder von dem Stigma des Diabolischen emanzipiert. Und noch radikalere Ergebnisse zeitigt der Wandel. Unter dem Einfluß des neu rezipierten Wissens, der aristotelischen Lehren und der arabischen Gelehrsamkeit wird offenbar um die Mitte des 13. Jahrhunderts gar die heiligste Form des Traums in Frage gestellt: Die von Gott gesandten Visionen der Helden der Kirche geraten bei einigen Professoren der Pariser Artistenfakultät ins Gerede. Angekündigt hatte sich das vielleicht schon im späten 12. Jahrhundert. Denn da ließ doch tatsächlich Peter von Blois, *curialis*, klerikaler Höfling am Hof Heinrichs II. von England und dessen Hofkaplan, dieser Peter von Blois also ließ in einer lateinisch geschriebenen Debatte in Abrede stellen, daß auf die klerikalen Sünder des Hofes im Jenseits das Höllenfeuer warte: 'Was kümmert mich das; von dort,' so läßt Peter seinen Disputanten sinngemäß sagen, 'von dort ist doch noch nie jemand zurückgekommen, um zu bestätigen, daß das wahr ist, was du über die Hölle sagst'[13]. Während solche Stimmen, zudem spielerisch im Disputations-Diskurs gebannt, im späten 12. Jahrhundert vielleicht noch vereinzelt sind, scheint es an der Pariser Artistenfakultät um 1250 bis 1275 gleich mehrere davon

---

12 L. Thorndike, *A History of magic and experimental science* (4 Bde, 6. Aufl. London 1964) ist immer noch eine Fundgrube ersten Ranges für Belege über die Einstellungen zu Träumen und Traumdeutung und deren Wandel; s. hier bes. Band 2 Kap. 50 ("Ancient and medieval dream books") sowie die entsprechenden Abschnitte über Träume in den Folgekapiteln zum 13. Jhdt.; das Zitat aus einem Manuskript der zweiten Hälfte des 13. Jhdts., ebd. S. 298.

13 Die Debatte zwischen Höfling und Mahner über die Verführungen des Hofes ist ediert auf den S. 206-9 in dem Beitrag von P. Dronke über "Peter of Blois and poetry at the court of Henry II," *Mediaeval Studies* 38 (1976), S. 185-235; Zitat S. 208: "Neminem ab inferis / revertentem vidimus – / certa non relinquimus / ob dubia [...]"

gegeben zu haben. Auch das kann ich nicht im Detail entfalten, nur so viel: Im Jahre 1277 verurteilt Etienne Tempier, der Bischof von Paris, 219 Irrlehren, die allesamt an der Pariser Universität gelehrt würden; die Verurteilungsschrift ist kürzlich von Kurt Flasch mit deutscher Übersetzung herausgegeben worden. Ich empfehle wärmstens die Lektüre, enthüllt sie doch vieles von dem aufregenden intellektuellen Klima in Paris; sie sagt auch vieles von dem, was ich hier verschweigen muß. Die 33. der verurteilten Lehren stellt in knappster Form radikal die These auf: "Quod raptus et visiones non fiunt, nisi per naturam," Ekstasen und Visionen gibt es nicht, es sei denn als Naturvorgänge! So weit also ist es mit den von Gott gesandten Traumvisionen gekommen. Der kurze Kommentar von Flasch fängt wenigstens ansatzweise das Grundstürzende dieser radikalen These ein: "Was man als göttliche Offenbarungsquelle beansprucht hatte," schreibt Flasch, "[unterwirft diese These] den Erklärungsweisen des an Aristoteles, Avicenna und Averroes geschulten Arztes"[14]. Selbst göttliche Träume, so scheint es, sind nur noch Schäume.

In diesem inspirierenden intellektuellen Klima, in dieser Variante der "Querelle des Anciens et des Modernes" erscheint dann kurz vor der Jahrhundertmitte der erste und um 1280 der zweite Teil jenes vielleicht berühmtesten Romans des Mittelalters, des *Roman de la Rose*. Unter ausdrücklicher Berufung auf Macrobius und seinen Typ des *somnium*, des enigmatischen Traums, reklamiert Guillaume de Lorris als Autor des ersten Teils Wahrheit für seine allegorische Traumfiktion von der höfischen Liebe, reklamiert gleich in den beiden ersten Versen, daß "songes," Träume, eben keine "mençonges," keine Schäume seien, sondern nächtliche, im Traum noch dunkle Vorahnungen zukünftiger Lebenssituationen[15]. Und wiewohl Jean de Meung, Schüler der

14 K. Flasch, *Aufklärung im Mittelalter? Die Verurteilung von 1277*, Mainz 1989 (Excerpta Classica 6); Zitate S. 130.

15 Vv. 1-20 (de Lorris), 18287-514 (de Meung), hg. und übers. von K.A. Ott, *Guillaume de Lorris/Jean de Meun: Der Rosenroman*, 3 Bde, München 1976-9 (Klassische Texte des Romanischen Mittelalters in zweisprachigen Ausgaben 15).

Pariser Universität und Autor des sehr viel längeren zweiten Teils, diese Eingangsthese des Guillaume de Lorris wieder in Abrede stellt und mit rationalistisch anmutender Philosophie die Träume wieder in das Reich der Schäume verweisen will, ist doch mit der literarischen Leistung des Guillaume ein weiterer Schritt zur Emanzipation des Träumens von allzu rigiden Festlegungen orthodoxer Theologie geleistet. Das Traumdeuten ist literarisch gewürdigt, es wird quasi salonfähig; auch Dante bedient sich bei seiner großartigen Jenseitsreise in der *Divina Commedia* dieses Modells. Im Nu macht es in ganz Westeuropa Furore: überall erscheinen fiktionale Traumvisionen, die allesamt reklamieren, daß man nur hinter den Schleier ihrer Allegorie schauen müsse, um die Wahrheit über diese Art von Träumen zu erfahren. Als Chaucer dann in der zweiten Hälfte des 14. Jahrhunderts sich des Genres der Traumdichtung bedient, ist es längst etabliert, bedarf nicht mehr der Legitimation durch Berufung auf Macrobius und seine Kategorie des enigmatischen Traums, um das Fiktionale der Träume zu rechtfertigen. Im Gegenteil: Es ist nun sein Zeitgenosse, der Dichter der Vision von der Himmlischen Perle und dem himmlischen Jerusalem, der ausdrücklich erklären muß, daß seine Traumvision ein "gostly [...] porpose" hat, ein ernstgemeinter, auf das Jenseits gerichteter Traum religiöser Belehrung ist[16]. Chaucer dagegen kann mit allen seinen Äußerungen zum Problem der Wahrheit von Träumen eher spielerisch umgehen, er kann sich von seinen Charakteren ironisch distanzieren, kann gelehrt wissenschaftlich oder überzeugt posieren. Wenn die heute erstellte Chronologie seiner Werke stimmt, dann wendet er sich zunehmend vom Modell der Traumvision ab und einer tolerant amüsierten Einstellung zu, bis bei ihm der Traum sozusagen auf den Hahn kommt. Akribische Quellenforschung hat gezeigt, daß Chaucer mit seiner Traumdiskussion in der Erzählung des Nonnenpriesters auf der Höhe der wissenschaftlichen und philosophisch-theologischen Diskussion seiner Zeit ist. Bis in die Details

16 *The Pearl: a new translation and interpretation*, hg. und übers. von M.V. Hillmann, London 1967, V. 185.

folgt er in der Ausgestaltung seiner Charaktere dem inzwischen angehäuften medizinischen Wissen, und in der Ausgestaltung der Argumente pro und contra Wahrheitsgehalt des Alptraums von Chauntecler dem Kommentar des berühmten englischen Dominikaners Robert Holcot über die Träume in dessen *Lectiones* über die Sprüche Salomos[17]. Während aber Holcot seine toleranten Zugeständnisse an in diesseitiges Leben vorausdeutende Träume jeweils ironisch mit dem Spruch "somnia ne cures" abschließt, überläßt Chaucer solche oder andere Schlußfolgerungen seinem Publikum. Jeder muß sich selbst einen Reim darauf machen, muß selbst entscheiden, ob man denn nun Träumen Glauben schenken soll oder nicht.

Hat denn diese Welle literarischer, teils tolerant-amüsierter, teils ernster und auch wiederum spöttischer Behandlung des Problems der Wahrheit von Träumen aus der Zeit zwischen rund 1250 und 1400 Auswirkungen auf die kollektiven Einstellungen der Menschen gehabt? Wahrscheinlich kaum, und wo man es vermuten möchte, da ist diese Frage zu wenig oder noch gar nicht gestellt. Die im Mittelalter bis zum 14. Jahrhundert erreichten Diskussionspositionen dauern ungebrochen fort; eine feindselige Einstellung wird man später genauso wiederfinden wie eine gebildete oder spöttische, die erklärten Überzeugungen von der Bedeutsamkeit nächtlicher Traumbilder für das diesseitige Leben ebenso wie ihre medizinischen Begründungen. Eines aber scheint mir unübersehbar: Wo sich die Träumer mit ihren Träumen nicht mehr öffentlich in Fragen der Religion oder auch der Politik einmischen und dabei vielleicht Gefahr laufen, als Hexen oder Ketzer vor die Inquisition gezerrt und verurteilt zu werden, da läßt man sie ungestörter träumen, da wird der Traum so etwas wie Privateigentum. Abzulesen ist dieser Wandel auch am Eintrag unter "De sompno dormiencium" in einer Enzyklopädie, die auf lateinische Vorbilder zurückgeht und zur Zeit Chaucers in Englisch von John Trevisa neugefaßt

17 Vgl. zu diesem Zusammenhang R.A. Pratt, "Some Latin sources of the Nonnes Preest on dreams," *Speculum* 52 (1977), S. 538-70.

und überarbeitet wurde. Trevisa verlangt nicht mehr nach der klerikalen Entscheidungsinstanz über Wahrheit und Lüge der Träume, er überläßt die Entscheidung dem Träumer selbst: "Ob Träume göttliche Offenbarungen sind [oder nicht], das kann klarer Verstand mit Hilfe von Gottes Gnade leicht beurteilen"[18].

Private Träume werden bald sogar aufgezeichnet und gelegentlich zur Schau gestellt. Dürers Traumbild und sein zugehöriger kurzer Bericht sind symptomatisch für einen Wandel, in dessen Verlauf Träume und ihre Deutung von Kontrolle emanzipiert dem Einzelnen und seiner Geschichte überantwortet werden; so geraten private Träume unkontrolliert in die Schriftlichkeit. In England finden sich seit dem späten 15. Jahrhundert erste spärliche Notizen in Briefen von Kaufmannsfamilien, in denen die Träume der letzten Nacht festgehalten und planerisch einbezogen sind in das weitere Handeln der Träumer; was Jahrhunderte lang vom Stigma des Diabolischen bedroht war, kann nun sauber archiviert werden. 1698 verspricht man in der *Gazette de Paris* demjenigen zwanzigtausend Louis d'or, der einen Traum Ludwigs XIV. deuten könne[19]; im 17. Jahrhundert erscheint in englischer Sprache eine wissenschaftliche Abhandlung über Träume, und aus dem gleichen Jahrhundert analysiert Peter Burke eine Kollektion von rund 100 privat aufgezeichneten Träumen aus England, in denen teilweise akribisch die Bilder der Nacht festgehalten und nach ihrer Bedeutung für den Tag befragt sind; es ergeben sich so aus dieser Kollektion erste Einblicke in die kulturelle Bedingtheit des Träumens[20]. Und zu einer Zeit, als das Sprichwort von den Träumen als Schäumen längst mit seinen Varianten in fast allen europäischen Sprachen Gemeingut ist, wird Schiller noch für nötig halten zu beteuern, daß Träume ja doch nur aus

18 *On the properties of things: John Trevisa's translation of Bartholomæus Anglicus De Proprietatibus Rerum*, hg. M.C. Seymour, 3 Bde, Oxford 1975-88; Zitat Bd. 1 S. 337.

19 Hinweis bei P. Burke, S. 334 (s. folgende Anm.).

20 Die erwähnte Abhandlung *On Dreams* stammt von Sir Thomas Browne (1605-82), einem der *virtuosi* des 17. Jhdts. Peter Burke legt erste Analysen von schriftlich festgehaltenen Träumen vor in "L'histoire sociale des rêves," *Annales* 28 (1973), S. 329-42.

dem Bauch kommen und nichts bedeuten, während Goethe über die verwünschte Aufmerksamkeit auf Träume wettert, die einen selbst zum Traum und zur Niete machen, wenn man sich ernstlich, so sagt er, mit diesen Phantomen beschäftigt. Dennoch: auch 1860, wieder in Deutschland, stellt die erste Nummer der *Bavaria* ernüchtert fest, daß der Glaube "an Ahnungen, an vorbedeutende Träume und dergleichen noch immer fest verwurzelt" sei[21]. Und heute? Als aufgeklärtes Publikum wissen wir, daß unsere Träume längst auf die Couch des Analytikers geraten sind, um Erklärungsmuster archetypisch-mythischer oder individueller Art für unseren Gefühlshaushalt zu liefern. Wie die mittelalterlichen Menschen wissen wir, daß wir jede Nacht träumen; aber was wir träumen, das erinnern wir häufig nicht. Entscheiden Sie selbst, ob das ein Vor- oder ein Nachteil ist; ich will mich mit einem konstruierten Vergleich bescheiden, um den Unterschied zwischen damals und heute prägnant zu fassen.

1182 steht im Kloster Bury St. Edmunds, einer der bedeutendsten Abteien Englands, wieder eine Abtwahl an[22]. Eine Delegation des Mönchskonvents soll am königlichen Hof vor und mit dem König die Wahl entscheiden. Von ausgewählten Brüdern werden die Namen dreier Kandidaten notiert und der Delegation mit auf den Weg gegeben für den Fall, daß keine Einigung erzielt werden könne – denn einen auswärtigen Abt wollen die Mönche keinesfalls akzeptieren. Als der Tag der Wahl naht, setzt eine Art kollektiver Erregung ein. Jeden Morgen werden neue Träume erzählt, die Andeutungen zum Wahlausgang enthalten. Einer hat einen Propheten am Tor gesehen, der ihm bestätigte, daß ein Mönch des Klosters gewählt, aber unter ihnen wie ein

21 Belege in Fülle für den andauernden Streit um die Bedeutung der Träume bietet das Grimmsche Wörterbuch s.v. *Traum* (anders als etwa das *Oxford English Dictionary*); vgl. auch Hieatt (wie Anm. 2), S. 24 Anm. 3.

22 Die folgende Geschichte über die Abtwahl erzählt Jocelin de Brakelond in seiner lateinischen Chronik des Klosters Bury St. Edmunds, am leichtesten verfügbar in der neuengl. Übersetzung von D. Greenway und J. Sayers, *Jocelin of Brakelond: Chronicle of the Abbey of Bury St Edmunds*, The World's Classics, Oxford 1989; die Abtwahl mit ihren begleitenden Träumen ist dargestellt ebd. S. 15-22.

Wolf wüten werde; ein anderer sieht, wie der Heilige Edmund höchstselbst den neuen Abt kleidet; ein dritter hat wieder einen anderen Traum als ein vierter, bis schließlich der Chronist wie entnervt vermerkt, daß solche Träume sofort im Kreuzgang oder im Klosterhof gehandelt wurden und dann des Abends zu der sicheren Meinung geführt hätten, dieser oder jener oder noch ein anderer Bruder aus dem eigenen Kloster sei der gewählte Abt. In Kürze finden in unserer Universität, die ja die späte Nachfahrin der mittelalterlichen monastischen Schulen und klerikal organisierten Fakultäten ist, die Wahlen der Dekane und Prodekane statt. Nun stellen Sie sich vor, morgen würden Ihnen mehrere Kollegen allen Ernstes erzählen, ihnen hätte des Nachts dies oder jenes über den Ausgang der Wahlen geträumt: würden Sie denen je wieder etwas glauben? Aus der Traum.

Otto Langer

Vision und Traumvision in der spätmittelalterlichen dominikanischen Frauenmystik

I.

Daß die Anwendung ein integrales Element des hermeneutischen Vorgangs ist wie Verstehen und Auslegen, daß also zur subtilitas intelligendi und explicandi, wenn sie nicht bloß reflektierende Auslegung oder purer Kunstgenuß bleiben wollen, die subtilitas applicandi gehört, ist in der neueren Hermeneutikdiskussion nicht kontrovers[1]. Der hermeneutische Akt ist eine Einheit aus den drei Momenten des Verstehens, des Auslegens und des Anwendens. Dieser Sachverhalt scheint im Falle von Texten der spätmittelalterlichen Frauenmystik zu einem schnellen Ende der Diskussion zu führen. Denn wie sollen Texte appliziert werden, die nach gängiger Meinung Symptome einer Hysterie sind, einer Hysterie, die aus der Unterdrückung des Fortpflanzungstriebes entstanden sei. Insbesondere die Nonnenviten gelten vielfach bis heute als Zeugnisse einer mißlungenen Sublimation der Triebe. Die libido werde nicht, wie zum Beispiel O. Pfister im Falle der Margarethe Ebner argumentiert[2], in soziale und kulturelle Leistungen umgesetzt, die polymorphen Sexualkomponenten brächen vielmehr in wilder Anarchie hervor. Ähnlich argumentiert noch Simone de

1 Vgl. H.-G. Gadamer, *Wahrheit und Methode*, 2. Aufl. Tübingen 1965, S. 290ff.; R. Herzog, "Zum Verhältnis von Norm und Narrativität in den applikativen Hermeneutiken", in: *Text und Applikation.* Theologie, Jurisprudenz und Literaturwissenschaft im hermeneutischen Gespräch, hg. von M. Fuhrmann, H. R. Jauß und W. Pannenberg, München 1981, S. 435ff.; H. R. Jauß, "Zur Abgrenzung und Bestimmung einer literarischen Hermeneutik", ebd. S. 459ff.

2 Vgl. O. Pfister, "Hysterie und Mystik bei Margaretha Ebner (1291-1351)", *Zentralblatt für Psychoanalyse – Medizinische Monatsschrift für Seelenkunde* 1 (1910/11), S. 483 und 485.

Beauvoir[3]. In der Frauenmystik würden Mann und Gott untrennbar vermischt. Die liebeswahnsinnige Mystikerin, die sich durch die Liebe eines höheren Wesens ausgezeichnet fühle, sucht, nach de Beauvoir, in der göttlichen Liebe zunächst nur das, was die Liebende von der Liebe des Mannes verlangt: die Apotheose ihres Narzißmus, und will den Geliebten auf die bei der liebenden Frau gewohnte Weise erreichen, durch Selbstaufgabe. Noch zu potenzieren scheint sich die Nicht-Applikabilität dieser Texte, wenn man sie unter dem Aspekt 'Vision und Traumvision' betrachtet.

Diese Standards der Beurteilung frauenmystischer Texte gerieten allerdings in jüngster Zeit in die Diskussion, als französische Poststrukturalistinnen im Kontext der Frage nach einer weiblichen Ästhetik und ihren Imaginationen und Ausdrucksformen zwei Schreibweisen unterschieden. So versucht Luce Irigaray[4] aus der Kritik an der logozentrischen Struktur des europäischen Satzes den weiblichen Gegendiskurs zu profilieren. Sie knüpft dabei an das Konzept von J. Lacan an, der Metapher und Metonymie einander gegenüberstellt und die Metonymie als Verfahren versteht, das im Gegensatz zur Metapher Berührung, Angrenzung und Teilhabe meint und die logozentristische Instanz semantischer Hierarchiebildung, wie sie das metaphorische Verfahren kennzeichnet, aufhebt. Irigaray hypostasiert das Begriffspaar zu zwei Schreibweisen, von denen das metaphorische Schreiben abbildet und darstellt, während das metonymische an die Stelle von Ähnlichkeit und Analogie Kontakt und Grenzverschiebung setzt. "Das Metonymische meint die Entbindung der verfügbaren Formen, des verfügbaren Inventars der poetischen Sprache, aber auch die Einbeziehung vergessener oder unterdrückter Diskursformen. Es meint ein Schreiben, das der Kanonbildung widerstrebt und das seine eigene Programmatik ständig

3 Vgl. S. de Beauvoir, *Das andere Geschlecht.* Sitte und Sexus der Frau, Hamburg 1968, S. 630-637.

4 Vgl. L. Irigaray, "Le sexe fait 'comme' signe", *Langages* 17 (1970), S. 42ff.

desavouiert"[5]. Bei der genauen Analyse des metonymischen Schreibens lassen sich, nach Lachmann, zwei Typen des Diskurses unterscheiden, erstens der theoretisch-kreative Diskurs, der über die herrschenden szientistischen Diskurse hinauszugehen wagt, und der mystische Diskurs, in dem extreme, im logozentristischen System nicht mehr sagbare Erfahrungen des ekstatischen Subjekts ausgedrückt werden. Dieser Diskurstyp wird, nach L. Irigaray, von Frauen maßgeblich geprägt. "Der einzige Diskurs in der Geschichte des Abendlandes, den die Frauen gehalten haben, war der mystische Diskurs und zwar ausschließlich in der christlichen Mystik. Dort gibt es etwas zu befragen, [...] das es von jeglicher Unterwerfung unter die Gesetze der Diskursivität zu lösen gilt"[6]. Besonders wichtig ist im vorliegenden Zusammenhang das enge Verhältnis zwischen dem metonymischen Schreiben des mystischen Diskurses und dem Körpergefühl, ein Sachverhalt, auf den insbesondere Hélène Cixous immer wieder hinweist. Das metonymische Schreiben bildet im Unterschied zum metaphorischen nicht eine extreme Körpererfahrung ab, sondern hier berühren sich Schreibtätigkeit und Körper. Das Schreiben kommt vom Körper [...]. Aber wenn es mit dem eigenen Körper in Beziehung steht, läßt der Körper etwas durch, schreibt er etwas ein, das ihm ähnelt"[7]. Schreiben wird so, bei Cixous, zur Verwirklichung des entzensierten Bezugs der Frau zu ihrer Sexualität, verschafft ihr Zugang zu den eigenen Kräften und gibt ihr ihre Organe und ihren Körper zurück[8].

Im mystischen Diskurs also dominiert die Metonymie und das bedeutet, den Poststrukturalistinnen zufolge, die Leiblichkeit.

---

5 R. Lachmann, "Thesen zu einer weiblichen Ästhetik", in: *Weiblichkeit oder Feminismus.* Beiträge zur interdisziplinären Frauentagung Konstanz 1983, hg. von C. Opitz, Weingarten 1984, S. 187.

6 L. Irigaray, "Die Frau, ihr Geschlecht, und die Sprache", in: *Unbewußtes, Frauen, Psychoanalyse*, Berlin 1977, S. 106.

7 H. Cixous, *Die unendliche Zirkulation des Begehrens*, Berlin 1977, S. 57.

8 Vgl. F. Hassauer, "Der ver-rückte Diskurs der Sprachlosen. Gibt es eine weibliche Ästhetik?", in: *Notizbuch* 2, hg. von F. Hassauer und P. Roos, Berlin 1980, S. 61.

Daher gehören für L. Irigaray mystischer Diskurs und weibliches Schreiben eng zusammen.

Von dieser Position aus läßt sich ein erster Zugang zur mittelalterlichen Frauenmystik und ihren Anschauungen über Traum und Traumvision finden. Das Verbindungsglied ist die Akzentuierung der Leiblichkeit, die sowohl die poststrukturalistische écriture féminine und ihren Versuch einer Transformation der logozentrischen in die polyloge Ordnung[9] als auch die von ganz anderen Voraussetzungen ausgehende charismatische Spiritualität der Frauenmystik charakterisiert. Die Nonnen wollen die Wahrheiten der christlichen Offenbarungen nicht nur verstehen, sondern in ihrer Gesamtexistenz auch leiblich erfahren[10]. Sie konterkarieren damit, zumindest implizit, die platonische, vom Christentum früh rezipierte Unterscheidung zweier disparater, ungleichwertiger Seinsbereiche und zweier Weisen des Vernehmens, von denen das *νοεῖν* sich auf das ständige Sein bezieht und daher wahr und verläßlich ist, während die sinnliche Wahrnehmung sich auf die vergängliche Welt richtet und nicht wahr sein kann. Diese Dichotomisierung der Wirklichkeit führte seit der Väterzeit dazu, "alles Sinnen- und Phantasiehafte in den mystischen Erfahrungen mit einem grundsätzlichen großen Fragezeichen"[11] zu versehen. Von genuin christlichen Prämissen ausgehend, gelangen diese Frauen zu einer nicht-dualistischen Konzeption von Leib und Geist und der Annahme einer geistlichen Sinnlichkeit, der übernatürlich-sinnlichen Erfahrung des göttlichen Wesens. Sie nehmen aufgrund des Glaubens an die Menschwerdung Gottes und die Auferstehung des Leibes keinen absoluten Gegensatz zwischen Leib und Geist an[12], sondern beziehen den Leib in das

9 Vgl. Lachmann (wie Anm. 5), S. 191.

10 Vgl. H. U. von Balthasar, *Erster Blick auf Adrienne von Speyr*, 3. Aufl. Einsiedeln 1968, S. 83.

11 H. U. von Balthasar, *Herrlichkeit.* Eine theologische Ästhetik, Bd. 1, Einsiedeln 1961, S. 396.

12 Vgl. J. Ratzinger, *Einführung in das Christentum.* Vorlesungen über das Apostolische Glaubensbekenntnis, 4. Aufl. München 1968, S. 298; vgl. auch R. Bultmann, *Theologie des Neuen Testaments*, 6. Aufl. Tübingen 1968, S. 202.

commercium spirituale ein. Der Himmel ist nicht das geistige Gegenüber der materiellen Welt[13], das Pneuma nicht der entsinnlichte, leiblose Geist, der Leib nicht von der Teilnahme am trinitarischen Leben ausgeschlossen. Der Mensch besteht nicht aus heterogenen Bestandteilen, sondern ist eine Einheit, leibhaftiger Geist und durchgeistigter Leib. Dieser Konzeption, die der biblischen Anthropologie verpflichtet ist, entspricht eine Spiritualität, die Leib und Geist als Einheit umgreift und die christlichen Wahrheiten daher nicht nur geistig, sondern auch leiblich-gesamtmenschlich erfahren will.

II.

Im folgenden soll ein Aspekt dieser charismatischen Spiritualität dargestellt werden. Träume und Traumvisionen, die kaum von Visionen unterschieden werden, gelten, wie sich zeigen wird, als legitime Formen einer unmittelbaren Gottesoffenbarung. Die Frauenmystik schließt sich in diesem Punkt eng an die Bibel an. Im Alten Testament sind – trotz gelegentlicher Warnungen vor Träumen (Jer. 23,25; Jes. Sir. 31,1ff.) – Traum und Vision die häufigsten Offenbarungsformen, und auch im Neuen Testament gelten Träume als legitimes Medium des Umgangs Gottes mit den Menschen[14].

13 Vgl. H. U. von Balthasar, "Christliche 'Mystik' heute", in: *Der Weg zum Quell. Teresa von Avila 1582-1982*, hg. von J. Kotschner, Düsseldorf 1982, S. 46.

14 Vgl. A. M. Haas, "Traum und Traumvision in der deutschen Mystik", in: *Gottleiden – Gottlieben.* Zur volkssprachlichen Mystik im Mittelalter, Frankfurt a.M. 1989, S. 109-126. Der Aufsatz von Haas geht von ähnlichen Prämissen wie der vorliegende aus. Zu Traum und Traumvision in der mittelalterlichen Literatur sind ferner zu vergleichen: E. Benz, *Die Vision.* Erfahrungsformen und Bilderwelt, Stuttgart 1969; P. Dinzelbacher, *Vision und Visionsliteratur im Mittelalter*, Stuttgart 1981; K. Speckenbach, "Von den Troimen. Über den Traum in Theorie und Dichtung", in: *'Sagen mit sinne'.* Festschrift für M.-L. Dittrich, hg. von H. Rücker und K. O. Seidel, Göppingen 1976, S. 169-204; W. Haubrichs,

Neben der Bibel scheint die im Mittelalter rezipierte Typologie der Träume, die Macrobius, ausgehend vom Traumbuch des Artemidor von Daldis, in seinem Kommentar zum 'Somnium Scipionis' entwickelt hatte – er unterschied zwischen somnium, visio, oraculum, insomnium, visum –, in der Frauenmystik keine Rolle gespielt zu haben. Das gleiche gilt sowohl für die Position des Poseidonios, die über Cicero und Tertullian ans Mittelalter vermittelt worden war – er nahm je nach Herkunft aus der eigenen Seele, von den Geistern oder von den Göttern drei Arten von Träumen an –, als auch für die Typologie Gregors d. Gr., der von sechs Möglichkeiten der Entstehung von Träumen ausging[15].

Im folgenden möchte ich die Vorstellungen der spätmittelalterlichen Frauenmystik von Traum und Traumvision anhand von Texten aus dem dominikanischen Bereich darstellen.

In zwei unterschiedlichen Textarten, die während des 14. Jahrhunderts in oberdeutschen Dominikanerinnenklöstern entstanden sind, werden zahlreiche Träume und Traumvisionen überliefert, in den sog. Nonnenviten, Kompilationen von Kurzviten einzelner Schwestern eines Konvents, und in einzelpersönlichen Viten und Gnadenviten, die das Leben einer besonders begnadeten Schwester darstellen[16]. Die Nonnenviten, aus denen Texte interpretiert werden, waren bis in die jüngste Zeit übel beleumundet. Sie galten als Zeugnis des Abfalls von der geistigen Höhe der Mystik, des Niedergangs und der zunehmenden Sentimentalisierung des geistlichen Lebens und als Symptom neurotischer Zwangsvorstellungen. Erst neuerdings hat man erkannt, daß sie ein fest umrissenes Konzept einer mystisch-charismatischen

---

"Offenbarung und Allegorese. Formen und Funktionen von Vision und Traum in frühen Legenden", in: W. Haug (Hg.), *Formen und Funktionen der Allegorie*, Stuttgart 1979, S. 243-264; K. Rahner, *Visionen und Prophezeiungen*, 3. Aufl. Basel 1958.

15 Vgl. Haas (wie Anm. 14), S. 109ff.

16 Vgl. S. Ringler, *Viten- und Offenbarungsliteratur in Frauenklöstern des Mittelalters.* Quellen und Studien, München 1980; U. Peters, *Religiöse Erfahrung als literarisches Faktum.* Zur Vorgeschichte und Genese frauenmystischer Texte des 13. und 14. Jahrhunderts, Tübingen 1988, S. 129ff.

Spiritualität entfalten. Visionen, Träume und Traumvisionen bilden einen integralen Bestandteil dieser Religiosität und sind eine spezifische Form einer sinnlich-geistigen Gotteserfahrung.

Überblickt man die zahlreichen Berichte in den einzelnen Nonnenbüchern[17], so zeigt sich, daß Visionen und Träume, zwischen denen im übrigen kaum unterschieden wird, einen beträchtlichen Teil des geistlichen Lebens der Frauen bilden. Sie bestätigen den Gnadenstand der einzelnen Schwestern und dienen der Erbauung der Kommunität. In auffallender Weise lehnen sie sich an den jeweiligen Stoff ihrer Betrachtungen und die Texte des Kirchenjahres an. In der Adventszeit sind daher Jesuskindvisionen häufig, in der Weihnachtszeit Gottesmuttervisionen, in der Osterzeit Erscheinungen des leidenden Christus.

Eine systematische Katalogisierung der Visionen und Träume nach der im Mittelalter weit verbreiteten augustinischen Einteilung[18] der Visionen in körperliche, imaginative und intellektuelle fördert einen wichtigen, nach der bisherigen Darstellung nicht überraschenden Befund zutage, daß nämlich die körperlichen und imaginativen zahlenmäßig die intellektuellen weit überwiegen. Dieser Sachverhalt ist zweideutig. Er kann negativ verstanden werden als Symptom des Verfalls und Niedergangs der Mystik. Göttliche Erscheinungen werden jetzt, wie etwa Kunze[19] und

---

17 Die Nonnenbücher werden nach folgenden Ausgaben zitiert:
Die Stiftung des Klosters Oetenbach und das Leben der seligen Schwestern daselbst. Aus der Nürnberger Handschrift hg. von H. Zeller-Werdmüller und J. Bächtold, *Zürcher Taschenbuch* NF 12 (1889), S. 213-276.
Das Leben der Schwestern zu Töß, beschrieben von Elsbet Stagel samt der Vorrede von Johannes Meier und dem Leben der Prinzessin Elisabeth von Ungarn, hg. von F. Vetter, Berlin 1906.
Im folgenden stütze ich mich auf mein Buch *Mystische Erfahrung und spirituelle Theologie.* Zu Meister Eckharts Auseinandersetzung mit der Frauenfrömmigkeit seiner Zeit, München-Zürich 1987, aus dem ich einige Passagen übernehme.

18 Im zwölften Buch von 'De Genesi ad litteram' (CSEL 28, 379-435).

19 Vgl. G. Kunze, *Studien zu den Nonnenviten des deutschen Mittelalters.* Ein Beitrag zur religiösen Literatur im Mittelalter, Diss. Hamburg 1953.

Blank[20] meinen, profaniert, Denkschau durch Sinnenschau ersetzt. Diese Deutung übersieht die andere positive Möglichkeit, daß in den Nonnenviten trotz aller Naivitäten eine nicht-spiritualisierte Erfahrung sich zu Wort meldet, und sie übernimmt das vor allem von Augustinus ausgesprochene Verdikt gegen eine sinnen- und phantasiehafte Vermittlung der Gotteserfahrung. Denn die augustinische Stufung der Erkenntnisarten und die parallele Hierarchisierung der Visionen lassen, nach von Balthasar, einen spiritualistischen "Zug von unten nach oben" dominierend werden. Diese Tendenz hat sich historisch in der Geschichte der Mystik-Theorie dahin ausgewirkt, daß sich im Abendland die kritische Einstellung zur Sinneserkenntnis zum Mißtrauen gegen jede Art von sinnenhafter religiöser Erfahrung zuspitzte[21].

Methodisch möchte ich im folgenden so vorgehen, daß ich nicht den umfangreichen Katalog der Träume, Traumvisionen und Visionen insgesamt kommentiere, sondern vier Fälle herausgreife, um an ihnen zu zeigen, wie diese Phänomene Elemente einer charismatischen, an gesamtmenschlicher Erfahrung orientierten Spiritualität bilden. Die bereits angesprochene Nicht-Unterscheidung von Vision und Traum hängt daher primär nicht damit zusammen, daß Träume und Visionen insbesondere "nach mette" auftraten, einer Zeit zwischen Wachen und Schlafen, wenn die Schwestern nach der Matutin, statt ins Dormitorium zurückzukehren, im Chor zur Betrachtung blieben, sondern ist in dem Konzept dieser Religiosität begründet, für die Träume und Visionen genuine Erfahrungsmodi darstellen. Die sensitiven und imaginativen Möglichkeiten des Menschen reichen demnach an den Bereich der Wahrheit heran. Um den Zusammenhang von Traum, Vision und religiöser Lebensform zu verdeutlichen, werde ich die vier Beispiele für Träume und Visionen im Kontext der jeweiligen Vita interpretieren. Zunächst werde ich zwei Fälle

20 Vgl. W. Blank, *Die Nonnenviten des 14. Jahrhunderts.* Eine Studie zur hagiographischen Literatur des Mittelalters unter besonderer Berücksichtigung der Visionen und ihrer Lichtphänomene, Diss. Freiburg/Br. 1962.

21 H. U. von Balthasar, *Einleitung* zu: Aurelius Augustinus, Psychologie und Mystik (De Genesi ad litteram 12), Einsiedeln 1960, S. 17.

erläutern, in denen ein Traum bzw. eine Vision das Leben der Visionärinnen verändern, weil sie nicht als Wahngebilde oder einer körperlichen Krankheit entstammende Einbildungen, sondern als unmittelbare Offenbarungen Gottes gelten.

Das erste Beispiel entnehme ich der Vita der Margret Willin[22], einer Schwester aus dem Kloster Töß, die nach W. Muschg zu einer Gruppe von altertümlichen Nonnen gehört, für die die anhaltende, das menschliche Maß überschreitende Kasteiung alltäglich ist. Sie praktiziert eine noch wenig spiritualisierte archaische Mystik, die sich des Übernatürlichen über den asketischen Weg einer inneren Zurichtung und Qualifizierung zu versichern sucht. Ihre Vita, die wie die meisten der Tösser Lebensbilder aus zwei Teilen besteht – der erste berichtet von den Übungen, der zweite von Wundern und Gnaden –, beschreibt detailliert ihre asketischen Praktiken, die alle darauf zielen, die Berührungsfläche mit der Welt planmäßig einzuengen. Die Nonne reduziert sich selbst auf eine fast asoziale Punktualität, indem sie die Kommunikation mit den Mitschwestern abbricht und jede Art der im sozialen Alltag gängigen Vorzugsliebe bricht. Ihre leiblichen Grundbedürfnisse schränkt sie bis auf ein Minimum ein. Sie ißt und trinkt wenig, trägt härene Bußkleidung, schläft auf einem Bett aus Reisig und Steinen und hält ausgedehnte Nachtwachen. Sie zieht sich in die Bedürfnislosigkeit zurück, wird damit immun gegen Schicksalsschläge und steigert durch ihre Hemmungsleistung das Gefühl der Selbstpräsenz und der Verfügung über sich selbst[23]. Zwei Traumvisionen führen noch zu einer Verschärfung ihrer Askese. "Und ze ainem mal do sach sy ain gesicht, das sy dunkt wie únser her durch das tormentar wurd gezogen, [...] do er gefangen wart" (Töß 26,20f.). Sie erlebt die Gefangennahme Jesu so intensiv nach, es ist "ain als gar gemerliche gesicht" (Töß 26,22), daß sie von nun an um diese Stunde nicht mehr schlafen will. Die Vision geht ihr "als gruntlich ze hertzen",

22 Nonnenbuch von Töß (wie Anm. 17), S. 25-27. Vgl. W. Muschg, *Die Mystik in der Schweiz (1200-1500)*, Frauenfeld-Leipzig 1935, S. 206ff.

23 Vgl. A. Gehlen, *Urmensch und Spätkultur*. Philosophische Ergebnisse und Aussagen, 4. Aufl. Frankfurt/M. 1977, S. 95f.; S. 120.

daß sie sich überhaupt kaum noch Schlaf gönnt und immer schon kurz nach dem Einschlafen wieder aufsteht, um im Dormitorium zu beten, bis der Chor aufgeschlossen wurde. Als sie ein einziges Mal vor der Prim zu Bett gegangen war, erscheint ihr der Herr und tadelt sie wegen ihrer Unwachsamkeit. Sein Vorwurf trifft ihre beständige Angst vor dem Richtergott.

Im zweiten Teil der Vita, der von ihrer göttlichen Tröstung spricht, bestätigt Gott ihr in einem Traumgesicht ihre Vollkommenheit und versichert sie ihres Heils. Mit ihrem äußeren Zustand an Trostlosigkeit, sozialer Isolation und Selbstvernichtung geht ein Zustand innerer Freude einher: Gott selbst tröstet sie in Träumen, Visionen und Erfahrungen mit seiner Gegenwart.

Aus den Episoden wird ersichtlich, daß Wachbewußtsein und Traumleben sich nicht wie Realität und Wahn gegenüberstehen, daß vielmehr umgekehrt die Realität des Traumes das Wachbewußtsein steuert. Träume und Traumvisionen sind der Ort, an dem Gott seinen Willen in unzweideutiger Weise dem Individuum ohne jegliche Vermittlungsinstanz und unmittelbar kundtut. Sie gelten als legitime und verläßliche Möglichkeiten der göttlichen Belehrung und Weisung; sie sind aber auch der Ort intimer Kommunikation zwischen Seele und Gott, ein Grenzbereich, in dem göttliche und irdische Welt sich berühren und die Möglichkeit sich eröffnet, die Präsenz Gottes "enpfintlich" zu erfahren, seine "süeze" zu schmecken, seine transfigurierte Leiblichkeit zu ertasten und zu spüren.

Die Vita der Elsbeth von Beggenhofen[24], ein zweites Beispiel, schildert eine Vision, die das Leben der Nonne unmittelbar verändert. Elsbeth ist ein geistliches Wunderkind, das bereits mit sechs Jahren ein strenges geistliches Leben zu führen beginnt. Ihre Bekehrungsgeschichte verläuft als Geschichte der Auswechslung einer Sensibilität von der fleischlichen auf die göttliche Liebe ganz im Sinne Augustins: "omni homini converso ad Deum mutatur delectatio, mutantur deliciae (non enim subtrahuntur, sed mutantur)" (Enn. in Ps 74). Die neue Sinnlichkeit wächst

24 Nonnenbuch von Oetenbach (wie Anm. 17), S. 257-270.

ihr in dem Maße zu, wie sie sich von der Welt zurückzieht und "wollust und gezirde" zurückweist. Die Süßigkeit und Gnade, die sie aus der Gegenwart Gottes empfängt, lassen sie ihre natürlichen Triebe und Bedürfnisse vergessen. Immer wieder sucht sie die Erfahrung der Gegenwart Gottes. Gefühle, Affekte, "süssikeit" bilden die subjektive Evidenz für diese Gegenwart, die also nicht abstrahierend von der Sinnlichkeit erreicht, sondern mit einem veränderten Sensorium erspürt wird. Träume und Traumvisionen gehören als imaginative Möglichkeiten der Wahrheit zu dieser Leib und Seele vereinenden Spiritualität.

Nach ihrem Eintritt in das Kloster Ötenbach muß sie bald verschiedene Ämter übernehmen. Und "wann si von den emptern müßig ward" (Öt. 260), dient sie mit selbstloser Hingabe gerade den Kranken, "die aller versmechtest und aller unlüstlichest warend" (ebd.). Als sie eine solche Kranke 16 Wochen ununterbrochen gepflegt hatte, überkommt sie eine Todesvision. Ein Engel erscheint ihr und verkündet: "du must sterben! Do sprach si: wenn? Do sprach er: wenn dein zeit verschlissen wirt" (261). Aus der Beantwortung ihrer Gegenfrage nach dem Zeitpunkt des Todes geht hervor, daß der Engel nicht ihren Sterbetag zeitlich festlegen, sondern auf die Notwendigkeit hinweisen will, die Gegenwart des Todes mitten im Leben zu erkennen und auf sich zu nehmen. Und dies wird ihr aus dem kurzen Dialog auch klar. "Und do viel der tod in si, daß er einen augenplick aus ir nie kam und was ir die nützeste stund, die si ie gehabt hat" (261). Von nun an beginnt Elsbeth bewußt zu sterben. Der Tod steht ihr nicht mehr als ein abstraktes fernes Begegnis bevor, das zwar unausweichlich droht, aber nicht mehr gefühlt wird, wenn es eingetreten ist, sondern er ist für sie als eigener Tod mitten im Leben präsent. Den Augenblick, als der Tod in sie fiel, bezeichnet sie als ihre "nützeste stund" (261). Dieser Satz läßt sich zweifach deuten.

Erstens prospektiv. Elsbeth klammert den Tod nicht mehr aus, sondern versteht ihr Leben als Abschiednehmen von der Welt, in die hineinzuwachsen sie die eigene Bestimmung verfehlen ließe. Die Fluchtwege in die Welt werden ihr durch dieses Faktum des im Leben gegenwärtigen Todes verlegt, der gleichzeitig jedoch das sterbende Leben nicht lähmt, sondern zum Handeln stimuliert und ihm, solange es stirbt, unendliche Wichtigkeit verleiht. Das Erlebnis eröffnet ihr zweitens retrospektiv den Sinn ihrer bisherigen Askese. Ihre Verzichtleistungen sind Einübung des Todes als schrittweises der Welt Absterben. Die Bejahung der Verfallenheit an den Tod rettet ihr Leben.

Auch in der Vita der Elsbeth von Beggenhofen ist die Vision ein Medium göttlicher Belehrung. Sie vermittelt der Schwester die Wahrheit über sich und ihr Leben insgesamt. In der Kraft dieser durch die Vision vermittelten Transparenz vermag sie ihr Leben sinnvoll zu gestalten.

Traum und Vision sind aber nicht nur Instrumente der göttlichen Unterweisung, sondern bilden auch einen Bereich intensiver Interaktion zwischen Mensch und Gott, die den Menschen bis in seine leibliche Sphäre hinein verändern kann. Dies wird am dritten Beispiel, der Stigmatisation der Mechthild von Stans[25], deutlich. Diese Nonne lebt nach einer nächtlichen Vision bereits in einem Zustand der Hochgestimmtheit und Erregung. "Ir sel und ir gemůt" sind durchgossen von der göttlichen Süße (Töß 64,5f.). Doch diese Erfahrung genügt ihr nicht und sie begehrt deshalb "von grund ires hertzen, das er ir geb liplichen ze enpfinden etliches siner V minzaichen, das sy das ser durch sin liebi trůg" (64,6ff.). In einer mitternächtlichen Traumvision am St. Katharinentag wird sie stigmatisiert. Die in der Vision empfangene, an ihrem Leib sichtbare Seitenwunde schließt sich zwar, wie die Vita berichtet, auf ihren ausdrücklichen Wunsch, doch der scharfe innere Schmerz bleibt ihr. Und je größer der leibliche Stigmatisationsschmerz ist, desto größer die "minnbewegung ires gemůtes". Zwischen der Intensität des leiblichen Schmerzes und der Intensität ihrer inneren "minnbewegung" besteht eine direkte Proportion. Tiefster Schmerz zeigt tiefste Liebe an, er ist ein Index der Nähe Gottes.

25 Nonnenbuch von Töß (wie Anm. 17), S. 60-69.

Traum und Traumvision sind also ein Grenzbereich, in dem sich Natur und Übernatur, Göttliches und Menschliches berühren. Im vorliegenden Fall beginnt hier eine Leib und Seele des Menschen umfassende conformatio.

Die im Traum sich konstituierende Umgestaltung setzt sich in der Wirklichkeit fort. Beide Ebenen haben den gleichen Realitätsgrad, auf beiden gilt das Gesetz, das die augustinisch-bernhardinische Theologie als das Gesetz von der transformierenden und egalisierenden Kraft der Liebe formulierte: amans fit amatum. Der Liebende wird das, was er liebt. Die Gültigkeit des Gesetzes zeigt sich allerdings zuerst auf der Ebene des Traumes und der Vision.

Von einer anderen Form der Interaktion zwischen Seele und Gott im Traum, der brautmystischen Variante, berichtet die Vita der Ita von Hohenfels – das vierte Beispiel[26]. In ihrem Weltleben ist diese reiche, adlige Dame nur darauf aus, wie sie in der Welt Freude finden könne. Trotz ihres wohlsituierten, mit allen Glücksgütern versehenen Lebens sucht sie immer noch mehr und endet, da ihr keine Freude genügt, in einer ausweglosen Situation der Desorientiertheit. Ihre von eudämonistischen Zwecken und Triebfedern bestimmte Lebenseinstellung, der Wunsch nach ununterbrochener Annehmlichkeit des Lebens scheitert an der Kontingenz und Nichtigkeit irdischen Glücks und verwickelt sie in den fatalen Zirkel, immer mehr haben zu wollen, weil sie alles Glück, das sie besitzt, nicht befriedigt. Trotz dieser negativen Erfahrungen bleibt sie ihrem Lebensstil treu, weil sie gar keinen anderen Weg sieht, auf dem sie unter Beibehaltung ihrer eudämonistischen Prinzipien zum Ziel gelangen könnte. Ihre latente Verzweiflung, die aus der impliziten Erkenntnis entspringt, keine Möglichkeit zu dauerhaftem Glück zu haben, führt zunächst nicht zur Konversion, sondern zu einem Aneinanderreihen von Freuden, die sie rastlos wechselt, weil sie keine die "rechte freud" (Öt. 237) dünkt.

26 Nonnenbuch von Oetenbach (wie Anm. 17), S. 237-248.

Erst der Tod ihres Mannes und ihr Witwendasein bringen die Wende, und sie nimmt in Ötenbach den Schleier.

Im Kloster setzen sich, entgegen ihrer Erwartung, die Anfälle von Verzweiflung fort. Schon kurz nach ihrem Eintritt überkommt sie eine fünf Jahre dauernde Anfechtung, die sie am Sinn ihrer Existenz zweifeln läßt; danach fällt sie in eine noch tiefere Krise und schließlich in die "anfechtung der verzweiflung". Sie empfindet sich für die Hölle bestimmt, wird aber endlich durch göttliches Eingreifen von ihrer Verzweiflung befreit und ihres Heils versichert. Nach den stürmischen Anfangsjahren beruhigt sie sich. "Ein wunderlich und ein gros dink het si an ir vil jaren, wenn si schlief, daß ir denn unser herr erschein in dem schlaf in dem pild, als er ein mensch was auf ertrich und gab sich ir denn als gütlichen in einem götlichen zarten und in einer götlichen heilikeit und senfte" (Öt. 245). Diese kurze Notiz beschreibt eine geradezu habituelle unio mystica mit den Termini der Brautmystik. Gott "zartet" ihrer Seele in so beseligender Weise, daß sie es nicht in Worte fassen kann.

Schlaf und Traum disponieren also, ähnlich wie in der Bibel, in besonderer Weise zum Empfang von Gnaden. Der Umgang des sponsus caelestis mit seiner sponsa vollzieht sich – ohne daß dies eine Wertminderung bedeutet – auf der Ebene des Schlafes und Traumes, bleibt aber nicht bloß innerlich, geträumt, sondern schlägt in der Realität bis auf die Leiblichkeit der Schwester durch. Ita erscheint nach diesen Träumen immer auch äußerlich verändert und ihre Mitschwestern nehmen die "große wandlung und heilikeit an ir antlütz" (Öt. 245) wahr.

Der Traum ist der Ort einer Glückserfahrung, die sich in den Alltag hinein fortsetzt, eine Erfahrung, die geistlich und sinnlich zugleich ist und Leib und Seele umfaßt.

Überblickt man die vier Viten, so ergibt sich, daß im ersten Fall Traum und Traumvision innerhalb einer archaischen Mystik die Funktion hatten, ein individuelles Vollkommenheitsstreben zu vollenden. Im zweiten Fall ergab sich das Paradoxon, daß durch Traum und Traumvision das Leben transparent wurde und sinnvoll gestaltet werden konnte. In den beiden letzten

Fällen war der Traum ein Medium, in dem sich ein individuelles Glücksstreben erfüllte bzw. die Suche nach einer leiblich-sinnlichen Gotteserfahrung ihr Ziel fand.

In allen Fällen zeigt sich, daß Frauen durch Visionen und Träume eine religiöse Singularität und Selbständigkeit erwerben, die sie aus der Gemeinschaft der Schwestern herausheben und gegenüber der Obrigkeit als quasi autonome religiöse Subjekte erscheinen lassen. Die Frauen schaffen sich unabhängig von den Institutionen Freiräume individueller Spiritualität und brechen damit – zumindest implizit – das klerikale Monopol der Gottunmittelbarkeit. Es sind tastende Versuche einer geistlichen Emanzipation. Der latente pneumatische Anarchismus, in dem Züge einer urchristlichen Charismatik wiederaufleben, führte zu restriktiven Maßnahmen der Obrigkeit, exemplarisch im Fall der Mechthild von Stans. Der Provinzial gebietet ihr, sich künftig "der Gnade zu erwehren".

Insgesamt können wir festhalten: Träume und Visionen sind integrale Bestandteile einer Spiritualität, die die sensitiven und imaginativen Erkenntnis- und Erfahrensweisen gegenüber den intellektuellen nicht abwertet. Vision und Traum gelten ihr als legitime Offenbarungsmöglichkeiten Gottes und als Medium neuer Erfahrungen.

III.

Um diese Position der Frauenmystik noch etwas deutlicher zu konturieren, möchte ich kurz die Seiten des spätmittelalterlichen religiösen Diskurses wechseln und Grundzüge der Stellungnahme Meister Eckharts zu Traum und Vision skizzieren. Eckhart wird nicht gegen die in der Frauenmystik sich andeutenden Versuche religiöser Selbständigkeit argumentieren, sondern die Defizienz und Ambivalenz ihrer ästhetisch-imaginativen Formen der Gotteserfahrung kenntlich machen.

Bei der Erörterung des Stellenwerts von Sondererfahrungen, Visionen und Auditionen im geistlichen Leben geht Eckhart in der Predigt 61 'Misericordia domini plena est terra'[27] von der augustinischen Einteilung der Erkenntnisarten in sensus, ratio inferior und ratio superior aus. Nur die dritte und höchste Erkenntnisweise vollzieht sich ohne species und conversio ad phantasma und erkennt Gott in seinem Wesen. Diese höchste Form des Erkennens ist aber kein bloß theoretisches Verhalten mehr, sondern eine dynamische ontologische Relation. Denn Eckhart setzt das Erkennen Gottes im Intellekt gleich mit dem Erkennen, in dem Gott den Menschen erkennt: "mîn ouge und gotes ouge daz ist [...] ein gesiht" (DW 1, 201,6f.). Im Vollzug des Erkennens teilt Gott dem Menschen Sein mit, und erhält der Mensch das Sein von Gott. "Da got die crêatûre anesihet dâ gibet er ir ir wesen; dâ diu crêatûre got anesihet, dâ nimet si ir wesen" (DW 1, 173,6f.). Die Einheit mit Gott im Geist ist kein Subjekt-Objekt-Verhältnis, sondern die Einheit von Seinsmitteilung und Seinsempfang. Erkennen und Erkanntwerden sind ein einheitlicher Lebensvollzug, in dem es nur noch einen Gegensatz der Relation gibt.

Eckhart spiritualisiert den Begriff der Erfahrung. Erlebnisse, Erfahrungen, Träume sollen preisgegeben werden. "Alsô sprechen wir, daz der mensche sol quît und ledic stân, daz er niht enwizze noch enbekenne, daz got in im würke" (DW 2, 497,1ff.). Ähnlich argumentiert Eckhart in der Predigt Pf. IV. Gott werde nicht durch Dinge, die von außen durch die Sinne eingetragen werden, erkannt. Wenn Gott göttlich im Menschen sein soll, dann müssen alle menschlichen Kräfte zum Erliegen kommen. Eckhart kehrt die gängige Meinung geradezu um und behauptet: je weniger du erlebst und fühlst, desto näher ist dir Gott. "Unde ie dû dîn selbes wüester stêst und unwizzender aller dinge, ie dû disem nâher kumest" (Pf. 26,32f.). Das Erkennen des Menschen muß in ein nichterkennendes Erkennen – ein "unbekantez bekantnüsse" – verwandelt werden und sich selbst

27 Die deutschen Werke Meister Eckharts zitiere ich nach der kritischen Ausgabe von J. Quint, Stuttgart 1936ff. Eine Predigt zitiere ich nach F. Pfeiffer, *Deutsche Mystiker des vierzehnten Jahrhunderts*, Bd. 2: Meister Eckhart, Leipzig 1857.

und alle Kreaturen vergessen. In dieser "dunsternüsse", in der dem Menschen Hören und Sehen und Träumen vergeht, erfährt er Gott in der Weise der Nichterfahrung. Dieser Finsternis und diesem Unwissen nachzuhangen und nachzuspüren und nicht umzukehren, darin liegt die Möglichkeit, den zu gewinnen, "der dâ alliu ding ist" (Pf. 26,32). Nur wenn der Mensch auf jede Art von Erfahrung verzichtet und die 'wüeste' der Nichterfahrung akzeptiert, ist der Durchbruch in die Gottheit oder der Durchbruch der Gottheit im Seelengrund möglich. Dieser Vorgang, den zu verspüren nicht in der Macht des Menschen liegt, ist für Eckhart wesentlicher als jede Art von Erlebnis, Erfahrung und Traum.

Die Stufung der Erkenntnisarten läßt bei Eckhart wie übrigens auch bei Augustinus einen spiritualistischen "Zug von unten nach oben" dominierend werden.

Die Charismatik, wie sie sich in den Nonnenviten bezeugt, gilt der spirituellen Theologie Eckharts als suspekt. Statt sinnlicher, imaginativer Erfahrungen Gottes, statt Traum und Visionen fordert er eine "Entphantasierung".

Die Ambivalenz der imaginativen und affektiven Erfahrungen erläutert Eckhart in den 'Reden der Unterweisung'. Im zehnten Kapitel dieser Schrift wendet er sich gegen die Ansicht, daß ekstatische Einheitsgefühle und jede Art von Sondererfahrung eindeutig identifizierbare Phänomene der göttlichen Gegenwart seien. Diesen Schluß von imaginativen und affektiven Zuständen auf das Vorhandensein von Liebe weist Eckhart mit der Unterscheidung von "wesen" und "werk" der Liebe zurück. Das Wesen der Liebe, das im Willen liegt, ist unerkennbar; das Werk der Liebe, wie jubilus und Visionen, dagegen zweideutig, da es ganz heterogenen Ursachen entspringen kann. Die imaginative und affektive Möglichkeit der Erfahrung ist fehlbar. Gegen eine auf Sondererfahrungen gerichtete Spiritualität stellt Eckhart seine These, daß die praktische Tat der Nächstenliebe, das minnewerk, vollkommener ist als das werk der minne, so daß selbst ein von Gott geschickter Traum, ja sogar eine Verzückung von der Intensität der Verzückung Pauli abgebrochen werden muß, um einer

Tat der Nächstenliebe willen: "waere der mensche alsô in einem înzucke, als sant Paulus was, und weste einen siechen menschen, der eines suppelîns von im bedörfte, ich ahtete verre bezzer, daz dû liezest von minne von dem und dientest dem dürftigen in mêrer minne" (DW 5, 221,5-8).

Im "minnewerk" zeigt sich trotz seiner im Vergleich mit der Verzückung unscheinbaren Gestalt mehr Liebe als im "werk der minne"; es ist gegenüber der subjektiven Empfindung das objektiv Bessere, da es altruistisch, nicht egoistisch auf Selbstgenuß ausgerichtet ist. Gott wird nicht in imaginativen und affektiven Erfahrungen, nicht im Gefühl, sondern im selbstlosen Wirken für den Nächsten gefunden. Die Einheit mit Gott im Wirken steht über der Erlebniseinheit.

Ich habe zunächst die Vorstellungen von Traum und Vision in der spätmittelalterlichen Frauenmystik beschrieben und dabei versucht, sie im gesamten Kontext der Spiritualität dieser Frauen zu interpretieren. Den charismatischen Charakter dieser Frömmigkeit, ihren Realismus des Fleisches und ihre positive Einschätzung sensitiver und imaginativer Erlebnis- und Erfahrungsmöglichkeiten stellte ich danach von der Position Meister Eckharts her in Frage. Eckhart gelangt, von neuplatonisch-augustinischen Prämissen ausgehend, zu einer scharfen Kritik am Visionenwesen der Frauenmystik, zugleich aber auch zu einer Ethisierung der Spiritualität.

Es besteht kein Zweifel, daß man eher der Position Eckharts zuneigt, zumindest was die Relativierung der Imagination und Sinnlichkeit von einem ethischen Standpunkt aus anbetrifft. Trotzdem wird man gegenüber dem religiösen Rationalismus Eckharts die in der Frauenmystik sich andeutende Vorstellung einer Leib und Geist als Einheit umfassenden Lebensform nicht aufgeben wollen, eine Vorstellung, die an der Möglichkeit einer Transfiguration von Leib und Geist, an der Utopie einer intelligenten Sinnlichkeit[28] und sinnlichen Intelligenz festhält.

---

28 Vgl. zu diesem Zusammenhang F. Nietzsche, *Werke*, hg. von K. Schlechta, München 1956, Bd. 3, S. 755.

Ludwig Schrader

Joachim Du Bellays "Songe" (1558) – eine Vision des Untergangs

I.

Der Traum in der Literatur – das ist ein weites Feld, wie jeder weiß. Träume kommen in literarischen Texten häufig vor, sie haben dort ihre bestimmten Funktionen für eine ihnen übergeordnete Struktur[1], Träume können aber auch selbst diese Haupt-Ebene, der Rahmen eines Gesamt-Werkes, sein. Mit dem letzten Fall haben wir es bei Du Bellay zu tun. Sein *Songe*, mit dem Wort "Traum" im Titel, ist ein Zyklus von 15 Sonetten, wäre also zunächst der Lyrik zuzuordnen. Ich will aber darauf hinweisen, daß man diesen Gedichten einen auch erzählerischen Charakter zuschreibt und von ihrer "narrativen Kontinuität" spricht[2]. In der Tat ist der *Songe* prinzipiell verwandt mit Werken der Visions-Literatur, zum Beispiel mit der *Apokalypse* selbst; das dortige "Und ich sah" (z.B. V. 1) werden wir neben thematischen Rückgriffen in Du Bellays *Songe* wiederfinden. Verwandt ist er aber auch mit der *Hypnerotomachia Polifili* von Francesco Colonna (1499), jener teilweise auf Dante replizierenden, unter ägyptisch-griechischen Denkmälern spielenden Traum-Erzählung vom Wiederfinden und vom endgültigen Verlust der Geliebten[3]. Als die unmittelbarste Anregung sieht die Forschung seit langem

1 Vgl. z.B. Walter Pabst, "Funktionen des Traumes in der französischen Literatur des 17. Jahrhunderts", *Zeitschrift für französische Sprache und Literatur* 66 (Festschrift Erhard Lommatzsch, 1956), S. 154-174.

2 Sharlene May Poliner, "Du Bellay's *Songe*: Strategies of Deceit, Poetics of Vision", *Bibliothèque d'Humanisme et Renaissance* 43 (1981), S. 512. – Übersetzungen ohne weitere Kennzeichnung sind vom Verfasser.

3 Vgl. Vf., "Artistisch-intellektuelle Gegenwelten am Ende des 15. und in der ersten Hälfte des 16. Jahrhunderts (Francesco Colonna-Jean Lemaire de Belges-François Rabelais)", in ders. (Hg.), *Alternative Welten in Mittelalter und Renaissance*, Düsseldorf 1988 (Studia humaniora. 10), S. 277-287.

eine Kanzone von Petrarca an – er lebte von 1304 bis 1374 und ist so etwas wie der Vater des Humanismus und der Gestalter einer besonderen, frühneuzeitlichen Sensibilität. In der "Traum"-Kanzone:

Standomi un giorno solo a la fenestra
onde cose vedea tante, e sì nove,
ch'era sol di mirar quasi già stanco –

Als ich am Fenster eines Tags alleine
stand und viele Dinge sah, so unerhörte,
daß ich vom Schauen müde ward zur Stunde[4]

begegnen einige der Untergangs-Motive, die Du Bellay aufnehmen wird – freilich unter sehr bezeichnenden Veränderungen.

*

Doch ehe wir auf dies alles eingehen, sollte ich etwas zum Autor sagen. Joachim Du Bellay (1522-1560) steht wohl ein wenig im Schatten seines Generationsgenossen, Freundes und Konkurrenten Pierre de Ronsard (1524-1585), "bescheidener als Ronsard und auch melancholischer", wie man kürzlich formuliert hat[5] – wobei "melancholisch" kein Alltags-, sondern ein medizinisch-physiologischer Ausdruck ist: nicht nur Melancholie und Dichtung, sondern auch Melancholie, das Temperament der Schwar-

4 Francesco Petrarca, *Rerum vulgarium fragmenta*, in: Gianfranco Contini (Hg.), *Francesco Petrarca: Canzoniere*, Torino 1974, Nr. CCCXXIII, S. 397ff.; dt. Übersetzung: Geraldine Gabor-Ernst-Jürgen Dreyer, *Francesco Petrarca: Canzoniere*, Basel/Frankfurt a.M. 1989, Nr. CCCXXIII, S. 826ff. – Vgl. Klaus Ley, *Neuplatonische Poetik und nationale Wirklichkeit. Die Überwindung des Petrarkismus im Werk Du Bellays*, Heidelberg 1975 (Beiträge zur neueren Literaturgeschichte. III. 22), S. 337; zu anderen Anregungen Charles Bené, "Des *Visions* de Pétrarque au *Songe* de Du Bellay", *Recherches et Travaux.* Université de Grenoble, U.E.R. de Lettres, *Bulletin* 5 (mars 1972), S. 17-27.

5 Marie-Luce Demonet-Launay, *XVIe siècle. 1460-1610*, Paris 1987 (Univers des Lettres Bordas. Daniel Couty [Hg.], Histoire de la Littérature Française), S. 143.

zen Galle, und schwere Träume haben miteinander zu tun[6]. Du Bellay, aus der Gegend von Liré in Anjou, studierte eine Zeitlang im Collège de Coqueret in Paris, wohin ihn Ronsard 1547 bewogen hatte zu gehen. Er gehörte der von ihrem "Anführer" Ronsard so genannten "Brigade" an, in dem Falle nicht einer militärischen Formation oder einer Akkord-Kolonne, sondern einer Gruppe von Dichtern mit verwandten Ambitionen, in gelegentlich wechselnder Zusammensetzung, die von Ronsard selbst nur selten "Pléiade" genannt worden ist, also Siebengestirn, wohl in Anlehnung an antike Gruppierungen. Unter diesem Namen aber ist die Gruppe in die französische Literaturgeschichte eingegangen.

Die literarische und geistesgeschichtliche Bedeutung dieser Autoren kann hier nicht in extenso belegt werden – wir kämen dann nicht zu unserem *Songe.* In aller Kürze nur diese Bemerkungen. Namentlich Du Bellay, aber nicht er allein, steht in einer für die Zeit charakteristischen Spannung. Man könnte sie die Spannung zwischen "imitatio" und "aemulatio" nennen. "Imitatio" meint dabei einen der wichtigsten Programmpunkte des Humanismus, nämlich die Orientierung an den mustergültigen antiken Autoren, und, dies sozusagen ein "sekundärer" Humanismus, an den Italienern, allen voran Petrarca, die den Renaissance-Humanismus ausgebildet, aber auch wichtige poetisch-formale Neuerungen – das Sonett vor allem – geschaffen hatten. 1549 veröffentlicht Du Bellay ein theoretisches Werk, die *Deffense et Illustration de la langue françoise* – die 'Verteidigung und Bereicherung der französischen Sprache' –, das jenen imitatio-Gedanken programmatisch vorträgt: "Das Hauptanliegen Du Bellays war", so charakterisiert W. Theodor Elwert die Schrift,

> die Darlegung und Verkündung des Prinzips der Imitatio, des ästhetischen Prinzips, das Bembo an

6 Vgl. Ley (wie Anm. 4), S. 337 Anm. 1; ebd., S. 26-39; Henning Mehnert, *Melancholie und Inspiration. Begriffs- und wissenschaftsgeschichtliche Untersuchungen zur poetischen "Psychologie" Baudelaires, Flauberts und Mallarmés. Mit einer Studie über Rabelais*, Heidelberg 1978 (Beiträge zur neueren Literaturgeschichte. III. 35), bes. S. 49-82.

den Anfang der Erneuerung der Dichtung des Cinquecento gestellt hatte. Die französische Dichtung sollte durch planvolle Nachahmung der italienischen und antiken Dichtung, ihrer Themen und Formen auf die gleiche Stufe der Vollkommenheit gehoben werden wie jene. Besonders diente ihm zur Klärung seines Standpunktes die Ablehnung der bloßen Übersetzung [...][7].

1550 kehrt der Gedanke im Vorwort zur zweiten Ausgabe seines Sonett-Zyklus *L'Olive* wieder:

> Voulant donques enrichir nostre vulgaire d'une nouvelle, ou plustost ancienne renouvelée poësie, je m'adonnay à l'immitation des anciens Latins & des poëtes Italiens, dont jay entendu ce que m'en a peu apprendre la communication familiere de mes amis. Ce fut pourquoy [...] je choisi le sonnet & l'ode, deux poëmes de ce temps la (c'est depuis quatre ans) encores peu usitez entre les nostres[8]. –
>
> Ich wollte also unsere Volkssprache durch eine neue, oder genauer gesagt: alte erneuerte Dichtung bereichern und machte mich an die imitatio der alten Lateiner und der italienischen Dichter, von denen ich das kennenlernte, was mir der vertraute Umgang mit meinen Freunden nahebrachte. Deshalb wählte ich [...] das Sonett und die Ode, zwei Formen, die seither (seit vier Jahren) bei uns noch wenig gepflegt werden.

---

7 W. Theodor Elwert, "Die Lyrik der Renaissance und des Barock, in den romanischen Ländern", in August Buck (Hg.), *Renaissance und Barock I*, Frankfurt a.M. 1972 (Klaus von See [Hg.], Neues Handbuch der Literaturwissenschaft. 9), S. 105.

8 Joachim Du Bellay, *L'Olive*, 2. Aufl. 1550, Vorwort, bei August Buck-Klaus Heitmann-Walter Mettmann (Hgg.), *Dichtungslehren der Romania aus der Zeit der Renaissance und des Barock*, Frankfurt a.M. 1972 (Dokumente zur europäischen Poetik. 3), S. 337.

L'Olive (Erstausgabe 1549) ist der früheste französische Sonett-Zyklus, an eine wohl fiktive[9], idealisierte Frauengestalt gerichtet, dies von einem ebenfalls stilisierten Ich, das, nach petrarkistisch-neuplatonischem Modell, durch die spiritualisierte Liebe zu höherer Vollkommenheit gelangt:

> Durch betonte Wirklichkeitsferne will die Idealdichtung Du Bellays als solche erkenntlich sein. Die "Olive" schließt sich darüber hinaus eng dem klassischen Vorbild Petrarcas an, schon der Titel des Zyklus will das deutlich machen. Während Laura dem liebenden Petrarca als Symbol des Dichtergotts Apoll galt, erinnert Olive an die "sage Déesse" Athene[10]

– an Pallas Athene (oder Minerva), die Göttin unter anderem der Gelehrsamkeit, der der Ölbaum heilig war.

II.

Du Bellay verwendet selbst, ich zitierte eine solche Stelle, den Ausdruck "imitation". Damit ist keine bloße Kopie und keine Übersetzung gemeint. In Vokabeln wie "enrichir nostre vulgaire" ist vielmehr ein Anspruch enthalten, der über die Ehrfurcht vor den großen Vorbildern hinausgeht. Wir sprachen schon von der "aemulatio", der Nacheiferung im Sinne der Rivalität, die sich gleichsam unvermeidlich einstellt, wenn von Vorbildern die Rede ist. Wir wollen den Ausdruck hier aber in einem allgemeineren Sinne verwenden, nämlich als Signum für eine gewisse Distanz zu manchen Vorbildern, auf die nun eher im Sinne einer Gegenrede geantwortet wird. Gemeint sind Du Bellays Rom-Sonette, die in

9 Die Frage nach der Historizität der Dame ist nicht sehr wichtig. Nach älterer Auffassung handelt es sich "vielleicht" um Olive de Sévigné, eine Kusine des Dichters (Heinrich Morf, *Geschichte der französischen Literatur im Zeitalter der Renaissance*, Straßburg 2. Aufl. 1914 [Grundriß der Romanischen Philologie. N.F.I.4], S. 189). Nach Marie-Luce Demonet-Launay (wie Anm. 5), S. 145, hat *L'Olive* "wahrscheinlich keinen wirklichen erotischen Anlaß".

10 Ley (wie Anm. 4), S. 76.

drei Zyklen 1558 erschienen: die *Regrets* – 'Heimweh'-Gedichte –, die *Antiquitez de Rome* – die 'Altertümer Roms' –, und, in unmittelbarem Anschluß an diese, der *Songe*, dem wir uns allmählich wieder nähern.

Diese Zyklen hängen allesamt mit einem tatsächlichen Aufenthalt unseres Autors in Rom zusammen. Von 1553 bis 1557 diente er seinem Vetter, dem Kardinal Jean Du Bellay, der französischer Botschafter beim Vatikan war, als Sekretär in der Heiligen Stadt. Wie man weiß, ist die Reise nach Italien, ins Land der Bibliotheken, der antiken Manuskripte, des Humanismus, fast obligatorischer Bestandteil eines Gelehrten-Lebens in jener Zeit. Du Bellay aber läßt seinen Rom-Aufenthalt als Exil erscheinen. Man hat geradezu gesagt, "die Reise Du Bellays, wie sie in den 'Regrets' dargestellt ist", sei "letztlich die Pilgerfahrt eines Humanisten 'gegen den Strich'"[11]. Andere negative Charakterisierungen sind "Dichtung der Verweigerung", "Beschwörung des Scheiterns"[12]. Man höre einmal, wie Du Bellay sich im IV. Sonett der *Regrets* ausdrückt:

Je ne veulx fueilleter les exemplaires Grecs,
Je ne veulx retracer les beaux traicts d'un Horace,
Et moins veulx-je imiter d'un Petrarque la grace,
Ou la voix d'un Ronsard, pour chanter mes regrets.

Ceulx qui sont de Phoebus vrais poëtes sacrez
Animeront leurs vers d'une plus grand' audace:
Moy, qui suis agité d'une fureur plus basse,
Je n'entre si avant en si profonds secretz.

Je me contenteray de simplement escrire
Ce que la passion seulement me fait dire,
Sans rechercher ailleurs plus graves argumens.

11 Ebd., S. 213.

12 Vgl. François Rigolot, "Du Bellay et la poésie du refus", *Bibliothèque d'Humanisme et Renaissance* 36 (1974), S. 489-502; Marie-Luce Demonet-Launay (wie Anm. 5), S. 148.

Aussi n'ay-je entrepris d'imiter en ce livre
Ceulx qui par leurs escripts se vantent de revivre
Et se tirer tous vifz dehors des monumens.

Ich möchte nicht der Griechen Schriften fragen,
Horaz nicht folgen, wie er lebt und leibt,
Nachahmen nicht, was einst von Ronsard bleibt,
Petrarcas Wohlklang nicht in meinen *Klagen*.

Wer Phoebus' heilig Dichterjoch darf tragen,
Wohl Verse von viel größrer Kühnheit schreibt;
Ich selbst, den nur geringer Ehrgeiz treibt,
Will mich nicht in geheime Tiefen wagen.

Und so erzähl ich mit bescheidnem Stift,
Was meines Herzens Kümmernis betrifft,
Nicht suchend nach gewichtigeren Themen.

Ich tu's in diesem Buch nicht jenen gleich,
Die sich in Liedern aus dem Schattenreich
Erheben, stolze, fleischgewordne Schemen[13].

Das ist eine Absage an die imitatio, an die antiken Autoren, an Petrarca, an die Unsterblichkeit in den literarischen Werken – als würde das humanistische Programm Punkt für Punkt fast hämisch ad acta gelegt – aber das Ganze ist nicht ohne Pose. Die *Regrets* enthalten sehr wohl eine zentrale, durchaus humanistische Identifizierung: Du Bellay drängt sich

> der Vergleich auf mit demjenigen Dichter, dessen Los Du Bellay denn auch als Vorbild für die Stilisierung seines Romaufenthaltes gewählt hat: wie es

13 Joachim Du Bellay, *Les Regrets et autres oeuvres poëtiques suivis des Antiquitez de Rome, plus un Songe ou Vision sur le mesme subject*. Texte établi par J. Joliffe. Introduit et commenté par M.A. Screech, Genève 1966 (Textes Littéraires Français. 120), S. 59. Die Übersetzung aus *Die römischen Sonette* [Auswahl]. Herausgegeben, übersetzt und eingeleitet von Ernst Deger, München 1976 (Humanistische Bibliothek. II. 23), S. 97.

dem Römer Ovid im pontischen Exil erging, so dem französischen Dichter in Rom. Diese Angleichung nutzt Du Bellay als pathetische Begründung für seine dichterische Klage – Ovid hatte in Tomis die "Epistulae ex Ponto" und die "Tristia" verfaßt, deren Titel sogar programmatisch übernommen wird: "Les Regrets" oder "In librum *Tristium*", authoris opus gallicum, wie das Eingangsepigramm der "Poemata" betitelt ist[14].

Diese lateinischen *Poemata* waren ebenfalls 1558 erschienen[15]. Auch die "Inkonsequenz", lateinisch zu dichten – im Widerspruch zum Programm der *Deffence* –, auch sein Dichten in einer anderen als der Muttersprache begründet Du Bellay mit einer entschuldigenden Berufung auf Ovid, der in der Fremde, "um verstanden zu werden", "es wagte, seine Sprache in eine barbarische zu wandeln":

> [...] si au bord estranger
> Ovide osa sa langue en barbare changer
> Afin d'estre entendu, qui me pourra reprendre
>
> D'un change plus heureux? [...][16]

Wir verfolgen die gewisse Kompliziertheit, ja Brechung, die in Du Bellays Verhältnis zu Ovid liegt, nicht weiter. Möglicherweise entspricht sie dem Befund, daß Du Bellay sein Rom-Erlebnis in diesem – thematisch heterogenen – Zyklus mit ausgesprochen neuzeitlichen, ja politischen Problemen befrachtet: das – von der Melancholie geprägte – Heimweh nach Frankreich, die Kritik an der Korruption der Kurie, der Antagonismus zwischen neuem

14 Ley, S. 228.
15 Moderne Ausgabe: Du Bellay, *Œuvres poétiques*, Bd. 7: *Œuvres latines: Poemata.* Texte présenté, établi, traduit et annoté par Geneviève Demerson. Avec une préface d'Alain Michel, Paris 1984 (Société des Textes Français Modernes).
16 *Les Regrets* X, a.a.O., S. 68.

französischem Selbstgefühl und dem kulturellen Führungsanspruch Italiens. Daß das in Wirklichkeit von der religiösen Spaltung wie von gesellschaftlichen Krisen bedrohte Frankreich[17] stark idealisiert wird, braucht nicht zu überraschen. Ich erinnere nur an das Sonett XXXI, das vielleicht berühmteste des Zyklus:

Heureux qui, comme Ulysse, a fait un beau voyage,
Ou comme cestuy la qui conquit la toison,
Et puis est retourné, plein d'usage & raison,
Vivre entre ses parents le reste de son aage!

Quand revoiray-je, helas, de mon petit village
Fumer la cheminee, & en quelle saison,
Revoiray-je le clos de ma pauvre maison,
Qui m'est une province, & beaucoup d'avantage?

Plus me plaist le sejour qu'ont basty mes ayeux,
Que des palais Romains le front audacieux,
Plus que le marbre dur me plaist l'ardoise fine:

Plus mon Loyre Gaulois, que le Tybre Latin,
Plus mon petit Lyré, que le mont Palatin,
Et plus que l'air marin la doulceur Angevine.

Wohl dem, der wie Ulyss durchzogen ferne Zonen,
Wie jener, der das Vlies mit kühnem Griff entwand,
Um dann zurückgekehrt, voll Weisheit und Verstand
An seiner Väter Herd bis an sein End zu wohnen.

Wann – ach! wird Heimkehr mich für meine Mühen
lohnen?
Wann seh ich am Kamin des Rauches graues Band
Aufsteigen überm Dach, wo meine Wiege stand?
Mir ist die Heimat mehr als alle Königskronen.

---

17 Vgl. Ley, S. 247-258; E. Benson, "Du Bellay et la perception onirique de l'histoire. Pour une lecture interprétative du *Songe*", *Nouvelle Revue du XVIe siècle* 4 (1986), S. 51.

Mich zieht es nach dem Haus, das Ahnenstolz erdacht,
Nach seinem Schiefergrau mehr als nach Marmor-
pracht,
Die römischer Paläste Trotz reckt in die Lüfte;

Nie geb ich die Loire für Latiums Tiber hin,
Mein kleines Liré nicht für einen Palatin,
Des Meeres Brise nicht für Anjous Zephirdüfte.[18]

Der skizzierte Rahmen gilt auch für die *Antiquitez de Rome*. Du Bellay nimmt mit diesem Zyklus zunächst an der sogenannten Ruinenpoesie teil, also an der – namentlich in neulateinischer Dichtung gepflegten – Klage über den Verlust der alten Größe und über die Vergänglichkeit. Als Merkzeichen könnte man Sonett III, Du Bellays Übersetzung eines neulateinischen Epigramms, wählen:

Nouveau venu qui cherches Rome en Rome,
Et rien de Rome en Rome n'apperçois,
Ces vieux palais, ces vieux arcz que tu vois,
Et ces vieux murs, c'est ce que Rome on nomme[19] –

---

18 *Les Regrets* XXXI, S. 98; deutsch bei Deger, S. 151.

19 *Antiquitez de Rome* III, S. 275; Degers Übersetzung, schöner als meine Prosa-Version, dafür sehr frei, S. 35:

Wie kommt's, daß du umsonst suchst Rom in Rom,
Du Neuling, der du Rom in Rom willst finden?
Nur alte Mauern können Rom dir künden,
Paläste, Bogen, schwingend wie ein Dom.
Jetzt seines Stolzes trauriges Phantom,
Stieg Rom nur, im Gesetz die Welt zu binden.
Bezwang sich selbst, die Welt zu überwinden,
Und trieb als Strandgut auf der Zeiten Strom.
Rom ist, was heute noch von Rom vorhanden,
Und Rom hat Rom allein gemacht zuschanden.
Der Tiber nur, der hin zum Meere zieht,
Zeugt noch von Rom. O irdisches Vergehen!
Was von Bestand, ist mit der Zeit verblüht,
Was flieht allein, kann Chronos widerstehen.

Die Vorlage stammt von Janus Vitalis aus Palermo († um 1560 in Rom), oder sie wird ihm doch zugeschrieben. Sie beginnt:

> Neuankömmling, der du Rom in Rom suchst
> Und nichts von Rom in Rom mehr wahrnimmst,
> Diese alten Paläste, diese alten Bögen, die du siehst,
> Und diese alten Mauern, das ist, was Rom man nennt.

Aber auch in diesem Zyklus wird die Rom-Thematik in ihrer traditionellen Verbindung mit der vanitas-Klage überschritten. Größe und Verfall des alten Roms werden eng mit den zeitgenössischen Verhältnissen verknüpft: "Kritik und Grauen angesichts der römischen Gegenwart" hat Walter Pabst als ein Grundmotiv der *Antiquitez* bezeichnet: das Anliegen des Dichters, sei nicht "Historienmalerei",

> sondern nur der Wunsch, die durch die Vergegenwärtigung der Gegensätze von Machtfülle und Glanz auf der einen Seite mit Trümmern und Asche auf der anderen im nachdenklichen und empfindsamen Betrachter hervorgerufene Erschütterung und das Bewußtsein der Vergänglichkeit und Eitelkeit irdischer Größe in immer neuen Variationen zu gestalten und zu steigern[20].

> Qui Romam in media quaeris, novus advena, Roma,
> Et Romae in Roma nil reperis media,
> Aspice murorum moles, praeruptaque saxa,
> Obrutaque horrenti vasta theatra sitia.

Diese Fassung von 1554 in der Ausgabe Du Bellay. *Œuvres poétiques*, Bd. 2: *Recueils de sonnets*. Édition critique publiée par Henri Chamard. Cinquième tirage revu et corrigé avec un cahier additionnel remis à jour en 1969 par Henri Weber, Paris 1970 (Société des Textes Français Modernes), S. 5f., Anm., bzw. in derjenigen von Joliffe und Screech (wie Anm. 13), S. 275. Zu dem verbreiteten Thema nur einige Hinweise: Ramiro Ortiz, *Fortuna labilis. Storia di un motivo poetico da Ovidio al Leopardi [...]*, Bucarest 1927; Walther Rehm, *Europäische Romdichtung*, München 2. Aufl. 1960; Joseph G. Fucilla, *"Superbi colli" e altri saggi*, Roma 1963.

20 Walter Pabst, "Ehrfurcht und Grauen vor Rom. Zur Stilisierung des *caput mundi* in *Les antiquitez de Rome*", *Romanistisches Jahrbuch* 24 (1973), S. 81.

Dies schließt nicht aus, daß an mancherlei Stellen eine "figurale Anwendung auf die französischen Zustände gegeben" ist, namentlich wenn es um den Bürgerkrieg als ein Moment des Verfalls geht[21].

III.

Unmittelbar auf die *Antiquitez*, als Anhang deklariert, folgt der *Songe ou Vision sur le mesme subject*, und nicht nur die druckmäßige Anordnung stellt diese Traumdichtung in einen engen Zusammenhang mit den *Antiquitez*. Der Blick auf sie und auf die *Regrets* war unumgänglich. Wenn für die beiden anderen Zyklen so etwas wie die Äußerung einer Krise angenommen wurde, dann gilt das in noch stärkerem Maße für den *Songe*, auch wenn seine Deutung in den Details kompliziert ist.

Anders als die *Regrets*, anders als die *Antiquitez* ist der *Songe* von einem einzigen Thema beherrscht: der vanitas, die durch den Untergang bestätigt wird. Nur an drei, in der Forschung aber umstrittenen Stellen scheint es Motive zu geben, die eine gewisse Hoffnung ausdrücken. Du Bellay hat auch für diesen Zyklus das Sonett gewählt, jene im 13. Jahrhundert in Italien entstandene, eigentümlich strenge, zur Konzentration, ja zur Pointenbildung einladende feste Form aus zwei Vierzeilern und zwei Dreizeilern (so jedenfalls in den romanischen Literaturen), jene Form, die er selbst mit der *Olive* für die Pléiade eingeführt hatte. Als Versmaß benutzte er in der *Olive* noch den 10-Silber; Ronsard bediente sich kurz darauf des 12-silbigen sogenannten Alexandriners (eine relative Neuerung in jener Zeit), den Du Bellay wiederum in den *Regrets* und in den *Antiquitez* pflegt. Ich werde nicht allzusehr auf metrischen Details insistieren. Der ältere 10- und der neuere 12-Silber müssen aber beim Namen genannt werden, denn beide kommen in strenger Alternanz im *Songe* vor: das erste und das fünfzehnte Sonett, wenn man so will: der Rahmen, und dazwischen alle Sonette ungerader Zahl sind in 10-Silbern, alle Sonette gerader Zahl in 12-Silbern geschrieben. Soweit ich

21 Ley, S. 333.

sehe, hat die relativ intensive neuere Forschung ihr Augenmerk hierauf nicht gerichtet. Auch ich habe keine Patentlösung anzubieten. Jedenfalls hat Du Bellay in einem merkwürdigen, ihm selbst wohl besonders wichtigen Werk sein Rom-Erlebnis nicht nur mit dem, wie gesagt, relativ neuen, symmetrisch geteilten Alexandriner, sondern auch mit dem traditionellen, überwiegend unsymmetrischen Verstyp bewältigen wollen, mit dem er begonnen hatte[22].

Ich versuche, den *Songe* vorzustellen.

Sonett I, das Proömium, öffnet den Traum-Rahmen: dem schlafenden Ich erscheint ein "Daemon"

> [...]
> Dessus le bord du grand fleuve de Rome,
> Qui m'appellant du nom dont je me nomme,
> Me commanda regarder vers les cieux:
>
> Puis m'escria: Voy (dit-il) & contemple
> Tout ce qui est compris sous ce grand temple,
> Voy comme tout n'est rien que vanité (I, S. 307)[23].

> Über dem Ufer des großen Flusses von Rom,
> Der mich bei dem Namen rief, mit dem ich mich nenne,
> Und mir befahl, zum Himmel aufzuschauen:

22 Allerdings hat man in den 10-Silbern der *Olive* bereits eine jene Asymmetrie (4+6 Silben) teilweise überspielende "Bemühung um Harmonie" erkannt; vgl. Roland Derche, *Études de textes français*, Paris 1959, S. 111.

23 Die Sonette des *Songe* mit Nummer und Seitenzahl nach der oben Anm. 13 zitierten Ausgabe Joliffe-Screech; stets zu vergleichen die Ausgabe Chamard-Weber (oben Anm. 19), Bd. 2, 5. Aufl. 1970, hier S. 30-39, und "Cahier additionnel", S. 304-306. Zum Verbum *songer* 'träumen' als "kreatives, fiktionales Denken" vgl. Artur Greive, "*Rêver, songer, penser* im Französischen. Synchronie, Diachronie und Geistesgeschichte", *Romanische Forschungen* 85 (1973), S. 493.

Dann rief er mich an: Sieh (sagte er) und betrachte
Alles, was unter diesem großen Tempel beschlossen ist,
Siehe, wie alles nichts als Eitelkeit ist.

Sonett XV schließt diesen Traum-Rahmen: auf eine letzte rätselhafte Erscheinung – eine Gigantin – folgt ein plötzliches Erwachen:

Puis tout à coup je la voy foudroyer,
Et du grand bruit en sursault je m'esveille (XV, S. 321) –

Dann plötzlich sehe ich sie vom Blitz getroffen,
Und vom lauten Geräusch fahre ich aus dem Schlafe hoch.

Ich werde im folgenden stark auf den eher poetischen als psychologisch-medizinischen Charakter der einzelnen Traum-Erscheinungen abheben, aber Du Bellay sind gewisse "Regeln" der traditionellen Traum-Lehre offenbar nicht fremd. Das eben zitierte Aufwachen am Schluß erfolgt (nach der letzten Vision)

[...] sur le poinct que Morphee
Plus veritable apparoit à noz yeux (ebd.) –

[...] zu dem [Zeit-] Punkt, da Morpheus
Wahrhaftiger vor unseren Augen erscheint,

das heißt morgens, und die Morgen-Träume galten als besonders wahrheitsträchtig. Zudem ist Morpheus, der hier am Schluß des Zyklus erscheint, nach Ovid (*Metamorphosen* XI, 638) der einzige unter den Traumgeistern, der

solos homines imitatur –

allein Menschen nachahmt,

nicht andere Wesen; sein Erscheinen nur am Schluß des Zyklus gibt dem letzten Sonett den Charakter eines Höhepunktes.

Damit wird etwas für den Gesamt-Zyklus potenziert, was jedes der fünfzehn Sonette auch für sich aufweist: eine Pointe gegen den Schluß hin.

Wie soll man Sonette resümieren? Ich versuche, einen Eindruck vom "Inhalt", von den an uns vorüberziehenden Bildern zu vermitteln.

Sonett II läßt ein genau beschriebenes, auf einem Berg befindliches architektonisches Kunstwerk vor uns erstehen, das vor Diamanten, Gold und Kristall nur so strahlt. In diesem Fall existiert ein Modell, der Tempietto von Bramante[24], obwohl der Realitätsbezug kaum das Entscheidende ist. Man hat mit Recht darauf hingewiesen, daß Du Bellay im *Songe* eine "fast paradoxe Gegenüberstellung von Hyperbel [literarisch-rhetorischer Übertreibung] und Anti-Hyperbel"[25] pflegt. Das heißt: über elf Verse, bis zum ersten Terzett einschließlich, wird die edle Pracht des Bauwerkes gerühmt, und dann passiert es; das letzte Terzett lautet:

> O vanité du monde! un soudain tremblement
> Faisant crouler du mont la plus basse racine,
> Renversa ce beau lieu depuis le fondement (II, S. 308)-

> O Eitelkeit der Welt! ein plötzliches Beben
> Ließ die tiefste Wurzel des Berges zusammenbrechen
> Und stürzte den schönen Ort vom Fundament her um.

24 Vgl. Gilbert Gadoffre, "Le message codé du 'Songe' ", *La Nouvelle Revue Française* 299 (1977), S. 72-74; auch in ders., *Du Bellay et le sacré*, Paris 1978, S. 157-158. Bené (wie Anm. 4) betont die gegenüber Realien, Petrarca und Mythologie unterschätzten biblischen Anklänge, zu Sonett II *Prediger Salomo* I, 2 (vanitas) und *Offenbarung* XXI, 18ff. (Neues Jerusalem mit Gold und Edelsteinen); vgl. S. 20f.

25 Richard A. Katz, "The Hyperbole of Dream: Du Bellay's *Songe*", in Frieda S. Brown (Hgn.), *French Renaissance Studies in Honor of Isidore Silver, Kentucky Romance Quarterly* 21 (1974), Supplement No. 2, S. 207.

Dies ist überhaupt das Schema des Zyklus: ausgeprägte – das heißt gleichwohl: im Rahmen des Sonetts stark konzentrierte – Schilderung von Glanz, Schönheit, Frieden und dann, pointenhaft knapp am Schluß, der Untergang[26].

Sonett III schildert eine "scharfe Spitze" – Du Bellay scheint an den Obelisken des Vatikans zu denken[27] – mit goldener Urne, darin die Asche eines Kaisers. Ein Blitz zerstört das Denkmal.

Im *Sonett IV* ist es der Janus-Bogen – diesmal ein Werk des antiken Rom –, der ohne ersichtlichen Grund vor den Augen des Träumenden "durch einen plötzlichen Zusammenfall zu Staub gemacht" wird (IV, S. 310).

Nach diesen drei "architektonischen" Untergangs-Sonetten haben wir es mit Daten aus der mythologischen Pflanzen- und Tierwelt, zweimal mit Nymphen zu tun.

Sonett V evoziert "den Baum von Dodona", die Eiche, den berühmten griechischen Orakelbaum, der hier aber Rom symbolisiert – "eine barbarische Bauernhorde kam und verletzte die Ehre dieser Zweige" (V, S. 311). Es ist eine Art Überleitung vom antiken zum damals modernen Rom: der Träumer hört

> le tronc gemir sous la congnee –
>
> den Stamm unter der Axt seufzen,

und dann kommt eine der angekündigten "Ausnahmen" vom allgemeinen Untergangs-Prinzip:

> Et vy [le tronc] depuis la souche desdaignee
> Se reverdir en deux arbres jumeaux (ebd.) –

---

26 Vgl. Kurt Reichenberger, "Das Italienerlebnis Du Bellays: Die Thematik des 'Songe' und seine Beziehung zur manieristischen Ideenwelt", *Zeitschrift für romanische Philologie* 82 (1966), S. 263: "Auf die Schilderung stolzerhabener Größe und Macht in den Quartetten (und meist noch im ersten Terzett) folgt in den Schlußzeilen jäh die Katastrophe [...]"; ähnlich Margaret Brady Wells, "Du Bellay's Sonnet Sequence *Songe*", *French Studies* 26 (1972), S. 7; Michael Riffaterre, "Le tissu du texte. Du Bellay, *Songe*, VII", *Poétique* 1978, S. 197, bzw. ders., *La production du texte*, Paris 1979, S. 118f.

27 Vgl. Gadoffre (wie Anm. 24) (1977), S. 74f. bzw. (1978), S. 158-160.

Und sah [den Stamm] aus dem verachteten Stumpf
Wieder ergrünen in zwei Zwillingsbäumen.

Man kann sich denken, daß hier das Rätselraten beginnt: "Papst und Kaiser" hat man als Lösung vorgeschlagen. Es ist einer der wenigen Fälle, in denen die Pointe in eine positive Richtung zu gehen scheint – wenn das Ganze denn so einfach dem Wortlaut nach positiv zu sehen ist. Richard A. Katz hat sich hierzu mit Recht sehr skeptisch geäußert: immerhin kommen die Schößlinge aus einer "souche desdaignee", einem "verachteten Stumpf", und nichts deutet auf neue Größe, zu der etwa Papsttum und Kaiserreich gelangt wären. "Die neue Größe kommt der alten nicht gleich, und deshalb ist es unhaltbar, das Bild als Stützung der Andeutung von 'christlicher' Hoffnung in Sonett I ('Gott allein' [dort v. 13]) zu sehen"[28].

Das nächste mythologische Datum ist die Wölfin vom *Sonett VI.* Sie säugt ihre beiden Jungen, doch von diesem idyllischen Bild werden wir rasch zu Bildern des Grauens geführt: die Wölfin wütet unter anderen Tieren, sie wird von Jägern, die aus dem Norden kommen, verfolgt und getroffen, ihr Balg gehenkt – das elende Ende Roms, die Strafe für das Blutvergießen durch Rom, so etwa muß man argumentieren.

Auch *Sonett VII* bringt ein auf Rom deutbares Tier, den Adler, ins Spiel. Dieser Adler steigt zum Himmel, versengt sich – wie Phaeton, eine fast zwingende Assoziation[29] – und stürzt trudelnd zur Erde. Aus seinem zu Pulver gewordenen Körper steigt – nun nicht etwa ein neuer Phönix, sondern aus seiner Asche wird der Vogel, "der das Licht scheut", also der Uhu, "wiedergeboren". Man möchte hoffen, es sei vielleicht wenigstens der Vogel der Minerva, aber für derart Edles gibt der Text nichts her. Im Gegenteil: das durchgehende Prinzip der Negativität, der Umkehrung, läßt sich an Sonett VII besonders gut zeigen; es gibt nämlich eine Vorlage beziehungsweise eine dominierende Tradition: im Anschluß an die antike Naturwissenschaft kommt

28 Katz, S. 213; optimistischer Sharlene May Poliner (wie Anm. 2), S. 523.
29 Vgl. Riffaterre (wie Anm. 26) (1978), bes. S. 199; (1979), bes. S. 120ff.

der Adler vielfach in der Emblematik vor, und zwar gerade als das edle Tier, das die Sonnenstrahlen ertragen kann und mit seinen Jungen die "Sonnenprobe" macht. Als Sinnsprüche erscheinen dann Wendungen wie: angeborener Adel, Großmut, Verjüngung, Erneuerung. Der Uhu dagegen ist Unheilsbote, "dessen Erscheinen in Rom mehrfach Lustrationen [Sühneopfer] auslöste"[30].

Im *Sonett VIII*, das die Mitte darstellt, findet ein Unwetter statt,

> [...] dont les flots escumeux
> Rongeoient les fondemens d'une vieille ruine (VIII, S. 314) –
>
> [...] dessen schäumende Fluten
> Die Fundamente einer alten Ruine benagten.

Aus Wolken bildet sich ein siebenköpfiges Ungeheuer, das von einem "aus einer skythischen Höhle" hervorgehenden Wind – etwas Nordöstliches, so viel läßt sich sagen – aufgelöst wird.

Noch "ganz erschreckt" von dieser Vision erblickt das sprechende Ich in *Sonett IX* eine an Saturn erinnernde Gestalt, wohl den personifizierten Tiber, zu dessen Füßen erneut eine Wölfin zwei Junge säugt. Wiederum wird das friedliche Bild, mit den römischen Symbolen, gegen Ende plötzlich gestört: jener Greisengestalt entfallen die Zeichen, die sie in den Händen trägt: Friedenspalme und Olivenzweig, und die Lorbeerkrone, die sie auf dem Haupt hat, verwelkt – die (lateinische) Dichtung ist tot[31].

Auch *Sonett X* führt eine symbolische Gestalt ein, eine trauernde Nymphe, die wohl für die Römische Republik steht. Am Ufer eines nicht weiter benannten Flusses klagt sie über

30 *Der Kleine Pauly* II, s.v. Eulen, Sp. 423. Zum Adler vgl. Artur Henkel-Albrecht Schöne, *Emblemata. Handbuch zur Sinnbildkunst des XVI. und XVII. Jahrhunderts*, Stuttgart 1978, Sp. 757ff.; zu Eule bzw. Uhu ebd., Sp. 890ff. Optimistischer auch hier Sharlene May Poliner (wie Anm. 2), S. 523.

31 Vgl. Joliffe-Screech, S. 317 Anm.

den Verlust früherer Größe und über die neue Hydra, "würdig hunderter von Herkulessen", die

> Tant de cruelz Nerons, & tant de Caligules (X, S. 316) –
>
> So viele grausame Neros und so viele Caligulas

gezeugt habe. Das X. Sonett ist auch deshalb interessant, weil die "Je-vy"-Formel ("Ich sah") fehlt[32]. Das heißt: das berichtende Ich ist vollkommen zurückgetreten, der Leser steht der Vision unmittelbar gegenüber.

Dies gilt weithin auch für *Sonett XI*, in dem die Gegenwart des Ich sich auf eine Interjektion beschränkt. Der Untergang vollzieht sich hier über die Sinneseindrücke. Die Forschung hat mit Recht hervorgehoben, was ohnehin nahe liegt: in der Traumvision dominiert das Gesicht – "je vy", 'ich sah', heißt es ja immer wieder. Im XI. Sonett treten aber andere Eindrücke hinzu: von einem Berg erhebt sich eine dreispitzige Flamme zum Himmel; das Harz "einer kostbaren Zeder" erfüllt "die Luft mit Balsamduft"; ein weißer Vogel steigt, angenehm singend, mit dem Duft empor. Ein goldener Regen aber erstickt die Flamme, und alle summierten Annehmlichkeiten für immerhin drei Sinnesbereiche werden verderbt zu Schwefelgeruch. Man versteht, daß die Deutungsversuche zu keiner Einhelligkeit geführt haben. Ich stimme Katz zu, der von einer "in hohem Maße malerischen und gänzlich unnatürlichen Szenerie des Mysteriums und der Phantasie, einer absichtlich überraschenden und unerklärlichen Traum-Vision"[33] spricht.

Sonett XII führt das Motiv der mehrfachen Sinnesgenüsse fort, wenn es zunächst einen locus amoenus, einen angenehmen oder Lustort schildert, der von "hundert Nymphen" bevölkert wird. Du Bellay greift hier auf die schon erwähnte Kanzone Petrarcas zurück, doch ohne daß dieser Bezug viel Erhellendes

---

32 Vgl. Benson (wie Anm. 17), S. 59.

33 Katz (wie Anm. 25), S. 219; vgl. Joliffe-Screech, S. 317, Anm.: "[...] das Ganze ist absichtlich dunkel".

brächte. Bei Petrarca endet die Vorstellung mit einem Erdbeben, das "Quelle und Ort" fortreißt; die bloße Erinnerung ist bestürzend[34]. Du Bellay dynamisiert, um es so auszudrücken, die Vorlage: er läßt, am Schluß wie stets, eine Horde von Faunen in die friedliche Szene einbrechen, die alles zerstören; die Nymphen ergreifen die Flucht. Wie bei den anderen Sonetten stellt sich die Frage, ob außer der plötzlichen Zerstörung noch etwas bestimmtes Anderes gemeint ist. "Der Sinn dieses Sonetts entzieht sich uns völlig", bemerkt ein Herausgeber[35] leicht unwirsch.

Auf eine Anregung aus Petrarca geht auch *Sonett XIII* und der dortige Untergang eines mit Schätzen beladenen Schiffes zurück. Die Berufung ist recht explizit:

> Plus riche assez que ne se monstroit celle
> Qui apparut au triste Florentin (XIII, S. 319) –
>
> Viel reicher noch, als das sich zeigte,
> Das dem traurigen Florentiner erschien

– so beginnt Du Bellay sein Sonett, das ganz im Sinne dieses Anfangs Petrarca überbietet, den Untergang detaillierter schildert[36] und mit einem rätselhaften Vers enden läßt: das Schiff steigt noch einmal aus den Fluten empor. Aber es ist zu bezweifeln, daß damit ein Hoffnungsschimmer gemeint ist[37].

Sonett XIV, das vorletzte, spielt auf die Apokalypse an; es spricht von

> [...] une Cité quasi semblable à celle
> Que vit le messager de la bonne nouvelle (XIV, S. 320) –

34 Petrarca (wie Anm. 4), S. 398.

35 Joliffe-Screech, S. 318 Anm.

36 Petrarca (wie Anm. 4), S. 397; V. 11: "La grand' richesse à nulle autre seconde" – 'Der große Reichtum, keinem anderen vergleichbar' – ist eine Übersetzung aus Petrarca, V. 24.

37 Sharlene May Poliner (wie Anm. 2), S. 523, zählt auch Sonett XI zu denen, "die nicht in völligem Untergang enden".

> [...] einer Stadt fast ähnlich jener,
> Die der Bote der guten Nachricht sah.

Nur ist jene Stadt eben leider nicht das Neue Jerusalem von *Offenbarung* XXI,

> Mais basty sur le sable estoit son fondement (ebd.) –
>
> Sondern auf Sand gebaut war ihr Fundament.

Man vergleiche *Matthäus* VII, 26: "Und wer diese meine Rede hört und tut sie nicht, der ist einem törichten Manne gleich, der sein Haus auf den Sand baute" (Luther). So groß, schön, einzigartig die Stadt auch ist, ein aus dem Norden kommendes Unwetter zerstört die schwachen Fundamente.

Auf *Sonett XV* als Abschluß kamen wir schon zu sprechen. Das Erwachen erfolgt nicht, ohne daß ein letzter Untergang geschaut wird: die "Schwester des großen Typhon" (wohl: Echidna), göttergleich und kriegerisch, beherrscht hunderte von Königen, ja sie greift den Himmel an und wird vom Blitz getroffen. Die Deutung dieser Anspielung auf die Titanomachie in Richtung auf "Bestrafung der Hybris Roms" liegt nahe[38].

IV.

Ganz unvermeidlich ist bei der Darstellung des fünfzehnteiligen Textes die Frage nach seiner Deutung eingeflossen, und sie wird uns noch etwas beschäftigen. Dafür sei zunächst daran erinnert, daß der *Songe* auf die *Antiquitez* folgt und zweifellos in einer engen Beziehung zu jenem Zyklus steht. Darauf hat die Fachliteratur vielfach hingewiesen, auch unter Betonung des teilweise gegensätzlichen Verhältnisses. Kein Zweifel, daß es sich beide Male um die Untergangs-Thematik handelt – hier, im ganz Allgemeinen, gibt es sicher keine Bedeutungs-Probleme. Der *Songe* setzt aber eben die *Antiquitez* nicht einfach fort. Er stellt,

---

38 In diesem Sinne Joliffe-Screech, S. 321 Anm.; vgl. Katz (wie Anm. 25), S. 222. Typhon oder Typhoeus (Du Bellay: "Typhee"): Titan, von Zeus besiegt und unter dem Ätna begraben; Echidna: nach einer Tradition Schwester des Typhon und mit ihm Erzeugerin von Ungeheuern.

so formuliert Benson, "die Last der Vergangenheit", von der Du Bellay sich nicht lösen konnte, dank der gewählten Traum-Fiktion "intensiver dar als in den *Antiquitez*"[39]. Dies gelingt durch eine Veränderung des Verfahrens, die Katz meines Erachtens sehr gut beschrieben hat:

> Die Bewegung in den eigentlichen *Antiquitez* geht von einer vorgestellten Vergangenheit zu einer wirklichen Gegenwart [Größe des alten, Verderbnis des derzeitigen Rom]. Im *Songe* ist der Prozeß umgekehrt, das heißt: durch die Konvention des poetischen *Traums* ist der Dichter in der Lage, ein Bild der Vergangenheit zu schaffen, das "Realität" hat, und er kontrastiert es mit einer "unwirklichen" Gegenwart: unwirklich, weil sie kaum existiert[40].

Gleichwohl gibt es kaum einen Forscher, der nicht auf die Dunkelheit des *Songe* hinwiese, wenn es nämlich um die Einzel-Identifikationen jener emblemartigen Bilder geht[41]. Der *Songe* hat denn auch in der Forschung nicht immer die besten Zensuren bekommen[42].

Interessanterweise haben auch die Zeitgenossen, von denen man sich Aufschluß erhoffen könnte, mit dem Werk wohl nicht allzuviel anzufangen gewußt. Zwar gibt es einige Illustrationen von Jan van der Noot (16. Jahrhundert), die nach Screech einer "antipäpstlichen Propaganda" dienten, "aber man weiß nicht recht, weshalb"[43]. Sehr entschieden klingt eine von Gadoffre mitgeteilte Stelle aus einem Brief des Siegelbewahrers François Olivier (1487-1560) aus dem September 1558: er habe das Werk

---

39 Benson (wie Anm. 17), S. 53; vgl. auch Bené (wie Anm. 2), S. 25, mit der weitergehenden qualitativen Unterscheidung, in den *Antiquitez* spreche der Humanist, im *Songe* der Christ. Ich habe Bedenken wegen des damit implizierten Gegensatzes.

40 Katz, S. 205.

41 Systematisch ist Riffaterre dem Emblem Phaeton-Hybris der Großen nachgegangen; vgl. oben Anm. 29.

42 Vgl. den kurzen Bericht bei Katz, S. 203f.

43 Joliffe-Screech, S. 36.

mehrmals gelesen, es reize ihn immer mehr, vieles aber entgehe ihm, "und das heißt: was eigentlich gemeint ist, 'kapiere' ich nicht" – 'res ipsas non capio'[44].

Man braucht deshalb nicht gleich zu verzweifeln, sondern man kann sich daran erinnern, daß auch andere Werke des französischen 16. Jahrhunderts damals dunkel blieben oder nur sehr einseitig – zum Beispiel schlicht als blasphemisch – aufgefaßt wurden. Ich denke an Bonaventure Des Périers und sein *Cymbalum Mundi* – 'Das Welt-Schallbecken' – von 1537: vier Dialoge, deren "Botschaft" bis heute nicht feststeht, und ich denke an das fünfteilige Erzählwerk *Gargantua et Pantagruel* von François Rabelais, zum Beispiel, da wir von Träumen reden, an das *Tiers Livre* – das 'Dritte Buch' –, in dem viel von Träumen und ihrer Deutung die Rede ist, doch so, daß man sich gerade nicht einigen kann[45]. Es ist nicht zu weit hergeholt, wenn man vermutet, daß in solchen Texten – spielerisch-artistisch – das hermeneutische Problem selbst das heimliche Thema ist[46].

---

44 Gadoffre (wie Anm. 24) (1977), S. 151 Anm.

45 Vgl. Vf., "Hermes im Humanismus. Mythologische Anmerkungen zu Alfonso de Valdés, Guillaume Budé und Bonaventure Des Périers", in Klaus Hempfer-Enrico Straub (Hgg.), *Italien und die Romania in Humanismus und Renaissance. Festschrift für Erich Loos zum 70. Geburtstag*, Wiesbaden 1983, S. 229-245; ders. "Rabelais und die Antike. Deutungs-Probleme im Humanismus", *Romanische Forschungen* 92 (1980), S. 1-49; Bernhard Teuber, *Sprache – Körper – Traum. Zur karnevalesken Tradition in der romanischen Literatur aus früher Neuzeit*, Tübingen 1989 (mimesis. 4), S. 238-249.

46 Es bedürfte einer gesonderten, hier nur anzudeutenden Auseinandersetzung darüber, wie weit bestimmte Kategorien des vielzitierten Michel Foucault auf einen lyrisch-imaginativen Text wie Du Bellays *Songe* etwa anwendbar sind. In *Les mots et les choses. Une archéologie des sciences humaines*, Paris 1966 (Bibliothèque des Sciences humaines) ist zum Beispiel S. 55ff. im Blick auf das 16. Jahrhundert die Rede von einer "absolut offenen Dimension der Sprache", von einem nie endenden Kommentar, der sich auf den in der Sprache verborgenen "rätselhaften Anteil" richtet. Eine *Einladung* zum Kommentar stellt der *Songe* sicher dar, nur hat das Kommentieren eben erst viel später stattgefunden. Interessant auch (ebd.) die Vorstellung von den Zeichen als einem "Spiel der Ähnlichkeiten", mit dem auf die "unendliche Aufgabe" verwiesen werde, "das Ähnliche zu erkennen". – Ein Problem liegt natürlich darin,

Es ist klar, daß man sich vor dem Anachronismus hüten muß, Du Bellay zum eigenen Zeitgenossen zu machen. Heinrich Morfs Wendung aus dem Jahre 1914, Du Bellay sei

> der modernste, intimste dieser [der Pléiade-]Dichter. Er ist der Lamartine der Schule, deren Hugo Ronsard ist[47] –

diese pointenhafte Wendung macht das Problem deutlich: natürlich ist Du Bellay kein Romantiker, aber die französische Romantik hat sich damals nicht ganz zufällig dem halb und halb wiederzuentdeckenden 16. Jahrhundert zugewendet: es bot gewisse Affinitäten.

Derartiges scheint auch für die neuere Forschung zuzutreffen, die in den letzten zwei bis drei Jahrzehnten dem Text vielerlei interessante Aspekte abgewonnen hat, und zwar durchaus ohne den Anspruch, das einzelne Bild historisch haargenau zu identifizieren. Es herrscht vielmehr ein einhelliges Bemühen, eher die "Struktur" des Zyklus, seine innere Gesetzmäßigkeit, zu erkennen und erst von dort aus vorsichtig zu Vorschlägen für allgemeinere Formeln zu gelangen, zu Vorschlägen, die sich nicht notwendig widersprechen. So ist es ein interessanter Ansatz, den *Songe* als einen "manieristischen" Text zu beschreiben, als Ausdruck einer epochalen Unsicherheit, die sich in Katastrophen-Schilderungen äußert[48]. Auch ohne Beanspruchung des – aus der Kunstgeschichte übernommenen, bei uns nie völlig akzeptierten – Ausdruckes Manierismus ist systematisch herausgearbeitet worden, welch enorme Rolle für die Darstellung der "Wandelbarkeit materieller Dinge und der Instabilität menschlicher Einrichtungen" bei Du Bellay die vier Elemente, namentlich das instabile

---

daß Foucaults Basis weithin nicht "fiktionale", sondern medizinisch-naturwissenschaftliche Texte sind; vgl. etwa S. 36ff. zur Analogie.

47 Morf (wie Anm. 9), S. 194.

48 Reichenberger (wie Anm. 26), bes. S. 265. Zu dieser Unsicherheit vgl. August Buck, "Montaigne und die Krise des Humanismus", in ders.-Tibor Klaniczay (Hgg.), *Das Ende der Renaissance. Europäische Kultur um 1600*, Wiesbaden 1987 (Wolfenbütteler Abhandlungen zur Renaissanceforschung. 6), S. 7-21.

und gefährliche Wasser, spielen[49]. Besonders überzeugend ist der Versuch, den *Songe* als einen gegen die menschliche Hybris gerichteten Zyklus von seiner – den Leser einbeziehenden – kommunikativen Struktur her zu analysieren und eine strukturelle Ambiguität in der Mehrzahl der Rollen zu erkennen, in denen das sprechende Ich zu sehen ist[50].

Mir selbst erscheinen Ansätze wie der letztgenannte am interessantesten, Ansätze, die jene Offenheit des Textes betonen. Zweifellos steht sie in einer engen Verbindung mit einschneidenden Veränderungen im Weltbild, denen sich die frühe Neuzeit gegenübersah und die sie – langsam – zu bewältigen versuchte[51].

---

49 Brady Wells (wie Anm. 26), Zitat S. 1.

50 Michael J. Giordano, "Du Bellay's *Songe* and the Ambiguity of Narrative Authority", *Œuvres et Critiques. Revue Internationale de la réception critique des œuvres littéraires de langue française* 11 (1986), S. 61-77.

51 Vgl. noch Benson (wie Anm. 17), S. 65: "Was [...] bei der Lektüre des *Songe* frappiert, außer der Einzigartigkeit der Herausforderung an Petrarca, das ist die dem Text eingeschriebene Forderung nach einer Lektüre, die ständig interpretiert. Dies ist ebenso offensichtlich wie die Dunkelheit, die seine [des *Songe*] zweite Hälfte verbreitet, in der mehrere Sonette schlecht zu verstehen bleiben".

Hubertus Schulte Herbrüggen

'I have dream'd a fearful dream': Drei Variationen des Traummotivs in Shakespeares 'Richard III'

Bekanntlich können auch höhere Tiere träumen. So war die Gabe des Traums schon vergeben, bevor noch der Mensch erschaffen ward. Der Traum als gestaltetes Schlaferleben ist ein archaisches Phänomen, und da nimmt es nicht wunder, daß der Traum als literarisches Motiv ebenfalls bis in urzeitliche Tiefen der Menschheitsgeschichte zurückreicht, wie Beispiele in der Zwölftafelfassung des Gilgamesch-Epos aus dem zweiten vorchristlichen Jahrtausend bezeugen.

Eine geradezu numinose Anziehungskraft und das im Schlaftraum beunruhigende Einbrechen einer gegenüber dem Wacherleben andersartigen Wirklichkeit haben seit jeher dazu geführt, vor allem die ätiologische Frage nach dem Woher der Träume zu stellen. Die ältesten Antworten deuten sie als Offenbarungen der Gottheit[1].

So erscheint im ältesten Buch des *Alten Testaments*, der Genesis, Gott dem Abimelech[2] und dem Jakob[3] im Traum, oder wir hören gleich mehrfach von den Träumen Josefs und Pharaohs[4]. Im *Neuen Testament* erteilt Gott Josef[5] oder den Magiern aus dem Morgenlande[6] Weisungen im Traum, die Frau

1 Unentbehrlich ist, nach wie vor, James George Frazer, *The Golden Bough: A Study in Magic and Religion*, London 1907-1915, reissue 1935.

2 Gen 20.3.

3 "Jakobsleiter": Gen 28.12; 31.13.

4 Gen 37.5; 40.5; 41.1. Vgl. Ernst Ludwig Ehrlich, *Der Traum im Alten Testament* (Beihefte zur Zeitschrift für die Alttestamentliche Wissenschaft 73), Berlin 1953.

5 Mt 1.20.

6 Mt 2.12.

des Pilatus mußte "Seinetwegen" im Traum viel leiden[7], und wir erfahren von wiederholten Traumgesichten des reisenden Paulus[8].

Der Traum und seine Deutung in der Antike ist oben bereits vorgestellt worden[9]. Artemidor von Daldis brachte in seinen *Oneirokritika* das Wissen der Zeit in ein durch erfüllte Träume belegtes System. Die zahlreichen griechischen, lateinischen und französischen Ausgaben des Textes im 16. Jahrhundert bestimmten auch das Denken der Shakespearezeit.

Die Literaturen des Mittelalters sind voller Träume. Sie gehen in aller Regel schnell in Erfüllung[10], etwa beim hochmütigen jungen Helmbrecht, der meint, die Warnträume seines Vaters in den Wind schlagen zu dürfen und ein schreckliches Schicksal erleidet. Agostino Paravicini Bagliani hat soeben ikonologische Studien über *Träume des Mittelalters* vorgelegt[11].

Das englische Mittelalter liefert ebenfalls zahlreiche Traumbeispiele, darunter etliche, in denen Träume mehr sind als Schäume, von der religiösen Vision im ae. *Dream of the Rood* über den dynastischen Traum der Mutter Wilhelms des Eroberers beim Anglonormannen Wace[12], bis hin zum politischen Traum der drei Stände gegen König Heinrich I. von England in der *Chronicle* Johns of Worcester, von Chaucers berühmten Traumgedichten ganz zu schweigen[13].

William Shakespeare kann somit auf eine reiche literarische Tradition zurückgreifen, wenn er in fünf Dramen seiner Entwicklungsperiode zwischen 1592 und 1599 Träume als dramatische

---

7 Mt 27.19.

8 Apg 16.9; 18.9; 23.11; 27.23. Vgl. Alfred Wikenhauser, "Die Traumgesichte des Neuen Testaments in religionsgeschichtlicher Sicht", *Pisciculi* (Festschrift für Franz Josef Dölger), *Antike und Christentum, Erg.-Bd. 1*, Münster 1939.

9 Siehe den Beitrag von Bernd Manuwald.

10 Von Brünhildes und Atlis mantischen Untergangsträumen, Hagens Warntraum, Kriemhilds Falkentraum im *Nibelungenlied* bis zu Karls d. Gr. Traum im *Rolandslied* des Pfaffen Konrad.

11 Stuttgart/Zürich 1989.

12 *Geste des Normands.*

13 Darunter *The House of Fame* und *Parliament of Fowles.*

Motive verwendet[14]. Im zeitlich frühesten dieser Stücke, *The Taming of the Shrew*, dient Slys trunkener Traum als burleske Einleitung der Komödie. Seinem *A Midsummer-Night's Dream* gibt Shakespeare den Traum gar zum Titel und schickt – hierin der *Aeneis* oder den *Metamorphosen* ähnlich – gleich eine ganze Hofgesellschaft auf die Traumreise. Flüchtig bleibt der Traum in *Romeo and Juliet*, wo Romeo im I. Akt lediglich erwähnt, geträumt zu haben. Calpurnias Traum in *Julius Caesar*, dem spätesten der fünf Stücke, dient als warnende Vorausdeutung auf die heraufziehende Katastrophe.

Um 1593 vermutlich entstand, unter diesen fünf Traum-Stükken Shakespeares daher an zweiter Stelle zu nennen, *The Tragedy of King Richard the Third*[15]. Seinen Quellen, Thomas Morus[16],

14 Vgl. Max Arnold, *Die Verwendung des Traummotivs in der englischen Dichtung von Chaucer bis Shakespeare*, phil.Diss., Kiel 1912; Bain Tate Stewart, "The Renaissance Interpretation of Dreams and Their Use in Elizabethan Drama", *Summaries of Doctoral Dissertations, Northwestern University*, X (1942), S. 33ff; Marjorie B. Garber, *Dreams in Shakespeare: From Metaphor to Metamorphosis.* New Haven/London 1974; Aeröl Arnold bezieht Lady Macbeths Traum aus Shakespeares Reifeperiode mit in seine Untersuchung ein: "The Recapitulation Dream in 'Richard III' and 'Macbeth'", *Shakespeare Quarterly* 6 (1955), S. 51-62.

15 Unsere nachfolgenden Textangaben beziehen sich auf Peter Alexanders Ausgabe, *William Shakespeare: The Collected Works*, London/Glasgow (1. Aufl. 1951), 1978, S. 701ff. – Die erste Quarto-Ausgabe von *Richard III* erschien 1597; 1623 wurde das Stück in die erste Folio-Ausgabe von *Shakespeares Comedies, Histories, & Tragedies* aufgenommen; Kristian Smid, *The Tragedy of King Richard the Third*, New York 1969, bringt eine Parallelausgabe mit den Texten der Quart- und Folio-Ausgaben. Zur Textgeschichte s. E.A.J. Honigmann, *The Stability of Shakespeare's Text*, London 1965; Kristian Smid, *Memorial Transmission and Quarto Copy in 'Richard III'*, Oslo 1970; und minutiös: Antony Hammonds Ausgabe, *King Richard III* (The Arden Shakespeare), London 1981, S. 1-53.

16 In zwei Versionen geschrieben: 'The History of King Richard the Third' und 'Historia Richardi regis Angliae eius nominis tertii', beide unvollendet. Erste *vollständige* englische Fassung in William Rastells Gesamtausgabe von Mores *The vvorkes ... in the Englysh tonge* von 1557, "fro the copie in his own hand". Lateinische Fassung zuerst in Mores *Omnia ... Latina Opera*, Löwen 1565 und 1566. Kritische Ausgabe beider Versionen von R.S. Sylvester (The Yale Edition of the Complete Works of St. Thomas More 2), New Haven/London 1963. Erweiterte lateinische

den Chroniken Halles[17] und Holinsheds[18] und *A myrrour for magistrates*[19], folgend[20], zeichnet Shakespeare ein gegenüber der belegten historischen Wirklichkeit verdüstertes Charakterbild Richards[21]. Das Traummotiv begegnet hier gleich in drei Variationen.

Die Handlung des Stücks ist bekannt: Richard von Gloucester aus dem Hause York neidet seinem Bruder Edward IV. (der den Lancastrianer Heinrich VI. gestürzt hat) die Krone Englands, zudem haßt er seine eigene deformierte Gestalt. Er beschließt daher, die Königskrone an sich zu reißen und schurkisch alle hinwegzuräumen, die ihm dabei im Wege stehen.

Zuerst gelingt es ihm, den König – "er horcht auf Weissagungen und auf Träume" (I,i,54) – durch Verleumdung und Heuchelei mit seinem anderen Bruder, Clarence, zu entzweien und diesen

---

Fassung Mores, 'Historia Richardi Tertii', in Band 15 der: *Yale Complete Works*, New Haven/London 1986, 313-485. Deutsche Übersetzung von Mores *Geschichte König Richards III*, Band III der *Thomas Morus Werke*, hgg. von Hubertus Schulte Herbrüggen, München 1984.

17 Edward Halle, *The Vnion of the two noble and illustre famelies of Lancastre & Yorke* von 1548, dort vor allem aus "The prosperous reigne of Kyng Edward the fourthe" (fol. ccxxiii), "The pitifull life of kyng Edward the .v." (fol. i), "The tragical doynges of Kyng Richard the thirde" (fol. xxx).

18 Raphael Holinshed, *Chronicles of England, Scotlande, and Ireland*, London 2. Aufl. 1587; *Shakespeare's Holinshed: The Chronicle and the Historical Plays Compared*, ed. W.G. Boswell-Stone, London 1896; Edleen Begg, "Shakespeare's Debt to Hall and Holinshed in 'Richard III'", *Studies in Philology* 31 (1935), S. 189-96; Richard Hosley, *Shakespeare's Holinshed*, New York 1968.

19 Von W. Baldwin u.a., London 1559; ed. Lily B. Campbell, Cambridge 1938, insbesondere aus "George, Duke of Clarence" (219), "Lord Hastynges" (267), "Henrye duke of Buckingham" (318), "Richard Plantagenet duke of Glocester" (359).

20 Vgl. Geoffrey Bullough, *Narrative and Dramatic Sources of Shakespeare*, Bd. II u. III, London 1985-60; Alison Hanham, *Richard III and his Early Historians*, Oxford 1975; Emrys Jones, *The Origins of Shakespeare*, Oxford 1977.

21 Wilhelm Mutz, *Der Charakter Richards III. in der Darstellung des Chronisten Holinshed und des Dramatikers Shakespeare, mit einem Beitrag zu seiner Charakterpsyche*, Berlin 1936; A.R. Myers, "The Character of Richard III", *History Today* 4 (1954), S. 511-21.

im Tower festsetzen zu lassen. Dort träumt Clarence, er sei ertrunken. Der erste Traum. Unmittelbar darauf wird er, auf Richards Geheiß, in einem Weinfaß ertränkt.

Während König Edward IV. auf seinem Sterbebett am Hofe Frieden stiften will, löst Richards Mitteilung vom Tode Clarences Bestürzung aus. Auf die Nachricht, Richard lasse nun auch den minderjährigen Kronprinzen aus Wales nach London eskortieren, flieht die Königin mit ihrem jüngeren Sohn in eine Freistatt. Arglistig lockt Richard den Jungen wieder heraus und läßt die beiden Prinzen im Tower heimlich umbringen. Nach einem Traumgesicht versucht Stanley vergeblich, Hastings vor Richard zu warnen. Der zweite Traum.

Durch falsche Versprechungen hat Richard sich inzwischen den mächtigen Buckingham zum Komplizen gemacht. Beide bemühen sich, auch Hastings für die Thronfolge Richards zu gewinnen. Allein Hastings' Zögern genügt, ihn hinrichten zu lassen. In Richards Auftrag soll Buckingham die Londoner durch Lügen glauben machen, König Edward wie seine Kinder seien illegitimer Herkunft. Daher sei Richard, der sich unwillig stellt, zum König auszurufen. Die Nachrichten von der Landung Richmonds und vom Übertritt Buckinghams zu ihm lösen Unruhe aus. Stanley erklärt, Richmond mit einer Armee entgegenzutreten, doch der mißtrauisch gewordene Richard fordert Stanleys Sohn als Geisel. Buckingham wird gefangengenommen und hingerichtet. Am Vorabend der Entscheidungsschlacht von Bosworth künden Geister im Traum Richard den Untergang und Richmond den Sieg. Der dritte Traum. Tags darauf erschlägt Richmond Richard im Kampf und wird als Heinrich VII. zum König ausgerufen.

Die drei Variationen des Traummotivs verdienen eine genauere Analyse.

Der Traum des gefangenen Clarence im Tower (I,iv,1-63)

Die Intensität des Erzählens läßt Clarences Angsttraum zum "poetischen Höhepunkt des ganzen Dramas" (Clemen) werden[22].

---

22 Vgl. hierzu Kurt Schlüter, *Shakespeares dramatische Erzählkunst. Eine*

Clarences Angsttraum wird von ihm selbst, dem Träumer, mitgeteilt, nicht aus der zeitlichen Distanz einer reflektierten Vergangenheit, sondern gleichsam als spontan erzähltes Protokoll unmittelbar aus dem Traumerleben heraus.

> "Methoughts that I had broken from the Tower
> And was embark'd to cross to Burgundy ..." (Z. 9ff)

Der Traum prägt sein bedrücktes Aussehen noch so stark, daß der unbeteiligte Tower-Kommandant, Brakenbury, sich nach dem Grund dafür erkundigt, und es ist die Kette seiner insistierenden Fragen, die Clarences Traumbericht in 5 Teile gliedert:

> "Why looks your Grace so heavily to-day?" (Z.1),
> "What was your dream, my lord? I pray you tell me."
> (Z. 8),
> "Had you such leisure in the time of death
> To gaze upon these secrets of the deep?" (Z. 34f.),
> "Awak'st you not in this sore agony?" (Z. 42),
> "No marvel, lord, though it affrighted you;
> I am afraid, methinks, to hear you tell it." (Z. 64f).

Wolfgang Clemens *Kommentar*, dessen Reichtum sich kein Interpret entziehen kann, verweist darauf, daß der erste Teil des Traumberichts bereits seinen Eindruck vom erst nachfolgend erzählten Traum vorwegnimmt[23]. Sein Häufen attributiver Ausdrücke gleich zu Eingang, "miserable night" (Z. 2), "fearful

Untersuchung über Wandel von Funktion und Gestalt der Erzählung in Shakespeares Dramen, phil. Diss., München 1954, unter B.4.; Wolfgang Clemen, "Clarences Traum und Ermordung", *Sitzungsberichte der Bayerischen Akademie der Wissenschaften. Phil.-hist. Klasse*, Jg. 1955, München 1956. Zu klassischen Vorbildern für Clarences Traum s. Harold F. Brooks, "'Richard III': Antecedents of Clarence's Dream", *Shakespeare Survey* 32 (1979), 145-53; Hubertus Schulte Herbrüggen, "Fletcher's Forgotten Play (sic! lies: Poem): The Rising to the Crown of Richard III", *Miscellanea Moreana: Essays for Germain Marc'hadour*, Binghamton N.Y. 1989 (Moreana 100), S. 209-20.

23 *Kommentar zu Shakespeares Richard III. Interpretation eines Dramas*, Göttingen 1957, 2. Aufl., S. 109ff. Wie der Leser leicht erkennen wird, greift nachfolgende Interpretation wiederholt Gedanken Clemens auf.

dreams" (Z. 3), "ugly sights" (Z. 3), "dismal terror" (Z. 7), prägen sogleich die bedrückend schnell sich verdüsternde Gesamtatmosphäre. Das instabile Wasser, voller Tücken ("the tumbling billows of the main"), verweist auf die ungewiß-unsichere Lage überhaupt.

Die eigentliche Traumerzählung (9-63) hat zwei Hauptteile[24], Todestraum und Jenseitstraum. Im Todestraum (9-41) geht, wie in unserem Leben, der Gang vom Bekannten ins Unbekannte, hier von der vertrauten Szenerie der Kanalüberfahrt in die Welt des Jenseits. Die anfängliche Wunschsituation der Befreiung des Gefangenen aus dem Kerker führt ihn, in ironischer Umkehrung, alsbald in den Tod. Das allgemein-typische Traumerlebnis des Fallens mündet hier ins spezielle des Ertrinkens mit seinem schrecklichen, sich im Lautlichen äußernden Todeskampf[25]. Für Clarence spielt Richard im Traum die gleiche Doppelrolle wie auf der Bühne: der vermeintliche Gefährte und Bruder wird ihm in Wahrheit zum Kain. Clarence erkennt ihn im Traum zwar als den Verursacher seines Todes, nicht jedoch als den Schuldigen. Der Traum enthüllt ihm die Wahrheit somit nur halb:

"...As we pac'd along
Upon the giddy footing of the hatches,
Methought that Gloucester stumbled, and in falling
Struck me, that thought to stay him, overboard ..."
(Z. 16ff).

Sein Tod wird somit im Traum vorweggenommen[26].

Dort finden sich auch detaillierte Hinweise auf Quellen, Vorläufer und Parallelen in der antiken und englischen Literatur, auf die hier nicht näher eingegangen wird.

24 Howard Bakers Analyse der rhetorischen Struktur dieser Szene, *Induction to Tragedy*, Louisiana 1939, S. 60ff, unterscheidet drei Teile: Richard als Verursacher seines Todes, Tod durch Ertrinken und Begegnungen in der Unterwelt.

25 *bulk – burst – belch* (Z. 40f), worauf 1838 bereits Edwin Gnest hingewiesen hat, *History of English Rhythms*, London 1838, I, S. 121.

26 Die in der Wissenschaft allgemein übliche vorausdeutende Sicht dieses Traums ergänzt Aerol Arnold (wie Anm. 14) durch den Aspekt des

Der sich anschließende Jenseitstraum trägt literarischen Charakter und verbindet vornehmlich klassische Vorbilder (insbesondere Seneca) mit einigen christlichen[27].

Stanleys Traum (III,ii,10-18)

Den Traum Stanleys erfahren wir ebenfalls noch in der gleichen Nacht, hier jedoch nicht durch den Träumer selbst, sondern nur mittelbar, durch einen in aller Eile zu Hastings entsandten Boten[28]. Auch schildert der knappe Traumbericht des noch atemlosen Boten keinen Hergang, sondern ist auf das Minimum einer einzigen Zeile (10) komprimiert:

> "He dreamt the boar had razed off his helm" (Z. 11),

der Eber habe Stanleys Helm[29] abgerissen, also ihn wehrlos gemacht, ja ihn ermordet. Obwohl das Wort "Eber"[30] im Stück bisher nicht gefallen ist, versteht Hastings die Metapher ohne weiteres. Er identifiziert *the boar*, "Eber", als heraldische Wappenträgerfigur sogleich mit Richard, dem Träger des Wappens.

"Rekapitulationstraums", durch den die Handlung dieses Stücks mit der von *3 Henry VI* verknüpft wird: in der Unterwelt begegnet Clarence all jenen, an denen Clarence sich in der Vorgeschichte schwer vergangen hatte: Warwick und ein von ihm bei Tewkesbury Erdolchter (Prinz Edward). Für diese ungesühnten Verbrechen hat er den Tod verdient.

27 Zum bezeichnenden Vermengen christlicher Jenseitsvorstellungen mit heidnisch-antiken vgl. Theodore Spencer, *Death and Elizabethan Tragedy*, Cambridge, Mass. 1936, S. 118ff.

28 Vgl. Wolfgang Clemen, "Wandlung des Botenberichts bei Shakespeare", *Sitzungsberichte der Bayerischen Akademie der Wissenschaften. Phil.-hist. Klasse*, Jg. 1952, S. 13.

29 Hierin liegt zugleich ein ironisches Wortspiel: *helm* gleich "Helm" und "Scheitel, Kopf"; vgl. *Oxford English Dictionary, s.v.*.

30 Das Erscheinen von Tieren im Traum ist archaisches Erbgut. Zu den frühesten literarischen Überlieferungen zählen Traumberichte der Genesis, so Jakobs Traum von den sich paarenden Böcken und Schafen (Gen 37.5) oder Pharaohs Traum von den sieben fetten und mageren Kühen (Gen 41.1). Nach Elisabeth Frenzel (*Motive der Weltliteratur*, Stuttgart 1976, S. 767) verlangt "das Tier im Traum als Symbol eines – nicht erkennbaren – Menschen den Deuter, der schon immer den 'manifesten Trauminhalt' auf den 'latenten Trauminhalt' untersuchte."

Im Denken des Mittelalters steht das Wappen für den Mann. Nach Artemidor weisen blutrünstige wilde Tiere, wie der Eber, auf Menschen ähnlichen Schlages[31]. Aufgelöst heißt dieser Traum also: Richard macht Stanley wehrlos, ja, im Verbum *raze* (von lat. *radix* abgeleitet) klingt die spezielle Erweiterung *erase* mit, "mit Stumpf und Stiel ausrotten"[32]. Erst diese Gefahr des Auslöschens seiner ganzen Sippe macht Stanleys panikartige Warnung an Hastings verständlich:

> "Therefore he sends to know your lordships pleasure
> If you will presently take horse with him
> And with all speed post with him toward the north
> To shun the danger that his soul divines" (Z. 15ff).

Der Botenauftritt mit Stanleys Traum steht hier zudem als erste von insgesamt sechs Warnungen[33], die Hastings in stolzer Hybris, seinem Glück blindlings vertrauend, allesamt in den Wind schlägt. Dies zieht folgerichtig die Nemesis mit Hastings' Exekution nach sich. Zugleich bietet Hastings' Fall ein weiteres vorausdeutendes Modell für Richards späteren eigenen Fall durch Verblendung.

Richards und Richmonds Träume (V,iii,119-177)

Die nun folgenden Träume der beiden Antagonisten heben sich vom Bisherigen völlig ab. Die Szene ist streng schematisch komponiert, ja von prozessionshaftem Rituell bestimmt[34]. Auf der Bühne sieht man zu beiden Seiten die Zelte der beiden Antagonisten in ihren Feldlagern am Vorabend der Entscheidungsschlacht von Bosworth (1485). Beide Heerführer haben sich zur Ruhe begeben, Richard von Unruhe und Zweifeln geplagt, Richmond nach einem Gebet voller Zuversicht. Da erscheinen ihnen im Traum, "Enter the Ghost(s) of Prince Edward (Henry VI, Clarence, Rivers, Grey, Vaughan, Hastings, the Two Young

31 Ich verdanke U. Baumann diesen Hinweis.

32 Vgl. *Oxford English Dictionary*, s.v.

33 Vgl. Clemen, *Kommentar* (wie Anm. 23), S. 184.

34 Vgl. Clemen, *Kommentar*, S. 292ff.

Princes, Lady Anne, Buckingham)", nacheinander die Geister der elf von Richard Erschlagenen[35].

Im Unterschied zu den beiden bisherigen Träumen, die nur nachträglich berichtet wurden, erlebt der Zuschauer nun, gleichsam mit ihnen träumend, die Träume von Richard und Richmond als unmittelbares Bühnengeschehen selbst mit, so wie er auch die im Traum sich ankündigenden Folgen in Sieg und Untergang unmittelbar auf der Bühne erlebt.

Bereits Ort und Zeit zeigen die Krisensituation an: die Nacht vor der entscheidenden Schlacht. Die elffache Reihung des Ähnlichen wird unterstrichen noch durch die reziproke Symmetrie von Schwarz und Weiß, Fluch und Segen, sprachlich verwirklicht durch die Echowirkung bestimmter kontrastierender Leitworte: Richard gegenüber Ausdrücke des Bedrückens, Lastens, Fallens, Sterbens: *sit heavy on (in) thy soul* (118, 131, 139), *weigh thee down* (153), *fall thy edgeless sword* (163), die neunfache Verfluchung: *despair and die* (120, 126, 127, 135, 140, 143, 148, 154, 163), Richmond gegenüber hingegen Ausdrücke des Lebens, Erwachens, Blühens, des Frohen, des Siegens: *live* (130, 138, 157), *awake* (144, 149 zweimal), *flourish* (138), *be cheerful* (121), *be not dismayd* (174), *cheer thy heart* (174)[36]. Die formelhafte, rituell-magische Feierlichkeit der Sprache spiegelt noch etwas von der beschwörenden Macht der Geister, von ihrer archaischen Zugehörigkeit zur Welt des Transzendentalen, unterstrichen von ihren ins Jenseits weisenden Verfluchungen und Segenswünschen.

Die Geister erscheinen hier in der Reihenfolge, in der sie durch Richard ihr Leben einbüßten[37]. Ihr Vor-Augen-Treten am

---

35 Zur Frage der Realität der Geister im Denken der Elisabethaner s. Elmer Edgar Stoll, *Shakespeare Studies, Historical and Comparative in Method*, New York 1942, doch lassen sie sich gewiß nicht so ausschließlich, wie er meint, als "Rachegeister" sehen; Robert H. West, "Elizabethan Belief in Spirits and Witchcraft", *Studies in Shakespeare* 1, 1953.

36 Vgl. Clemen, *Kommentar*, S. 294.

37 Die Quartos gliedern diese Szene abweichend in drei Auftritte eines Einzelgeistes, zweimaliges Auftreten je einer Geistergruppe und wiederum drei Auftritte einzelner Geister.

Vorabend der Entscheidungsschlacht gewinnt dadurch zugleich den Charakter einer *recapitulatio vitae*, hier zwar nicht nach Art einer 'Generalbeichte' angesichts des Todes, doch schließt sie sehr wohl den Aspekt der Gewissenslast ein und rückt so in metaphysische Nähe. Dies wird durch einen Blick auf die literarischen Vorläufer Shakespeares noch deutlicher. Man hat bisher übersehen – Clemen etwa läßt dies unerwähnt –, daß die gesamte Anlage der Geistererscheinung mit ihrem Fluch und Segen, ihrem Beschwören des Verzweiflungstodes und der Lebens- und Siegeszuversicht den realistisch vorgestellten Sterbeszenen in der seit dem Spätmittelalter verbreiteten *Ars (bene) moriendi* oder dem *Cordiale* verpflichtet ist, wo am Totenlager Teufel und Schutzengel erscheinen und mit den Imperativen 'Verzweifle!' und 'Glaube!' um die Seele des Sterbenden ringen[38].

Zur literarischen Funktion des Traums

a) Funktion für den Träumer selbst

Zunächst und unmittelbar hat der literarische Traum eine Funktion für die Rollenfigur des Träumers selbst. Unter funktionalem Aspekt gliedert die Literatur Träume oft etwas schematisch nach Offenbarung, Weissagung und Warnung. Im Hinblick auf den Träumer selbst fällt auf, daß keiner der Träume in *Richard III* in

38 Sie sind als Sterbehilfen für einen christlichen Tod im Spätmittelalter über ganz Europa verbreitet (s. die zahlreichen Inkunabelausgaben im *Gesamtkatalog der Wiegendrucke*: 'Ars moriendi' 64, 'Cordiale' 72 Ausgaben). – Vgl. Thomas Mores "A Treatyce (vnfynyshed) vppon these wordes of holye Scrypture, Memorare nouissima, & ineternum non peccabis, Remember the last thynges, and thou shalt neuer synne", in Rastells englischer Gesamtausgabe 1557, S. 72-102; deutsche Übersetzung von Friedrich-K. Unterweg, *Die Vier letzten Dinge* (Thomas Morus Werke IV), München 1984; *The Book of the Craft of Dying Well and Other English Tracts Concerning Death*, ed. Frances Margaret Mary Comper, London/New York etc. 1917; Sister Mary Catherine O'Connor, *The Art of Dying well: The Development of the 'Ars Moriendi'*, New York 1942; Nancy Lee Beaty, *The Craft of Dying. A Study in the Literary Tradition of the 'Ars Moriendi' in England*, New Haven/London 1970.

der Funktion der 'Offenbarung' eines ganz bestimmten Sachverhalts oder einer bislang rätselhaften Identität steht (wie etwa bei der Geisterscheinung im *Hamlet*).

Clarences Traum und Richards und Richmonds Träume tragen jeweils die prophetisch-mantische Funktion einer Weissagung. So deutet Clarences Traum auf seinen noch in der gleichen Szene folgenden Tod, auf die Todesart des Ertränkt-Werdens, ja auf Richard als den Urheber seines Todes hin. In ähnlich mantischer Funktion stehen ebenfalls Richards und Richmonds Träume. In elffacher Reihung weissagen die Opfer in ihrem Fluch Richard das Nahen der sühnenden Nemesis, in ihrem Segensspruch Richmond Heil und Sieg. Zwar regt sich bei ihrem massierten Auftreten Richards Gewissen einmal kurz, doch nutzt er die Warnung nicht und fällt, Lucifer-ähnlich, *in height of all his pride* (177).

In Stanleys Traum begegnen wir sodann dem im elisabethanischen Drama häufigen 'Warntraum', durch den Stanley vor der akuten Gefahr gewarnt wird, durch Richard schutzlos gemacht und "ausradiert" zu werden. Während Stanley die Warnung versteht und, in Bosworth auf Seiten Richmonds kämpfend, sein Leben rettet, schlägt Hastings, den er durch seine Traummitteilung zu retten suchte, die Warnung in den Wind und wird prompt hingerichtet.

b) Funktion für das Handlungsgefüge

Die Träume haben zum anderen eine Handlungsfunktion. Alle drei sind abgesetzte 'Tableaus', eigene kleine Bauelemente der Bühnenhandlung, nicht als kunstvolle Phantasiegebilde, sondern inhaltlich im Kontext des Dramengeschehens bleibend. Zwei der drei Träume sind vom Handlungsverlauf durch Beginn einer neuen Szene abgesetzt. Nur scheinbar das Bühnengeschehen unterbrechend, wird der Traum in Wahrheit jedoch kunstvoll mit der übrigen Handlung so verknüpft, daß er auf Vergangenes zurückgreift und auf Künftiges vorausdeutet. Alle drei Träume sind "Gesichte". Bei Clarence durch visuelle Bilder des Strauchelns und Über-Bord-Fallens, der Schau des Meeresgrunds mit seinen

Wracks, Leichen und Schätzen, aber auch durch auditive Bilder von tosenden Wogen, dem in den Ohren dröhnenden Wasser, der Atemnot und der gellenden, ihn anklagenden Schreie evoziert Clarence eine eigene, intensiv erlebte Szenerie seiner Traumvision. Auch der Bericht von Stanleys Traum zeigt das im Traum gesehene Wüten des Ebers. Und die Träume Richards und Richmonds sieht und hört das Publikum selbst und behält sie als geschaute Szene und visuelle Einheit im Gedächtnis.

Die Verwendung des Traummotivs in der Literatur zieht bekanntlich, worauf auch Horst und Ingrid Daemmrich hinweisen[39], den Aufbau eines typischen Handlungsverlaufs nach sich mit den Schritten: Traum selbst, Traumerzählung, Bedeutung, Traumdeutung, Reaktion, Traumerfüllung. Shakespeares *Richard III* zeigt hierzu aufschlußreiche Variationen.

Bei Richards und Richmonds Träumen versetzt Shakespeare sein Publikum gleichsam in die Position eines 'Teichoskopen', der, wie "von der Mauer herab", jene innerseelisch-unterbewußten Traumvorgänge erschaut, die eigentlich auf der Bühne nicht darstellbar sind, hier aber dennoch als tatsächliches Bühnengeschehen vor Augen geführt werden. Shakespeare erreicht durch diese Unmittelbarkeit und Dopplung eine unerhörte Intensivierung des Traumerlebens selbst wie des Gespanntseins des Publikums auf den Ausgang dicht vor der Katastrophe.

Wird der Traum nicht unmittelbar miterlebt, so ist ein Erzähler erforderlich, der vom Traume Kunde gibt: bei Clarences Traum ist dies der Träumer selbst, bei Stanleys Traum ein Bote.

Mit dem Traum stellt sich die Frage nach seiner Bedeutung und ebenso der Wunsch nach Deutung. Der von seinem schrecklichen Traum noch benommene Clarence sucht und findet mit seinem Traumbericht bei Brakenbury vor allem menschliche Anteilnahme, nicht eine Deutung seines Traums. Er selbst weiß den Traum nur teilweise zu deuten, vermag zwar das äußere Geschehen nicht mehr zu ändern, nutzt aber die Warnung zur Reue. Hastings versteht sogleich die Traummetapher des Ebers,

---

39 *Themen und Motive in der Literatur*, Tübingen 1987, S. 318f.

ist aber zu verblendet, um die unmittelbare Gefahr zu erkennen. Während das Publikum die Träume Richards und Richmonds miterlebend sogleich begreift, regt sich bei Richard zwar zunächst sein Gewissen ob seiner vielfachen Blutschuld, doch unterdrückt er es schnellstens als feige und verharrt in diabolischer Verstocktheit. Richmond hingegen fühlt sich bestärkt und geht mutig voran.

Der mit der Wahl des Traummotivs strukturell bedingte Spannungsbogen zielt hin auf die Lösung in Form der Erfüllung der Traumankündigung. Alle drei Träume werden wahr: für Clarence noch in derselben Szene. – Hastings' Nichtbefolgen der Warnung wird ihm, nur drei Szenen weiter, zum Verhängnis. Für Richard und Richmond erfüllt sich das im Traum gesehene Schicksal unmittelbar darauf.

c) Funktion für die Mikrostruktur des Dramas

Neben ihrer Funktion für den Träumer und für die Bühnenhandlung haben die Träume auch eine Funktion für die dramatische Mikrostruktur des Stücks. In *Richard III* tritt das Traummotiv im I., III. und V. Akt auf, nach aristotelischer Dramentheorie also an den drei strategisch entscheidenden Stellen des Dramas: Exposition, Peripetie, Katastrophe.

Zum ersten Mal begegnet das Traummotiv in der Exposition des I. Aktes nach dem grandiosen Eröffnungsmonolog Richards. Neben der bereits aufgezeigten atmosphärebildenden und der handlungsverknüpfenden Funktion kommt dieser ersten Verwendung des Traummotivs im Stück zugleich noch eine gern übersehene, mehr grundsätzliche Bedeutung zu. Sie dient zugleich als eine Art *trendsetter*, der im voraus das Verständnis der nachfolgenden Träume des III. und V. Aktes mitprägt, insofern bereits an Clarences Beispiel klar wird, daß Träumen hohe Bedeutung zukommt, daß sie auf Künftiges vorausdeuten, und, schließlich, wie verläßlich Träume in Erfüllung gehen.

Die zweite Verwendung des Traummotivs in der Peripetie unterstreicht erneut ihre weissagend-warnende Bedeutung. Auf dem Höhepunkt des inneren Aufbaus wird der "Glückswechsel", die Schicksalswende, am Exempel von Stanley und Hastings vor Augen geführt. Der Warntraum vom "Eber, der den Helm abreißt" bewirkt Stanleys Vorsicht, die am Ende des Dramas seinen Übergang zur Partei Richmonds begründet und damit das endgültige Schicksal des Schurken Richard besiegelt. Vorausdeutung mit verzögerter Erfüllung. Nun nimmt das Schicksal seinen Lauf. – Shakespeares Quellen, Morus und die *Chronicles*, bieten keine Vorlagen für Clarences und Stanleys Träume, Holinshed und Hall jedoch erwähnen bereits das Erscheinen von Rachegeistern in Richards Traum[40].

Das dritte Traummotiv begegnet in der Katastrophe des V. Aktes. Mit, durch die beiden voraufgegangenen Träume, zweifach erhöhter Spannung erlebt das Publikum nun den Doppeltraum Richards und Richmonds. Die unmittelbar nachfolgende Katastrophe der Schlacht von Bosworth bestätigt dann nur das bereits im Traum vorweggenommene Schicksal der Antagonisten und löst zugleich die durch den Traum immens gesteigerte Konfliktspannung durch Richards Untergang und Richmonds Sieg.

Häufig übersehen wird die höchst kunstvoll komponierte Ambiguität, die Doppelsinnigkeit des dreifachen Traummotivs. In jedem im Traum geweissagten 'Fall' liegt nämlich zugleich ein Sieg verborgen. Clarences Untergang ist zugleich Richards erster vermeintlicher "Erfolg" beim eigenen Aufstieg zur Krone. Stanleys kurzer Eber-Traum wird Hastings zum Tod, ihm selbst (und am Ende Richmond) jedoch zum Heil. Das dritte Traummotiv wird vollends aufgespalten in einen kontrastiven Doppeltraum von Untergang und Sieg. In ambiguöser Weise ist des einen Untergang des anderen Aufstieg. Zunächst noch ironisch verschlüsselt, wird erst die volle Bedeutung der Träume schrittweise und aus dem Rückblick deutlich: in dreifachem Auftreten erweist der Traum sich als unabwendbares und sich im dramatischen Zielpunkt der

40 Holinshed, ed. Campbell (wie Anm. 17), S. 438; Hall (wie Anm. 19), S. 414.

Katastrophe vollendendes Schicksal; der Fall ist das Hauptmuster des dramatischen Gefüges, aber er trägt einen Januskopf.

d) Funktion für die Makrostruktur der Historien Shakespeares

Neben ihrer Funktion für die Mikrostruktur des Stücks haben die drei Träume ebenfalls eine Funktion für die Makrostruktur der Historienspiele Shakespeares, ist *Richard III* doch nicht allein eigenständiges, einzelnes Bühnenstück, sondern zugleich integraler Teil seiner zehn Historienspiele über die englischen 'Rosenkriege', Teil eines Zyklus, komponiert aus zwei Tetralogien mit einem 'Prolog' und einem 'Epilog'. Die 'Lancaster-Tetralogie' zeigt die wechselvolle Geschichte von der Thronergreifung Heinrichs IV. bis zu ihrem Verlust durch Heinrich VI., die 'York-Tetralogie' die Zeit vom Raub dieser Krone Heinrichs VI. durch Edward IV. bis zum Thronverlust durch eben unseren Richard. Dabei sind es die drei Träume, die in *Richard III* Yorks Fall und in Richmond den Sieg der Tudors heraufführen, des Hauses der zu Shakespeares Zeit regierenden Elizabeth I., der 'Gloriana'.

e) Funktion für die Tragik-Auffassung

Schließlich haben die Träume ebenfalls eine Funktion für die Tragik-Auffassung der Zeit. Man hat die Historien Shakespeares als "Tudor-Propaganda", als *Tudor myth* bezeichnet[41]. Gewiß, das sind sie *auch*. Solche rein inhaltliche Betrachtungsweise erreicht aber höchstens die Oberfläche des Kunstwerks. Shakespeare nennt sein Stück *The Tragedy of King Richard the Third*. Nach dem Verständnis der elisabethanischen Zeit[42] heißt 'Tragik': die exemplarische Darstellung vom Fall eines zuvor Großen der Geschichte, hier also König Richards. Das darin liegende literarische *rise-and-fall*-Schema fand Shakespeare vor allem in

---

41 Vgl. hierzu die ersten beiden Kapitel in E.A. Greenlaw, *Studies in Spenser's Historical Allegory*, Baltimore, Md. 1932; E.M.W. Tillyard, *Shakespeare's History Plays* (1. Aufl. 1944), Harmondsworth 1986, S. 36.

42 So im *Mirror for Magistrates*; vgl. Lily B. Campbell, *Tudor Conceptions of History and Tragedy in 'A Mirror for Magistrates'*, Berkeley, Cal. 1936.

den vielen Exempla des *Mirror for Magistrates* (1559). Die biographische Lebenskurve einer historischen Person wird so zur Handlungskurve der dramatischen Figur des Protagonisten auf der Bühne. Dargestellt wird solcher Aufstieg und Fall gern am Bilde des umwirbelnden Fortuna-Rades: dem schnellen Aufstieg auf der einen Seite folgt unweigerlich der jähe Absturz auf der anderen, kausal verknüpft durch Hybris und Nemesis, durch den sprichwörtlichen "Hochmut vor dem Fall". Der *Fall* ist das bestimmende Hauptmuster des dramatischen Handlungsgefüges[43].

Richards Tragik liegt natürlich sehr viel tiefer. Er verkennt die Wahrheit in doppelter Weise. Bei säkular-machtpolitischer Betrachtung kann Richard sein erstrebtes Ziel, die Krone, nicht nur nicht bewahren. Es sind vielmehr gerade dieses von ihm sehnlichst erstrebte Ziel selbst und die von ihm bewußt gewählten schurkischen und für seinen Aufstieg scheinbar so erfolgreichen Mittel, die seinen Fall bewirken. Sodann verkennt er auch die transzendentale Wahrheit. *Sub specie aeternitatis* betrachtet, verfehlt er durch verkehrte Wahl von Ziel und Mitteln auch sein ewiges Ziel. Richard: *I have dream'd a fearful dream. – Histoire moralisée.*

Für das 'elisabethanische Weltbild' der Shakespeare-Zeit ist Geschichte teleologisch ausgerichtete Heilsgeschichte[44]. Adams Schuld als *felix culpa* brachte den göttlichen Heilsbeschluß durch die Menschwerdung Christi, dessen irdische Katastrophe am Kreuz den endgültigen Triumph des ewigen Lebens eröffnet. Als Ideenkurve liegt der Heilsgeschichte somit zugrunde: Geschichte von 'Fall und Auferstehung'. Demgegenüber stellt die Geschichte Richards von 'Aufstieg und Fall' eine große, negative, diabolische Anti-Kurve dar mit Richard als Lucifer, während den Sieger Richmond gleichsam die Gloriole St. Michaels umhüllt. Die Träume künden in *Richard III* somit vom wahren Sein gegenüber dem falschen Schein der äußeren Handlung.

---

43 Hierzu Walter M. Gordon, "Exemplum Narrative and Thomas More's 'History of King Richard III'" *Clio* 9 (1979), S. 75ff.

44 Vgl. E.M.W. Tillyard, *Elizabethan World Picture*, (1. Aufl. 1943), Harmondsworth 1972.

Faßt man die Hauptfunktionen der drei Träume in *Richard III* zusammen und kehrt zur ätiologischen Anfangsfrage zurück, so waren in der Mikrostruktur des Dramas die drei Träume, die mit Richards Untergang zugleich den Sieg der Tudors heraufführten, ein divinatorisches Mittel warnender Weissagung mit unabwendbarer Verwirklichung. In der Makrostruktur der Gesamtschau der Historien Shakespeares vor dem Horizont des Weltbildes als Heilsgeschichte sind sie zugleich ein providentielles Mittel zur sieghaften Wiederherstellung der göttlichen Weltordnung: und zwar unbeschadet aller Lügen und Heucheleien, der abgefeimtesten Ränke und gemeinsten Schurkereien vermeintlich erfolgreicher "Realpolitik", die, wie man im Drama wie im Leben sieht, letztlich doch nur sehr vorläufig und nur vorübergehend – und daure der Spuk auch 40 oder 70 Jahre – nichts anderes als eine geliehene Bühnenkrone aus Papier trägt. Darüber fällt bald der Vorhang.

Hans Hecker

Gottes Wille, himmlische Träume und die Reise der Weißen Mitra von Rom nach Novgorod

Hoffnungen, Wünsche, Erwartungen sind immer etwas Irreales, weil sie sich auf etwas richten, was es nicht gibt oder was noch nicht vorhanden ist. Zugleich spiegeln sie etwas Reales wider: die Erkenntnis eigener Mängel oder Benachteiligungen und damit das Selbstverständnis dessen, der da Hoffnungen, Wünsche oder Erwartungen hegt. Dies gilt für den privaten Bereich ebenso wie für die gesellschaftliche oder politische Öffentlichkeit.

Um die mitunter sehr große Distanz zwischen dem Zustand, der die Hoffnungen, Wünsche oder Erwartungen erzeugt, und dem daraus resultierenden Ziel zu überwinden, gibt es verschiedene Wege. Je geringer die Aussicht auf eine Realisierung, desto verschwommener erscheinen die Mittel und Wege, sie zu erreichen. Der Mythos ersetzt die Realität, das erstrebte Ziel zerrinnt zum Traum[1].

Dafür soll dieser Beitrag ein Beispiel liefern, und zwar mit einer Legende aus dem Rußland des frühen 16. Jahrhunderts.

Der Traum hat innerhalb dieses Beispiels eine weitere Funktion, die mit der ersten eng zusammenhängt. Da die Geschichte, welche die Legende erzählt, sich zwar auf der Erde abspielt, aber den christlichen Himmel und seine Bewohner immer wieder aktiv handelnd eingreifen läßt, bekommen die Träume der Menschen die Aufgabe zugewiesen, die Verbindung zwischen beiden Handlungsebenen herzustellen, den Willen des Himmels, Gottes, den

1 Aus der Literatur über den Traum seien hier nur einige Titel genannt, die für diesen Beitrag herangezogen wurden. C. G. Jung/Marie-Louise von Franz/Joseph L. Henderson/Jolande Jacobi/Aniela Jaffé, *Der Mensch und seine Symbole*, 13. Aufl. Olten, Freiburg i. Br. 1981; Eugen Drewermann, *Tiefenpsychologie und Exegese*. Band I: *Die Wahrheit der Formen*. Traum, Mythos, Märchen, Sage und Legende, Olten, Freiburg i. Br. 1984.

Menschen mitzuteilen. Dieses erzählerische Mittel ist keineswegs neu, im Gegenteil, das Motiv göttlicher Offenbarung durch Träume gehört zu den ältesten, die in der Weltliteratur zu finden sind. So kennen sowohl das Alte wie auch das Neue Testament eine Fülle solcher Offenbarungsträume, in denen auch unmittelbare Handlungsanweisungen erteilt werden[2]. Doch bevor wir uns der Legende und den in ihr vorkommenden Träumen zuwenden, müssen wir einen Blick auf die historischen Verhältnisse werfen, unter denen es zur Bildung unserer Legende kam.

Als die Legende von der Weißen Mitra entstand, regierte in Moskau schon seit langer Zeit einer der bedeutendsten europäischen Herrscher des Spätmittelalters: Ivan III. (1462-1505)[3]. Mit seiner geschickten, machtvollen Politik führte er das Erbe seiner Vorgänger fort: Er trieb die Zentralisierung des russischen Staates voran, er stärkte die Einheit des Landes, er richtete Zentralbehörden ein, er löste sein Land aus den letzten Fesseln der mehr als zweihundertjährigen Herrschaft der Tataren, er führte zahlreiche Kriege, und er erneuerte den Moskauer Staat durch eine gezielte Reformpolitik. Unter führender Beteiligung italienischer Meister wurde in Moskau am Kreml emsig gebaut, etliche Kirchen wurden errichtet, von denen wir heute noch einige sehen können. Die Moskauer Kunst, insbesondere die Ikonenmalschule, stand in voller Blüte.

In der mittelalterlichen Vorstellungswelt, die in dem Gang der Geschichte den sich verwirklichenden göttlichen Heilsplan sieht[4], mußte es als Gottes Wille erscheinen, daß Moskau zum

---

2 Beispielhaft sei auf die Träume hingewiesen, in denen Josef Anweisungen bekommt, wie er sich im Zusammenhang mit der Geburt Jesu verhalten soll, oder die die Flucht nach Ägypten betreffen (Mt I,20-21, 24 und II,13-14, 19-21).

3 Nach wie vor die beste Biographie ist J. L. I. Fennell, *Ivan the Great of Moscow*, London 1961.

4 Karl Löwith, *Weltgeschichte und Heilsgeschehen.* Die theologischen Voraussetzungen der Geschichtsphilosophie, 5. Auflage, Stuttgart u.a. 1967, S. 168; Franz-Josef Schmale, *Funktionen und Formen mittelalterlicher Geschichtsschreibung.* Eine Einführung. Mit einem Beitrag von Hans-Werner Goetz, Darmstadt 1985, S. 38ff.

Zentrum des neuen und endgültigen russischen Staates wurde. Das erste russische Staatswesen, die Kiever Rus', war bereits im 11./12. Jahrhundert zerfallen. Dafür gab es mehrere Gründe. Zum erheblichen Teil trugen dazu die Venezianer bei, indem sie den Handel im östlichen Mittelmeer an sich brachten und den Flußweg über den Dnepr überflüssig machten. Eine andere wichtige Ursache stellte die Uneinigkeit der Fürsten in den Städten der Kiever Rus' dar. Ihre Sonderinteressen und Machtkämpfe, die vor allem aus dynastischen Auseinandersetzungen um die Thronfolge in den Fürstentümern resultierten[5], führten dazu, daß sich dieses Reich in zahlreiche Teilfürstentümer auflöste. Hier hatten die Mongolen und Tataren leichtes Spiel, als sie von Asien her gegen Westen vorstießen. Bevor sie Mittel- und Westeuropa durchstürmen konnten, zogen sie sich wegen Auseinandersetzungen innerhalb ihrer Führung zurück. Aber Rußland unterwarfen sie ihrer Herrschaft und gliederten es auf lange Zeit in ihr Weltreich ein.

Während die russischen Teilfürsten aufs heftigste miteinander konkurrierten und sich gegenseitig zugrunde richteten, verstanden es die Fürsten der kleinen Grenzfestung Moskau, am Rande des mächtigen Großfürstentums Vladimir-Suzdal', immer mehr Macht an sich zu ziehen und Bedeutung auf sich zu versammeln. Die Moskauer nutzten dafür – wie ihre Konkurrenten – die internen Spannungen und Interessengegensätze in der mongolischen Horde aus, um vom Khan Bestätigungen und Privilegien zu erlangen und mit deren Hilfe ihre Konkurrenten auszustechen. Meistens waren sie etwas listiger, etwas geschickter, wohl auch

5 In den Fürstentümern der Kiever Rus' konkurrierten zwei Prinzipien der Thronfolgeregelung miteinander: das ältere Senioratsprinzip, nach dem einem verstorbenen Herrscher zunächst die Reihe seiner Brüder und danach die der Söhne, beginnend mit dem ältesten Sohn des ältesten Bruders, folgte, und das jüngere der Primogenitur (votčina-Prinzip), das die Thronfolge des jeweils ältesten Sohnes vorsah. Diese Konkurrenz führte zu permanenten Onkel-Neffen-Konflikten. Siehe meinen Beitrag "Rußland beherrschen – die Krone Polens tragen" in dem von mir herausgegebenen Band *Der Herrscher – Leitbild und Abbild in Mittelalter und Renaissance*, Düsseldorf 1990 (Studia humaniora 13), S. 225-252.

noch skrupelloser – auf Dauer jedenfalls erfolgreicher als die anderen. Es gelang ihnen, ein Fürstentum nach dem anderen unter ihre Herrschaft zu bringen, durch Heirat, Erbschaft, Kauf, eher durch politischen und militärischen Druck als durch Krieg[6].

Schon früh brachten sie die Kirche auf ihre Seite. Bereits Anfang des 14. Jahrhunderts ging der Metropolit Petr nach Moskau, wo er auch blieb. Damit legitimierte er die Vormacht der Moskauer Fürsten, ihren Anspruch auf die Kiever Großfürstenwürde. Diese eindeutige Parteinahme einer Kirche, die stark vom byzantinischen Vorbild geprägt war, hatte ein enormes Gewicht. Es handelte sich um eine Kirche, der es – trotz einiger Versuche – nicht gelang, den Weg zur völligen Einverleibung in den Staat zu verlassen. Unter Peter dem Großen, Anfang des 18. Jahrhunderts, sollte sie dieses Stadium erreichen.

Das aufstrebende Moskau kannte viele Gegner. Tver' und Litauen waren die stärksten und gefährlichsten Rivalen. Mit ihnen führte es lange, zähe kriegerische und politische Auseinandersetzungen. Die Kriege mit Litauen setzten sich bis ins späte 16. Jahrhundert fort.

Im Nordwesten, am Ilmensee, lag die große Stadtrepublik Novgorod, im Vergleich zu Moskau ein eigenartiges Gebilde[7].

---

6 Zu den Käufen (kupli) anderer Fürstentümer, der interessantesten und eigenartigsten Erwerbsform neuerdings zusammenfassend Wladimir Vodoff, "Nouvelles remarques sur le *kupli* d'Ivan Kalita (Tentative de mise au point)", in Uwe Halbach, Hans Hecker und Andreas Kappeler (Hg.), *Geschichte Altrusslands in der Begriffswelt ihrer Quellen.* Festschrift zum 70. Geburtstag von Günther Stökl, Stuttgart 1986 (Quellen und Studien zur Geschichte des östlichen Europa 26), S. 96-105.

7 Aus der Literatur über Novgorod seien hier nur einige neuere Titel genannt: Carsten Goehrke, "Groß-Novgorod und Pskov/Pleskau", in Manfred Hellmann (Hg.), *Handbuch der Geschichte Rußlands*, Band 1, Stuttgart 1980; Konrad Onasch, *Grossnowgorod und das Reich der heiligen Sophia.* Kirchen- und Kulturgeschichte einer alten russischen Stadt und ihres Hinterlandes, Leipzig 1969; D. S. Lichačev, *Novgorod Velikij. Očerk istorii kul'tury Novgoroda XI-XVII vv.* [Großnovgorod. Eine Darstellung der Kulturgeschichte Novgorods im 11.-17. Jahrhundert], 2. Auflage Moskau 1959; M. W. Thompson, *Novgorod the Great*, London 1967.

Diese Stadt wurde nicht von einem Fürsten regiert, sondern von einer aristokratischen Oberschicht. Der Adel mußte jedoch auf das Volk Rücksicht nehmen, das sich zur Versammlung, zum Veče, zusammenfinden konnte, und zwar auf Verlangen eines jeden, der dazugehörte. Dort wurde in oftmals turbulenten Verhandlungen über Krieg und Frieden, Todesstrafen, Ämterbesetzungen und andere wichtige Dinge entschieden. Das Veče konnte sehr unberechenbar sein. Ob es sich um eine Art Demokratie handelte, mag hier nicht weiter diskutiert werden. Auf jeden Fall widerstrebte diese Verfassung dem selbstherrscherlichen Selbstverständnis der Moskauer Großfürsten wie auch der meisten russischen Fürsten. Das Volk der Stadt Novgorod hatte sich im Laufe der Zeit das Recht erkämpft, seinen Fürsten zu wählen, der im wesentlichen auf militärische Aufgaben beschränkt wurde, der nicht in der Stadt wohnen durfte und jederzeit wieder verjagt werden konnte. Nur selten brachte es ein Fürst zu einem normalen Ablauf seines Vertrages. Zum eigentlichen Oberhaupt, einer Art Stadtpräsident, wurde der Erzbischof von Novgorod. In diese Position wuchs er immer mehr hinein – nicht von allein; aber es gab starke Charaktere unter den Erzbischöfen, die brachten ihre Sache voran. Sie sahen sich durchaus als legitime Führer der russischen orthodoxen Kirche.

Aber, so mag sich mancher gefragt haben, der mit scheelen Blicken auf die Stadtrepublik im Nordwesten der Rus' sah, ist das rechtens? Dulden die Novgoroder nicht Gemeinden der deutschen und anderer ausländischer Kaufleute mit ihrem häretischen Glauben innerhalb der Mauern der Stadt? Im übrigen trat die Stadtrepublik selbst als ein fürstlicher Herr auf. Sie beherrschte ein riesiges Fürstentum im Norden der Rus', und in Urkunden titulierte sie sich als "Herr Groß-Novgorod". Dies wirkte alles sehr selbstbewußt. Aber dieses Selbstbewußtsein besaß ein äußerst solides Fundament: einen immensen Reichtum. Zu der Stadt gehörten "Beistädte" sowie ein riesiges Land, das sich von Volchov bis zum Weißen Meer erstreckte. Der aus dem Land wie aus dem Handel gewonnene Reichtum zeigte sich in dem prächtigen Ausbau dieser Stadt; außerdem hatte sie Geld, Schätze, Waren. Gehörte es sich nicht, so mögen dieselben Leute gedacht haben, daß dies alles an den wahren Herrn der ganzen Rus' zu gehen habe, an den Großfürsten von Moskau? Und umgekehrt: Wenn der Moskauer Großfürst das ganze russische Land sammelte, durfte er dann die stolze, reiche Stadt im Nordwesten auslassen? Wenn es Gottes Wille war, daß Moskau die ganze Rus' beherrschen sollte – und der Erfolg sprach dafür –, dann hätte auch Novgorod sich dem Moskauer Herrn zu unterwerfen. Schon frühere Großfürsten hatten in verheerenden Feldzügen und scharfen Maßnahmen das Moskauer Interesse herausgestrichen, die offene, vielerlei Gefahren und Einflüssen ausgesetzte Stadt am Nordwestrand fest ihrer Herrschaft einzugliedern. Aber die stolze Stadt wollte nicht, eine starke Partei dort trat für eine Anlehnung an Litauen ein, an Moskaus Gegner. Damit widersetzte sie sich letztlich dem Willen Gottes. Der Großfürst von Moskau und der ganzen Rus' mußte sie zwingen.

Auf der anderen, der Novgoroder Seite mögen folgende Überlegungen – sinngemäß – angestellt worden sein: Es war Gottes Wille, daß Novgorod eine riesige und mächtige Stadtrepublik im Nordwesten Rußlands werden sollte. Anfangs war es nur eine kleine Burgstadt am nördlichen Ende des Dnepr, über den die normannischen Kaufleute nach Süden fuhren, um Handel zu treiben. Später, als es mit diesem normannischen Handel bergab ging, nutzte die Stadt die Gunst ihrer Lage, die ihr immerhin Gott verliehen hatte, und sie trieb selber Handel, bis weit nach der Mitte und dem Westen des europäischen Kontinents. Die mächtigste Handelsorganisation des Mittelalters, die Hanse, errichtete in Novgorod ein Kontor. Selbstverständlich mußte man den Ausländern eine Wohnstatt geben und Gelegenheit, ihrem religiösen Kult nachzugehen. Das bedeutete nicht, daß man ihm selbst verfiel. Aber hinsehen konnte man ja schon einmal, und hinhören, wenn die Ausländer berichteten, was in der Welt vor sich ging. Viele neuartige Ideen brachten sie mit; einige unbeherrschte Mitmenschen hatten an ihnen Gefallen. Aber die weitaus überwiegende Mehrheit blieb fest im allein wahren

Glauben. Gott fügte es, daß ein Erzbischof in der Stadt residierte und so viel Macht und Bedeutung sammelte, daß er in eine Position einrückte, die der eines Oberhauptes dieser Stadt und Republik gleichkam[8].

Und weiter mochte man in dieser republikanischen Stadt sinnieren: Es war Gottes Wille, daß Novgorod selbständig sein sollte, reich und mächtig. Es sollte nicht unter Moskauer Oberherrschaft geraten. Vielleicht wäre es ja Gottes Wille, daß das benachbarte Großfürstentum Litauen das neue Machtzentrum Rußlands werden sollte. Aber vielleicht war es auch Gottes Wille, daß beide Mächte, Moskau und Litauen, sich die Waage halten sollten, so daß das große Novgorod weiterhin zwischen beiden blühen und gedeihen könnte. Konnte es wirklich Gottes Wille sein, daß die Moskauer Großfürsten der stolzen Stadtrepublik ein Stück ihrer Unabhängigkeit und Würde nach dem anderen entrissen? Schon vor anderthalb Jahrhunderten hatte Ivan I. Kalita damit begonnen, der Stadt seinen politischen Willen aufzuzwingen. Und nun führte Ivan III. einen Feldzug nach dem anderen gegen die Stadt, die Gott so groß und mächtig hatte aufblühen lassen. Im Jahre 1471 hatte er seinen Feldzug siegreich geführt, ein furchtbares Strafgericht über die Stadt gehalten und Todesstrafen über die Führung der Stadt verhängt. Einen großen Teil ihrer politischen Freiheit hatte er der Stadt genommen und ihr gewaltige Kontributionen auferlegt. Nur sieben Jahre später brach er zu einem neuen Feldzug gegen Novgorod auf. Und wieder schenkte Gott ihm und nicht seiner Stadt den Sieg. Novgorod mußte seinen Landbesitz abtreten, erneut gewaltige Summen zahlen, seine politischen Institutionen auflösen; der Erzbischof mußte einen Unterwerfungsvertrag unterschreiben, und schließlich zogen die beiden Brüder Obolenskij-Striga als großfürstliche Statthalter in Novgorod ein. Um das Maß der Leiden voll zu machen, ließ der Moskauer Großfürst im Jahre 1478 auch noch die Veče-Glocke, das Symbol der Novgoroder Freiheit,

8 Joel Raba, "Evfimij II., Erzbischof von Groß-Novgorod und Pskov. Ein Kirchenfürst als Leiter einer weltlichen Republik", in *Jahrbücher für Geschichte Osteuropas* 25 (1977), S. 161-173.

nach Moskau bringen. Doch immer noch nicht genug damit. In den folgenden Jahren ließ Ivan III. große Teile der Novgoroder Oberschichten deportieren, ihre Güter konfiszieren, 1480 warf er den Erzbischof in ein Kloster, aus dem dieser nicht mehr lebend herauskam. Nachdem er der Stadt das politische Rückgrat gebrochen, brach er ihr 1494 das wirtschaftliche: da ließ er das Hansekontor schließen. Damit war der Handel am Ende, die Kaufleute wanderten ab, die livländischen Städte übernahmen zu gern die Rolle, die Novgorod bis dahin besessen hatte.

Dies war so geschehen, also war es Gottes Wille. Eines besonderen Beweises bedurfte es nicht. Es genügte, *daß* es so gekommen war. Offenbart sich Gottes Wille nicht im Verlauf der Geschichte selbst? Wer sonst als Gott führte Moskau zu seinen Triumphen? Immerhin war es doch möglich, daß der Mönch Filofej aus dem Kloster des hl. Elazar bei Pskov am Anfang es 16. Jahrhunderts das formulierte, was viele dachten, daß nämlich Moskau das Dritte Rom sei, und ein viertes werde es nicht mehr geben[9]. Um ganz sicher zu gehen, würde Ivan IV., der 1547 zum ersten Zaren Rußlands gekrönt werden sollte, die glanzvolle Geschichte Moskaus in vielen, umfangreichen Schriften aufzeichnen lassen: in der "Chronik vom Beginn des Zartums", im "Stufenbuch", in der "Chronik vom Zartum Kazan'", in allen Neubearbeitungen der Chroniken aus den Fürstentümern, die im Moskauer Staat ihre Vollendung gefunden hatten. Und die rechtgläubige Kirche, die einzig legitime Interpretin des göttlichen Willens? Sie beriet die Moskauer Herrscher, sie arbeitete die Schriften aus, sie krönte die Großfürsten und Zaren, sie kanonisierte den ganzen Himmel voll russischer Heiliger. Bewies sie nicht, wer nach Gottes Willen Herr sein sollte in der ganzen Rus'?

Möglicherweise haben die Russen, die Moskauer und die Novgoroder und viele andere um die Wende vom 15. zum 16.

9 Deutsche Übersetzungen dieser Schreiben sind als Anlagen abgedruckt in Hildegard Schaeder, *Moskau das dritte Rom. Studien zur Geschichte der politischen Theorien in der slawischen Welt*, Darmstadt 1963.

Jahrhundert und danach so oder so ähnlich gedacht. Nach ihrem, d.h. nach mittelalterlichem Verständnis offenbarte sich der Wille Gottes in dem, was geschah, im Verlauf der Geschichte. Die Welt entwickelte sich, die Geschichte verlief nach dem Heilsplan Gottes. Die Fakten sprachen eine eindeutige Sprache.

In der Situation, die eben in einigen nachvollzogenen Gedankengängen angedeutet wurde, in der Zeit des Niedergangs der Stadt Novgorod und ihrer Unterwerfung durch Moskau, am Beginn des 16. Jahrhunderts, fand in Novgorod eine Geschichte Verbreitung, die "Erzählung von der Novgoroder Weißen Mitra"[10]. Diese Erzählung wurde gegen die Mitte des 16. Jahrhunderts erstmals und danach noch mehrfach überarbeitet. Heute ist sie in mehr als 250 Abschriften aus dem 16. bis 19. Jahrhundert überliefert. Möglicherweise war der Verfasser oder der erste Bearbeiter Dmitrij Gerasimov, ein Dolmetscher und Übersetzer; er gehörte zu dem Kreis der Mitarbeiter des Novgoroder Erzbischofs Gennadij, aus dem die erste russische Bibelübersetzung hervorging. (1499 war die sogenannte Gennadij-Bibel vollendet. Dieses Werk zählte zu den vielfältigen Aktivitäten, die Gennadij entfaltete, um seinen bzw. den Novgoroder Platz gegen den Moskauer Zentralismus in der russischen orthodoxen Kirche zu behaupten.) Dmitrij gehörte auch zu einer Delegation, die zum Papst nach Rom reiste, um am Osterkalender zu arbeiten. Er war also weitgereist, kannte Rom und ein gutes Stück der damaligen Welt.

---

10 Der russische Text ist abgedruckt in *Pamjatniki starinnoj russkoj literatury* [Denkmäler der altrussischen Literatur], izd. Grafom Grigoriem Kuselevym-Bezborodko, pod red. N. Kostomarova, Vypusk pervyj, S.-Peterburg 1860, S. 285-298. Deutsche Übersetzung in Helmut Graßhoff, Klaus Müller, Gottfried Sturm (Hg.), *O Bojan, du Nachtigall der alten Zeit. Sieben Jahrhunderte altrussischer Literatur*, Berlin 1965, S. 237-260; die folgenden Zitate sind dieser Ausgabe entnommen und werden jeweils nur mit der entsprechenden Seitenzahl im Text gekennzeichnet. Weiterhin zu dieser Legende: N. K. Gudzij, *Geschichte der russischen Literatur 11.-17. Jahrhundert*, Halle (Saale) 1959 (Slawistische Bibliothek 10), S. 353-357; Schaeder, *Moskau*, S. 113-117; Onasch, *Grossnowgorod*, S. 159f. In einen großen historischen Zusammenhang stellt Günther Stökl die Legende in *1000 Jahre christliches Rußland und wir*, München 1989 (Eichstätter Hochschulreden 70), S. 18f.

So ist es kein Zufall, daß in den Handschriften der Erzählung von der Novgoroder Weißen Mitra ein Sendschreiben des Dmitrij an den Erzbischof Gennadij vorausgeht. Darin schreibt Dmitrij seinem Herrn, er sei glücklich in Rom angelangt. Nach langem Mühen sei es ihm gelungen, die Handschrift von der Weißen Mitra aufzufinden. Man habe sie in Rom versteckt gehalten, "um der Schande willen", was heißen soll, die Handschrift habe so viel für die Römer Schändliches und Peinliches enthalten, daß diese sie dem Licht der Öffentlichkeit entzogen hätten. Jakob, der Bibliothekar der römischen Kirche, sei ihm aber wohlgesonnen; er habe ihm auf seine dringlichen Bitten hin berichtet, das Original der Erzählung von der Weißen Mitra sei nach dem Fall Konstantinopels – 1453 – von frommen Griechen nach Rom gebracht worden. Dort hätten die Mitarbeiter des römischen Papstes dieses griechische Original vernichtet. Nunmehr gebe es nur noch eine lateinische Übersetzung, die jedoch verborgen gehalten werde. Dmitrij behauptet nun, er habe diese lateinische Version seinem römischen Gewährsmann abgebettelt, und jetzt teile er dem Herrn Erzbischof in seinem Schreiben mit, was in dieser Übersetzung stehe.

An dieser Einleitung zu der Erzählung von der Weißen Mitra ist nicht viel Wahres. Sie dient eigentlich nur dazu, dem, was folgt, größere Bedeutung zu verleihen. Dmitrij gibt sich auch keine allzu große Mühe, den Anschein einer auch nur einigermaßen realen, zutreffend geschilderten Begebenheit zu erwecken. Viel mehr Wert legt er darauf, den Eindruck des Wundersamen zu erzielen, einer göttlichen Fügung, eines bislang verborgen gebliebenen göttlichen Willensaktes. Jetzt wird aufgedeckt, was bisher verborgen war, jetzt zeigt sich Gottes wahre Absicht und Bewertung seiner Stadt Novgorod und ihres Erzbischofs.

Die Erzählung beginnt mit dem legendären Bericht von der Taufe des großen Kaisers Konstantin. Dieser war bei seinem Herrschaftsantritt mit großen Erwartungen begeistert begrüßt worden. Auch die Christen erhofften eine Besserung ihrer Verhältnisse von ihm. Aber auf Grund falscher Beschuldigungen des Juden Simri geriet er in Zorn über sie und verfolgte sie, vor allem den Bischof Silvester. Darüber wurde Konstantin von einem schlimmen Aussatz befallen, der ihn nahe an den Tod brachte. Alles wollte nichts helfen. Schließlich kamen Zauberärzte aus Persien. Sie nannten ihm ein letztes Mittel: Er sollte im Blut von 3000 neugeborenen, unschuldigen Kindern baden. Das werde ihn gesund machen. Als alles schon soweit vorbereitet war, hörte der Kaiser großes Jammern und Weinen. Auf seine Frage antwortete man ihm, dies seien die Klagen der Mütter dieser Kinder, die nun getötet werden sollten. Daraufhin erbarmte sich der Kaiser Konstantin und verzichtete auf dieses Heilmittel – lieber wollte er selbst sterben (238ff.).

Das Vorbild für diese Episode findet sich im Neuen Testament, und zwar in der Geschichte von König Herodes und der von ihm veranlaßten Ermordung der neugeborenen jüdischen Knaben. Allerdings erweist sich hier der Kaiser als barmherzig, anders als der König Herodes. Das bedeutet, er ist, wiewohl noch Heide, dem Willen Gottes zugänglich. Seine Rolle als Werkzeug Gottes wird vorbereitet.

Sie setzt unverzüglich ein, als ihm unmittelbar in der Nacht darauf im Traum die beiden Apostel Petrus und Paulus erscheinen. Damit beginnt eine Serie von Träumen, die von Gott geschickt werden. Von jetzt an werden wir erleben, wie Gott mit Hilfe von Träumen wie durch eine Fernsteuerung vom Himmel aus die Menschen lenkt, um seinen Willen auf Erden zu realisieren. Dabei werden keine Heiligen aus den unteren Rängen der himmlischen Hierarchie auftreten. Überwiegend treten höchstrangige Heilige, die beiden Apostelfürsten, als göttliche Boten auf, was dem Rang der beteiligten Personen, hier also des Kaisers Konstantin, wie auch der Bedeutung der erzählten Geschichte entspricht.

Die beiden Apostel erklärten dem Kaiser, daß ihn die Taufe und ein Bad im Weihwasser von seiner Krankheit – sie ist ja nichts anderes als der Ausdruck seines Heidentums – heilen würden. So geschah es. Der Kaiser ließ Silvester suchen. Er wurde gefunden, und er taufte Konstantin auf den Namen Flavius. Als

Konstantin-Flavius sich nach dem Bad geheilt sah, geriet er vor Begeisterung nahezu außer sich. "Er war von großer Freude erfüllt und rühmte Christus, unseren Gott, und den Bischof Silvester sehr; er sah in ihm nicht mehr den Menschen, sondern verehrte ihn gleich Gott und nannte ihn Vater und Papst"(243).

Hier deutet sich an, was etwas später seine Fortsetzung finden wird: eine Adaption der Konstantinischen Fälschung[11]. Es heißt dann nämlich: "Kaiser Konstantin dankte dem Papst Silvester von Herzen; er unterstellte die kaiserlichen und auch viele andere Würdenträger und Seine Majestät selbst dem Papst". Der Bezug auf die Konstantinische Fälschung wird weitergeführt, wenn es heißt, "[der Kaiser] wollte ihm [dem Papst Silvester] die Kaiserkrone aufs Haupt setzen"(243). Der späteren Interpretation der Donatio Constantini entsprechend, wird hier betont, daß der Kaiser selbst auf diese Weise mit allem Nachdruck den Vorrang der geistlichen gegenüber der weltlichen Macht dokumentieren wollte.

Über die Zurückweisung der Kaiserkrone durch den Papst, da sie ihm als einfachem Mönch nicht zukomme, war der Kaiser sehr traurig. Zunächst einmal lud er den Papst und alle Würdenträger zum Essen ein und bediente sie höchstpersönlich. "Unablässig – so heißt es in der Erzählung – betrachtete der Kaiser dabei das Haupt des Papstes und dachte ohne Unterlaß darüber nach, auf welche Weise er ihm eine Kopfbedeckung schaffen könne, die jener an Stelle der Kaiserkrone tragen sollte, aber er fand nichts"(244).

Aus dieser Verlegenheit half ihm wieder Gott durch einen Traum: "Als Konstantin nachts in seinem Bett schlief, erschienen ihm abermals die ruhmgekrönten heiligen Apostel Petrus und

11 Wenn Schaeder (*Moskau* [wie Anm. 9], S. 114) die Erzählung von der Weißen Mitra als "eine sozusagen mechanische Erweiterung der Donatio Constantini" bezeichnet, ist das gewiß im Hinblick auf die gesamte Erzählung und ihre eigentliche Bedeutung schief. Immerhin bestätigt die Erzählung, daß die Konstantinische Schenkung oder Fälschung im 15. Jahrhundert in Rußland bekannt war. Anfang des 16. Jahrhunderts spielte sie auch in der innerrussischen Diskussion um die Kirchenreform eine Rolle (ebd., S. 114f. Anm. 2).

Paulus und sprachen: 'Kaiser, nachdem dir durch den Bischof Silvester die heilige Taufe zuteil wurde, erfreust du dich wieder deiner Gesundheit; du glaubst nun an Jesus Christus, unseren Herrn [...] Der Bischof hat die Krone deines Kaiserreichs nicht angenommen und wollte sie nicht auf seinem Haupt tragen, weil er ein Mönch ist: seines Gelübdes wegen hat er auf diesen goldenen Schmuck [...] verzichtet. Willst du aber dem Oberhirten Gottes große Ehre erweisen und über alle anderen Geistlichen erhöhen, so schmücke sein Haupt mit einer weißen Mitra, wie es einem Bischof und Mönch zukommt.' Und sie zeigten ihm eine weiße Kopfbedeckung, die sie in ihren Händen hielten und die dem Papst als Kopfschmuck dienen sollte" (244f.).

Nun ist also die Weiße Mitra ins Spiel gekommen: die Kopfbedeckung für den Papst, an deren allerhöchster Herkunft und Legitimität keinerlei Zweifel bestehen kann. Der Himmel zeigt dem Kaiser das Modell – im Traum.

Der Kaiser wollte aber ganz sicher gehen, deswegen erkundigte er sich bei den beiden Aposteln, wer sie denn seien (er war ja noch nicht so lange getauft, konnte es also auch nicht wissen): "Ihr meine Herren! Was ihr mich heißt, will ich tun, sagt mir aber, wer seid ihr?" (245) Darauf stellten sich die beiden Heiligen erneut vor – denn bei der ersten Traumerscheinung war der Kaiser ja noch ein Heide gewesen, und deswegen hatte er sie nicht wiedererkennen können. Als alles geklärt war, wachte der Kaiser auf, sprang vom Bett, eilte erst zum Papst, um ihm alles zu erzählen, und danach gab er eilends eine Weiße Mitra in Auftrag, genau nach dem Muster, das ihm im Traum gezeigt worden war. Den Schneidern half Gott, und bald war alles fertig. Von nun an stand die Weiße Mitra unter Gottes Schutz, war sie von Wundern und Zeichen begleitet. Himmlische Lichterscheinungen leiteten die große Zeremonie ein, als der Kaiser mit allem Pomp dem Papst die Weiße Mitra aufs Haupt setzte. Dazu sprach er: "Diese helleuchtende Krone gebührt dir, der du inmitten aller Menschen der Sonne gleichst, Heiliger Vater und Lehrer!" (247)

Damit war die Weiße Mitra die Krone, das Abzeichen des obersten aller Kirchenlehrer geworden. Wer sie trug, konnte als der gottgewählte Heilige Vater gelten. Ihm kam die oberste Autorität der Kirche zu. Alles, was die Sonne symbolisiert, Weisheit, Licht, Quell des Lebens, zeichnete von nun an den Träger der Weißen Mitra aus.

Nach der Krönung erbat sich der Papst vom Kaiser die goldene Schale, in der dieser seine Kaiserkrone abzulegen pflegte, und er bewahrte seine Weiße Mitra darin auf. Er trug sie nur noch an höchsten Festtagen und hielt sie in großen Ehren. In seinem Testament gebot er, "daß es auch nach seinem Tode so sein sollte"(247). Einige Zeit später hielt der Kaiser es für richtig, die beiden Machtzentren der Christenheit zu trennen. Die Erzählung berichtet: "Im dreizehnten Jahr seiner Herrschaft faßte der fromme Kaiser Konstantin einen wohlüberlegten Beschluß und sprach: 'Dort, wo der Papst vom himmlischen Vater eingesetzt worden ist und als der frommen Christenheit Haupt regiert, steht es einem weltlichen Herrscher nicht an, die Macht auszuüben.' Deshalb überließ der Kaiser Konstantin, kraft eines wohlabgefaßten Schreibens, dem Papst das mächtige Rom und empfing von ihm dafür seinen Segen. Er selbst ging nach Byzanz und gründete dort eine große und ruhmreiche Stadt, benannte sie nach sich Konstantinopel und lebte fortan hier"(247).

Damit entsteht das Zweite Rom, Ostrom, eine wichtige Voraussetzung für die Kirchenspaltung und für die orthodoxe Christianisierung Rußlands, aber auch eine wichtige Vorbedingung für den weiteren Gang der Erzählung, wie wir noch sehen werden.

Nachdem die Weisung des inzwischen verstorbenen Papstes Silvester eine Zeitlang befolgt und die Weiße Mitra verehrt worden war, kam es zu Verwirrungen in der Kirche und zur Kirchenspaltung. Urheber konnte – nach damaligen populären Vorstellungen – nur der Satan sein[12]. Er "wiegelte einen gewissen

12 Auf die tatsächlichen politischen und theologischen Gründe des Schismas, die selbstverständlich auch den damaligen Politikern und Theologen bewußt waren, kann und soll hier nicht eingegangen werden.

Kaiser Carolus[13] und den Papst Formosus[14] auf und verleitete sie, das christliche Geschlecht mit ihren gleisnerischen Worten und Lehren zu verführen. Sie befahlen den Menschen, sich vom rechtmäßigen christlichen Glauben loszusagen und die Einheit der heiligen apostolischen Kirche zu untergraben. Diese verruchten Lehrer verleugneten, vom Teufel angestiftet, den rechtmäßigen christlichen Glauben, die Überlieferungen der Apostel und der heiligen Kirchenväter, sie verfielen in apollinarische Ketzerei[15] und verunreinigten die heilige Wahrheit"(248).

Es versteht sich, daß diese Ketzer auch nichts mehr für die Weiße Mitra, das Symbol für die wahre, von Gott kommende Glaubenslehre, übrig hatten. Zunächst einmal mißachteten die Ketzer die Weiße Mitra nur, sie stellten sie in ein Nebengelaß der Kirche und schrieben an die Tür: "Hier liegt die Weiße Mitra des Papstes Silvester verborgen. Sie wird hier von Gott beschützt." Ein späterer Papst interessierte sich dann einmal für die Inschrift, sah nach, aber weil er vom Teufel verblendet war, haßte er die Weiße Mitra und schloß sie wieder fort. Nun wurde dieser Papst von Träumen heimgesucht. Viele Nächte lang verkündete ihm eine Stimme zwei Verse aus dem Neuen Testament[16]: "Es kann die Stadt, die auf einem Berge liegt, nicht verborgen sein. Man zündet auch nicht ein Licht an und setzt es unter einen Scheffel, sondern auf einen Leuchter; so leuchtet es denn allen"(248f.).

13 Gemeint ist hier Karl der Große, dessen Krönung zu Weihnachten 800 die Beziehungen zwischen West- und Ostrom, d.h. zugleich zwischen der weströmischen und der orthodoxen oströmischen Kirche, weiter komplizierte. Zur literarischen Verfremdung der Figur Karls in Mittelalter und Renaissance siehe vor allem die Beiträge von Josef Semmler und Peter Wunderli in Hecker (Hg.), *Herrscher* (wie Anm. 5).

14 Papst Formosus (891-896) war vor seiner Thronbesteigung als päpstlicher Legat in Bulgarien und Konstantinopel tätig. Möglicherweise spielt die Erinnerung daran eine gewisse Rolle. Wie willkürlich die Legende mit den Namen und ihren Zuordnungen umgeht, wird bereits daraus ersichtlich, daß Formosus' Amtszeit als Papst wesentlich später war als die Karls des Großen als Kaiser.

15 Gemeint ist die für häretisch erklärte Lehre des Apollinaris von Laodikeia (ca. 310-390) von der ausschließlich göttlichen Natur Jesu.

16 Mt. 5,14-15.

Daß der gottgesandte Traum als etwas Quälendes erscheint, entspricht ebenfalls biblischen Vorbildern. Die Botschaft erreicht den Adressaten und bewegt ihn zu entsprechendem Handeln nur dadurch, daß sie in ständig wiederkehrenden Träumen den im unmittelbaren und übertragenen Wortsinn Schlafenden bedrängt und schließlich "aufweckt". So dauerte es lange, bis der Papst und seine Berater begriffen, was die Traumstimme meinte: Die Weiße Mitra sollte wieder ihrer wahren Bedeutung zugeführt werden. Aber sie, vom Teufel besessen, versuchten sie zu vernichten. Alle Versuche mißlangen. Schließlich kamen sie auf die Idee, die Weiße Mitra in ein fernes Land zu schicken, das gleich ihnen dem Irrglauben anhing.

Doch das Schiff, das die Weiße Mitra transportierte, geriet in Seenot. Dabei geschah höchst Seltsames und so Unwahrscheinliches, daß es nur als göttliche Fügung verstanden werden konnte: Ein Matrose namens Jeremias, ein heimlicher Christ, bekam – in unnatürlich tiefem Schlaf – einen Traum vom Himmel gesandt. Die Traumstimme trug ihm auf, die Weiße Mitra an sich zu nehmen und im übrigen auf seine Rettung zu vertrauen. Kurz darauf ging das Schiff in Flammen auf. Jeremias hielt in der einen Hand die Weiße Mitra, mit der anderen hielt er sich an einer Planke fest. In seiner Not flehte er den frommen Kaiser Konstantin und den heiligen Papst Silvester[17] um Rettung an. Unverzüglich erschienen auch beide und zogen ihn an einem Schiffstau an Land. Sie verschwanden jedoch nicht wieder gen Himmel, ohne ihm vorher eingeschärft zu haben, die Weiße Mitra zu hüten und zu berichten, daß Gott das ganze Unglück ihretwegen habe geschehen lassen. Dies tat Jeremias auch. Die Reaktion des Papstes war so typisch wie schrecklich: Er bekam Angst, sann aber nur darüber nach, was er der Weißen Mitra Böses zufügen könne.

Daraufhin griff wieder der Himmel mit Hilfe eines Traumes ein. "Als nämlich eines Nachts der Papst auf seinem Lager schlief, kam der Engel des Herrn in furchtbarer Gestalt zu ihm".

17 Jeremias betete also in seiner Not zu dem Papst und dem Kaiser, die mit der Donatio Constantini unmittelbar verbunden sind.

Mit donnernder Stimme, von der die Gemächer des Papstes erzitterten, drohte er dem Papst die schlimmsten Strafen an und wies ihn an, die Weiße Mitra so rasch wie möglich "dem Patriarchen in Konstantinopel mit großen Ehren zu überreichen, und befiehl ihm, daß er sie nach Gebühr achten solle"(251).

Nun gab es in der Legende schon den Patriarchen in Ostrom, d.h. eine autokephale orthodoxe Kirche, und die Weiße Mitra wurde durch das Traumgesicht auf den richtigen, gottgewollten Weg gebracht, dorthin, wo noch der rechte Glaube gewahrt wurde.

Der Papst tat, wie ihm befohlen worden war, unter allerlei Wunderzeichen. Wieder war es ein himmlischer Traum, der den Empfänger der Weißen Mitra, den Patriarchen Philotheos von Konstantinopel vorbereitete. Ihm erschien im Traum ein Engel. Der erzählte zunächst die ganze Geschichte von der Weißen Mitra, um dann dem Patriarchen einen Auftrag zu erteilen, der dem Geschehen die entscheidende Wendung gab: "Wenn seine [des Papstes] Boten mit der Mitra zu dir kommen, dann nimm sie in Ehren entgegen, füge ein Sendschreiben mit deinem Segen bei und schicke diese Weiße Mitra nach Groß-Novgorod in das russische Land. Dort soll der Erzbischof Vasilij sie zu Ehren der heiligen und apostolischen Kathedrale der Sophia, der Weisheit Gottes, und zum Ruhme der rechtgläubigen Christenheit tragen, denn dort wird der Glaube an Christus jetzt wahrhaft gepriesen. Jenen Papst aber wird Gott für seine Unverschämtheit bestrafen"(252).

Damit ist zweierlei durch den vom Himmel gesandten Traum klargestellt: erstens, der wahre Glaube hat sein Zentrum nicht in Konstantinopel, sondern in Rußland, und dort wiederum in Novgorod. Dies ist verständlich, wenn wir bedenken, daß die Erzählung am Ende des Jahrhunderts entstand, in dem früher das Konzil von Basel, Ferrara und Florenz (1431-1449) für große Unruhe gesorgt hatte. Dort hatte nämlich unter anderem auch das Verhältnis zwischen Ost- und Westkirche zur Debatte gestanden und die päpstliche Unionspolitik aktiviert. Konstantinopel stand unter dem Druck der Osmanen, und Rom bot Unterstützungsverhandlungen nur gegen die Anerkennung seines Primats. Die Griechen gingen darauf ein, nicht aber die Russen. Sie lehnten die Union ab und bestärkten sich damit in dem Bewußtsein, die letzte Bastion des wahren Glaubens zu behaupten[18].

Bald darauf traf die Weiße Mitra tatsächlich beim Patriarchen ein. Der nahm sie mit Freude und Verehrung auf, wollte sich aber vor weiteren Schritten erst mit dem Kaiser beraten. Inzwischen bekam der böse Papst jedoch Bedenken, ob er richtig gehandelt habe, und forderte die Weiße Mitra vom Patriarchen zurück. Daß dieser sich weigerte, war schon schlimm, aber daß er die Weiße Mitra stattdessen nach Rußland und Groß-Novgorod schicken wollte, das war vollends unerträglich. Der Papst "schrie schmerzlich auf, wurde blaß und erkrankte. So sehr war er Heide, daß er das russische Land seines Glaubens wegen nicht nur nicht liebte, sondern nicht einmal davon hören konnte" (253).

Erneut und deutlich genug weist die Legende hier darauf hin, daß der rechte Glaube in Rußland beheimatet sei, und dort wiederum in Novgorod. Wer dies nicht einsieht, wer womöglich Rußland deswegen haßt, den erklärt die Legende zum Heiden, auch wenn er Papst ist. So nimmt es nicht wunder, daß der Papst so schwer erkrankte, daß er schlimmer als ein Tier wurde und unter entsetzlichen Qualen – die Erzählung malt sie genüßlich aus – starb.

Zurück zum Patriarchen Philotheos. Der mochte sich von der Weißen Mitra – entgegen der Weisung im Traum – nicht trennen und trug sie mit großer Begeisterung. Daher mußte der Himmel erneut mittels eines Traumes eingreifen. Auch hier läßt sich bereits die Art und Weise, in der die Gelegenheit zum

18 J. Krajcar (Hg.), *Acta Slavica Concilii Florentini* (Concilium Florentinum 11), Rom 1973; J. Gill, *Constance et Bâle-Florence*, Paris 1965. Die russischen Berichte über das Konzil sind zusammenfassend dargestellt bei Schaeder, *Moskau* (wie Anm. 9), S. 21ff., und N. A. Kazakova, *Zapadnaja Evropa v russkoj pis'mennosti XV-XVI vekov. Iz istorii meždunarodnych kul'turnych svjazej Rossii* [Westeuropa im russischen Schrifttum des 15.-16. Jahrhunderts. Aus der Geschichte der internationalen Kulturbeziehungen Rußlands], Leningrad 1980, S. 8ff.

Träumen herbeigeführt wird, wie also die Legende die fragliche Figur einschlafen läßt, um ihr das Traumbild erscheinen lassen zu können, erkennen, daß eine himmlische Fügung vorliegt, also eine Änderung des normalen Verlaufs der Dinge. Denn fast ebenso wenig wahrscheinlich wie der Tiefschlaf des Matrosen auf dem Schiff im Sturm ist der Bericht, daß der Patriarch eines Sonntags, nach dem Frühgottesdienst, während des Frühstücks eingeschlafen sei. Dies war erforderlich, um mit Hilfe eines himmlischen Traumgesichtes die Entwicklung voranzutreiben.

Ihm erschienen wieder zwei herrliche Gestalten, die gleichen wie beim Matrosen Jeremias, Kaiser Konstantin und Papst Silvester[19]; als solche stellten sie sich ebenfalls am Ende des Traumes auf seine Frage hin vor. Silvester befahl ihm, nun die Weiße Mitra endlich und unverzüglich nach Novgorod zu schicken. Er gab ihm auch eine Begründung, und in ihr konzentrierte sich das ganze ideologische Selbstverständnis des damaligen Moskauer Staates und Novgorods. Silvester berichtete nämlich, er selbst habe die Weiße Mitra nur so selten getragen und es seinen Nachfolgern verboten, weil schon vorauszusehen gewesen sei, daß Rom der Ketzerei verfallen werde. Und auch Philotheos solle sie nicht tragen, denn "die Kaiserstadt Konstantinopel werden in einiger Zeit, der Vermehrung der Sünden wegen, die Türken erobern. Sie werden alle Heiligtümer schänden und vernichten, wie es schon bei der Gründung dieser Stadt prophezeit wurde: das alte Rom ist durch seinen Hochmut und aus freiem Willen vom Ruhm und vom rechtmäßigen christlichen Glauben abgefallen; im neuen Rom, nämlich in Konstantinopel, wird der christliche Glaube von den Türken gewaltsam unterdrückt werden; im dritten Rom aber, das im russischen Lande liegt, wird die Gnade des Heiligen Geistes erstrahlen"(255).

Hier wird unübersehbar das Motiv von Moskau als dem Dritten Rom aufgenommen, ohne daß jedoch Moskau direkt genannt würde, statt dessen ist von Rußland die Rede. Den Grund werden

19 Daß nun die beiden abendländischen Herrscherfiguren aus der Donatio Constantini auftreten, liegt näher als in dem oben erwähnten Fall des Matrosen Jeremias.

wir gleich erfahren. “So wisse denn, Philotheos”, sagte der Bote Gottes, “daß am Ende alle Christen um der Rechtgläubigkeit willen im Russischen Reich vereinigt sein werden”(255).

Der Anspruch des neuen Rußland, die Führung der Christenheit zu übernehmen, wie er in zahlreichen Moskauer Schriften formuliert wird, findet hier seinen unverblümten Ausdruck. Gleiches gilt für die Idee einer *translatio imperii*, die in der angeblichen Übersendung der Kaiserkrone an den Herrscher der Rus' zum Ausdruck kam: ‘Schon vor vielen Jahren wurde auf Geheiß des irdischen Herrschers, des Kaisers Konstantin, der diese Stadt regierte, die Kaiserkrone dem russischen Zaren übergeben”(255). Gemeint ist die sogenannte šapka Monomacha, die den auf Vladimir Monomach, einen der bedeutendsten Kiever Großfürsten (1113-1125), zurückgeführten Anspruch der Moskauer Großfürsten auf kaiserliche Würden symbolisierte[20].

Der Patriarch wurde nun folgendermaßen instruiert: “Die Weiße Mitra soll nunmehr auf Geheiß Christi, des himmlischen Herrschers, dem Erzbischof von Groß-Novgorod übergeben werden; sie ist viel ehrwürdiger als die Kaiserkrone, denn sie ist die Herrscherkrone der heiligen Erzengelwürde. Zögere deshalb nicht, diese Mitra des Heiligen Geistes in das russische Land, nach Groß-Novgorod zu schicken, wie es dich der Engel in der ersten Erscheinung geheißen hat [...] alle Heiligtümer wird Gott dem großen Russischen Reich zu geeigneter Zeit übergeben, und die russischen Zaren wird er über viele Völker erhöhen. Ihrer Macht werden viele Herrscher fremder Völker unterstehen, und ihnen und dem russischen Lande wird auch der Patriarch von Konstantinopel zu gegebener Zeit anbefohlen sein; es wird das leuch-

20 Der von Moskau eifrig geförderten Herkunftslegende nach sollte diese Krone seinerzeit von dem byzantinischen Kaiser Konstantin IX. Monomach (1042-1055) seinem Kiever Enkel anläßlich seiner Krönung zum Großfürsten geschenkt worden sein. Daß diese Zuschreibung chronologisch nicht paßte, spielte für die an der Aussage der Legende Interessierten nicht nur keine Rolle, sondern es störte auch nicht, daß diese goldene, pelzumrandete Mütze im 13./14. Jahrhundert in Mittelasien angefertigt und erstmals 1498 bei der Krönung Dmitrijs, des Enkels Ivans III., zum Großfürsten und Mitregenten verwendet worden war.

tende Rußland genannt werden. Gott beliebte es, dieses russische Land durch solche Wohltaten zu verherrlichen, seine Größe durch Rechtgläubigkeit zu festigen, und es wird zu größeren Ehren gelangen als die beiden früheren Reiche"(255f.).

Es ist bemerkenswert, welchen Kompromiß die Autoren dieser Erzählung gefunden haben: Sie mußten die Realitäten der Machtverteilung in Rußland respektieren, und die irdische Macht lag nun einmal bei den Moskauer Großfürsten. Ihnen billigte die Traumerscheinung die zarische Macht und kaiserliche Krone zu. Aber die zentrale kirchliche Würde, den Anspruch auf die höchste Autorität innerhalb der russischen Kirche und rechtgläubigen Christenheit sieht sie ohne Zweifel beim Erzbischof von Novgorod. Seine Mitra, sagt Gott durch den Traum, sei viel ehrwürdiger, da himmlischen Ursprungs, als die Krone des irdischen Kaisers. Dies war ein Versuch der Novgoroder, unter den gegebenen Umständen noch zu retten, was zu retten war. Wenigstens religiöses Zentrum wollten sie sein, um auf diese Weise möglichst viel von ihrer Unabhängigkeit und Bedeutung zu bewahren. Deswegen mochten sie auch nicht Moskau als drittes Rom direkt beim Namen nennen. Die Aussage der Erzählung wird im Schlußteil noch weiter bekräftigt werden.

Während der Patriarch, der Kaiser und die Würdenträger unter Tränen und Verehrung die Weiße Mitra auf die letzte Etappe ihrer von Gott angeordneten Reise schickten, nach Novgorod, bereitete wiederum ein Traum den dortigen Erzbischof auf die kommenden Ereignisse vor. Ein Engel erklärte dem Erzbischof Vasilij die ganze Geschichte, und er zeigte ihm auch die Mitra, damit er sie am nächsten Tage wiedererkenne. Und so geschah es auch. Die griechische Gesandtschaft traf ein und überreichte Vasilij vor der Stadt die Weiße Mitra, die dieser auch sogleich wiedererkannte. Dann wurde die Botschaft des Patriarchen laut verlesen, damit, wie es heißt, "alle sie verstünden". In der Kirche geschahen noch etliche Himmelszeichen. Als der Erzbischof die Weiße Mitra aus dem Kästchen nahm, "erscholl aus der Kirchenkuppel vom Bilde des Herrn eine gewaltige Stimme: 'Viele Jahre lebe unser Erzbischof!'" Danach erzählte Vasilij dem ganzen

Volk von seinem Traum und der Geschichte der Weißen Mitra. "Das Volk eilte herbei und drängte sich, um das erzbischöfliche Oberhaupt zu sehen, und alle bewunderten ihn gar sehr. Durch dieses Werk und die Gnade unseres Herrn Jesus Christus und durch den Segen des heiligen Philotheos, des Patriarchen von Konstantinopel, erhielt die Weiße Mitra auf dem heiligen Haupt der Erzbischöfe von Groß-Novgorod ihren festen Platz"(259).

Damit hatte die Reise der Weißen Mitra vom ersten Rom über das zweite Rom ihr Ziel, das geistliche Zentrum des dritten Rom, erreicht – so sahen oder besser: so hofften es die Novgoroder. Der Schluß der Erzählung bekräftigt das Ganze noch einmal nachdrücklich. Nach dem Bericht über die feierliche und freundliche Entlassung der griechischen Gesandtschaft heißt es: "Es kamen nun aus vielen Städten und Ländern die Menschen nach Groß-Novgorod, um das große Wunder zu schauen. Sie sahen den Erzbischof mit der Weißen Mitra einherschreiten und freuten sich darüber sehr, und sie verkündeten davon in allen Reichen und Ländern'(260).

Wir haben gesehen, wie von der weißen Mitra der Novgoroder Erzbischöfe aus eine Herkunftslegende dieses materiellen Symbols entwickelt worden ist. Ihr lag vor allem die Absicht zugrunde, unter dem übermächtigen Druck Moskaus wenigstens die Reste der alten Freiheit durch den Anspruch auf das kirchliche Zentrum zu wahren. Der Kompromiß, den die Novgoroder eingingen, wurde schon erwähnt. Denn die politische Macht für sich zu reklamieren, wäre schlicht lächerlich und allzu unglaubwürdig gewesen.

Für den Anspruch, den die Novgoroder noch erhoben, trugen die Autoren der Legende etliche Sujets zusammen, die auch anderweitig bekannt sind. Die Konstantinische Fälschung haben wir bereits erwähnt. Sie wurde just zu der Zeit als solche entlarvt, als die Novgoroder ihre Idee für die Legende von der Weißen Mitra verwendeten. Die Vita Constantini, die bereits aus dem Griechischen ins Russische übersetzt worden war, hatte ebenso Pate gestanden wie eine Reihe russischer Erzähltraditionen. Zur gleichen Zeit entstanden in Rußland noch mehrere derartige Erzählungen und Legenden. Jede sollte die Selbstbehauptung ihrer Herkunftsstadt oder -region legitimieren. In Novgorod finden wir etwas später z.B. die Erzählung von der Ikone der Gottesmutter von Tichvin, eine der unzähligen Geschichten von den wandernden und wunderwirkenden Ikonen, diesmal mit dem gleichen Grundgedanken wie die Geschichte von der Weißen Mitra. In Moskau fabrizierte man eine gewaltige Staatspublizistik[21], und auch dort verfehlte man nicht, die eigene Macht mit einer legendären Herkunft aus dem römischen Kaiserhause zu legitimieren.

Wie am Anfang berichtet, nützte den Novgorodern die ganze Geschichte nichts. Die Moskauer sperrten auch deren Erzbischöfe ein, wenn sie es für richtig hielten. Aber die Legende von der Weißen Mitra, in der ja auch ein gutes Stück Lokalpatriotismus steckte[22], hielt sich lange. Ihre Tendenz empfand der Moskauer Patriarch Nikon im 17. Jahrhundert, also immerhin anderthalb Jahrhunderte später, als so gefährlich, daß er sie ausdrücklich von einem Konzil verbieten ließ. Dieses Konzil nannte den Verfasser der Einleitung, Dmitrij, den wir schon kennengelernt haben, einen Menschen, der "so schrieb, wie ihm der Wind durch den Kopf blies"[23].

Abschließend ein Wort zu den Träumen, die das eigentliche Rahmenthema dieses Bandes bilden. Wie bereits besprochen, dienten die Träume als eine Art Fernsteuerung, um Gottes Willen auf Erden in die Tat umzusetzen. Diese Methode

---

21 Gute Übersichten dazu bei Gudzij, *Geschichte* (wie Anm. 10), S. 377ff., und Adolf Stender-Petersen, *Geschichte der russischen Literatur*, 3. Auflage München 1978, Teil I, S. 184ff.

22 Der lokalpatriotische Grundzug wird von N. N. Rosen bestritten: "Povest' o novgorodskom belom klobuke, kak pamjatnik obščerusskoj publicistiki" [Die Erzählung von der Novgoroder weißen Mitra als Denkmal der gesamtrussischen Publizistik], in *Trudy otdela drevnerusskoj literatury*, Bd. IX, S. 178-219; ders., "Povest' o novgorodskom belom klobuke", in *Učenye zapiski Leningradskogo gosudarstvennogo universiteta. Serija filologičeskich nauk* 20 (1954), S. 307-327. Diese Meinung hat sich jedoch nicht durchsetzen können.

23 Zit. nach Gudzij, *Geschichte*, S. 357 und Beilage (Beispieltexte), S. 39.

kennen wir, wie erwähnt, aus der Bibel, von dort ist sie auch übernommen[24]. Aber abgesehen davon: Was blieb den Novgorodern übrig? Handfeste Beweise dafür, wie Gottes Wille ihrer Meinung nach zu lauten gehabt hätte, hielten sie ja nicht in den Händen. Den Machtkampf mit Moskau hatten sie verloren. Dies bedeutete in einer Zeit, in der die entstandene Realität als Ausdruck göttlichen Waltens verstanden wurde, sehr viel. Wo und wie konnten die Verfasser der Herkunftslegende des belyj klobuk, der Weißen Mitra, also den Willen Gottes sich artikulieren lassen, wenn er so offensichtlich den Realitäten widersprach, als in Träumen? Träume sind ein subjektives Erlebnis[25], und die anderen können immer nur glauben, was der Träumende berichtet. Die Psychologie kennt Wunschträume oder auch kompensatorische Träume. Sie dienen dazu, Defizite und Frustrationen des Träumenden auszugleichen[26]. Und mehr ist denn auch von dem Traum von Novgorod als dem Zentrum der rechtgläubigen Christenheit nicht übriggeblieben.

---

24 Den Zusammenhang zwischen Traum und Mythos, Legende usw. hat Drewermann in seinem in Anm. 1 zitierten Werk herausgearbeitet.

25 Hier müßte nun die Frage gestellt werden, ob kollektive Träume überhaupt möglich sind. Dieser Frage kann hier, nicht zuletzt mangels psychologischer Kompetenz, nicht weiter nachgegangen werden.

26 So z.B. Jung, *Mensch* (wie Anm. 1), S. 50.

Rudolf Hiestand

Der Kreuzzug – ein Traum?

Vor 600 Jahren, im Jahre 1389, schrieb in einer Zelle des Cölestinerklosters in Paris, dort wo heute der Quai des Célestins an das in der französischen Revolution aufgehobene und nach Umwandlung in einen Stall für Militärpferde im Jahre 1847 abgebrochene Gebäude erinnert, ein in der Mitte der 60er Jahre stehender Mann die letzten Zeilen eines nicht nur für jene Zeiten ausserordentlich umfangreichen Werkes. In der besten Handschrift über 350 Folios umfassend, liegt es seit etwas mehr als zwanzig Jahren auf fast 1100 Textseiten gedruckt vor und trägt den Titel: *Le songe du vieil pelerin*: “Der Traum des alten Pilgers”[1].

Der Autor berichtet, wie er eines Tages, in seiner Zelle während Gebeten und Nachdenken über den Zustand dieser Welt von einem Traum überrascht, zwei schöne Frauen, Ardent Désir und Bonne Espérance – Verkörperung seiner selbst –, vor sich sah, die von Divine Providence auf eine grosse Reise zu Reine Vérité, Reine Charité und Reine Sapience mitgenommen werden, um sie zur “Reform” der Welt zurückzuholen[2]. Die Reise führte zuerst in die ägyptische Wüste, wo der Einsiedler Arsenios den Weg auf den heiligen Berg wies, auf dem das irdische Paradies liegt. Von dort geht es durch die gesamte damalige Welt und schliesslich zurück nach Frankreich, wo Reine Vérité mit “Blanc Faucon au bec et piez dorés”, “dem weissen Falken mit vergoldetem Schnabel und Füssen” – gemeint ist König Karl VI. von Frankreich –

1 Philippe de Mézières, chancellor of Cyprus, *Le Songe du Vieil Pelerin*, ed. G.W. Coopland, I-II, Cambridge 1969, Introduction. Eine Inhaltsangabe ebd., I, S. 33-61. Zum Text vgl. Dora M. Bell, *Etude sur Le Songe du Vieil Pelerin de Philippe de Mézières (1327-1405) d'après le mansucrit français B.N. 22541.* Document historique et moral du règne de Charles VI, Genève 1955.

2 Prologue, S. 83-105.

über die beste Regierungsform und die Mittel zur Besserung der zum Teil verhängnisvollen Entwicklungen räsonniert. Dies alles wird jedoch in einer so vielschichtigen Allegorisierung dargelegt, dass der Verfasser selbst einen Schlüssel mit über einhundert Eintragungen vorausschickt, der umso notwendiger ist, als die gleichen Personen zum Teil in mehrfacher allegorischer Gestalt auftreten und im Werke nochmals Abwandlungen erfahren[3].

Damit vereinigte der *Songe du vieil pelerin*, gestützt auf die ganze Bildung der Zeit, eine ganze Reihe literarischer Formen in sich: eine Weltbeschreibung einschliesslich Indiens und der Tartarei, wie sie in den gleichen Jahrzehnten der burgundische Adlige Jean de Mandeville und Johannes Marignola am Hofe Kaiser Karls IV. verfassten, eine Reise ins Jenseits, für die Dantes *Divina Commedia* das berühmteste Beispiel darstellt, und einen Fürstenspiegel nach der Art des *Secretum Secretorum*, wie er seit Thomas von Aquins *De regimine principum* und Aegidius Colonna wieder üblich geworden war, insgesamt eine Imago mundi unter historischem, gesellschaftlichem und moralischem Gesichtswinkel. Doch über dieses vordergründige Ziel "pour le bon gouvernement", einer besseren Regierung in Frankreich, hinaus war das eigentliche Anliegen, das vom "Blanc Faucon" erfüllt werden sollte, ein Zug nach Jerusalem, um die heiligen Stätten für die Christen zurückzugewinnen und zugleich die Weissagungen über einen Endkaiser zu erfüllen, dessen Selbstentäusserung auf Golgatha den Anbruch der Endzeit und die dauernde Friedenszeit herbeiführen würde. Viele Seiten legen genau dar, wie ein solcher *saint passage* zu organisieren und durchzuführen, welche Vorbereitungen zu treffen seien, um einen Erfolg zu sichern[4]. Es

---

3 Vgl. A. Strubel, "Le Songe du vieil pelerin et l'évolution de la forme allégorique au XIVe siècle", in *Perspectives médiévales* 6 (1980), S. 54-74; J. Quillet, "Songes et songeries dans l'art de la Politique au XIVe siècle", *Les Etudes Philosophiques* 3 (1975), S. 328-49.

4 f. 335'-342, ed. Coopland II, S. 96-103 und 429-40. Trotz der von ihr hervorgehobenen Bedeutung des Kreuzzuges für Philippe de Mézières wird dieser Punkt bei Bell S. 181 auf wenigen Zeilen abgehandelt.

handelte sich also zugleich um einen jener zahlreichen spätmittelalterlichen Kreuzzugstraktate.

Der Verfasser des *Songe du vieil pelerin*, der pikardische Adelige Philippe de Mézières[5], war alles andere als ein rein kontemplativer Zeitgenosse, und der Ort, an dem er seinen Lebensabend verbrachte, lässt nicht erkennen, dass er neben seiner literarischen Tätigkeit - unter anderem als Autor eines auch am päpstlichen Hof in Avignon aufgeführten liturgischen Dramas[6] - während Jahrzehnten an vorderster Front an den politischen Ereignissen Anteil gehabt hatte. In jungen Jahren war er nach Oberitalien zu den Visconti gezogen, dann nach einem Aufenthalt bei König Andreas von Neapel (1342-1345) wohl über Kastilien in die Heimat zurückgekehrt, um, rund zwanzig Jahre alt, im Jahre 1345 Humbert II. von Dauphiné auf einen Kreuzzug gegen die Türken in Kleinasien zu folgen, wo er vor einem Gefecht bei Smyrna zum Ritter geschlagen wurde. Nach der vorzeitigen Auflösung dieses Unternehmens begab er sich als Pilger ins Heilige Land. Wenn nicht mit einem Heer, so wollte er als Individuum die heiligen Stätten besuchen.

Was ihn fortan umtrieb, war die Frage, wie man angesichts des fortwährenden Scheiterns grosser Anstrengungen des Abendlandes das eigentliche Ziel des Kreuzzuges mit neuen Ideen und neuen Mittel verwirklichen könnte. Die Antwort gab, als er in der Grabeskirche betete, ein Traum, in dem ihm der Herr zwei Steintafeln übergab, auf denen nicht nur die zehn Gebote, sondern auch die Leitsätze eines neuen Ritterordens standen, der

5 Zu Philippe de Mézières vgl. vor allem N. Iorga, *Philippe de Mézières (1327-1405) et la Croisade au XIVe siècle*, Paris 1896; Bell und Coopland (wie Anm. 1); zuletzt A. Strubel, in: J.-P. Beaumarchais-D. Couty-A. Rey, *Dictionnaire des Littératures de langue française*, Paris 1984, III, S. 1867f.

6 Ed. Karl Young, *Philippe de Mézières' Dramatic Office for the Presentation of the Virgin*, Oxford 1911 (Modern Language Association Publications 26), S. 181-234. Angefügt sei hier, dass die frühere Annahme, Philippe sei auch der Verfasser des *Somnium Viridarii* (*Le songe du Verger*) kaum mehr zu halten ist, vgl. Coopland I, S. 13.

anders als die schon bestehenden, längst verweltlichten Orden Uneinigkeit und Disziplinlosigkeit vermeiden würde[7].

Die Befreiung des Hl. Grabes konnte für Philippe de Mézières nicht mehr unter der Führung von Herrschern oder hohen Adligen geschehen, die nur ihre egoistischen Ziele verfolgten, sondern es sollten Ritter sein, die in Armut, Demut und ohne Rücksicht auf andere Interessen den Kreuzzug zu ihrer Lebensaufgabe, nicht zum Vorwand eines gesellschaftlichen Prestiges machen und daher nicht nur das Heilige Land zurückerobern, sondern es nachher auch halten würden. Für seine Idee gewann er einige Gefährten und entwarf die Regeln für die Gemeinschaft, die den Namen "Ordre de la Passion de Jhésu Christ" bzw. "Nova Militia Passionis Jhesu Christi" trug[8]. Obwohl sie nie wirklich handelnd tätig wurde, ordnete sich ihr von nun an sein ganzes Leben unter.

Die nächsten Schritte führten Philippe im Jahre 1349 nach Cypern, wo er zwar den regierenden König von unbegreiflicher Nachlässigkeit gegenüber dem Heidenkampf fand, doch im jüngeren Sohn des Herrschers einem Mann begegnete, der von ähnlichen Ideen getragen schien. Als unvorhergesehene dynastische Zufälle diesen im Jahre 1359 auf den Thron brachten, wurde Philippe Kanzler des Königreichs. Für ein Jahrzehnt stand der neue König Peter I. im Mittelpunkt der gesamten europäischen Politik, wie Zypern damals kulturell das Vorbild des Lebensstils war, Schneider und Schuster der Lusignan in Nicosia die Mode machten. Wie von Philippe de Mézières erwartet, unternahm Peter I. Aktionen gegen Kleinasien, das syrische Festland und eroberte als spektakulärstes Ereignis im Jahre 1365 Alexandrien

---

7 *Prologus regule militaris seu milicie passionis Jhesu Christi* in der Handschrift Bibliothèque Mazarine 1943 (alt 1056), f. 45', cit. bei Iorga (wie Anm. 5) S. 73.

8 Dazu vgl. vor allem auch A.S. Atiya, *The Crusade in the Later Middle Ages*, London 1938, S. 136-154. Philippe verfasste über seinen Orden den Traktat *La Sustance de la Chevalerie de la Passion de Jhesu Crist en francois*. A.H. Hamdy, "Philippe de Mézières and the New Order of the Passion", *Bulletin of the Faculty of Arts*. Alexandria University, Egypt 18 (1964), S. 1-105, mit einer Transkription des Textes p. 45-104 blieb mir unzugänglich.

und einen Teil des Deltas. Es schien, als ob der Kreuzzug doch wieder zu einem erfolgreichen Unternehmen werden könnte. Die Hoffnung trog: Peter I. wurde 1369 ermordet, Zypern versank in innere Wirren, und Philippe de Mézières kehrte über Venedig nach Frankreich zurück. Seine für die damalige Zeit ungewöhnlichen Kenntnisse der Welt vom Baltikum bis nach Spanien und von Süditalien über Konstantinopel bis Zypern und die in der Hand der Glaubensfeinde befindlichen Gebiete des Nahen Ostens machten ihn zu einem hoch angesehenen Mann am Hofe Karls V., der ihn in den Conseil du royaume berief und zum Tutor des Thronfolgers ernannte. Wieder wurde die Hoffnung enttäuscht, das Ziel seines Lebens voranzubringen, als nach dem Thronwechsel von 1380 andere die Leitung für den noch unmündigen Dauphin übernahmen. Philippe de Mézières zog sich ins Kloster zurück, von wo aus er noch zwei Jahrzehnte in literarischer Form für seine Ideale kämpfte, darunter an erster Stelle mit dem *Songe du vieil pelerin.*

* * *

Es soll hier nicht weiter im einzelnen um den Inhalt des *Songe du vieil pelerin* und um die Kreuzzugspläne Philippe de Mézières gehen, obwohl sie eine Reihe höchst "moderner" Züge aufweisen[9]. Wir werden zum Schluss nochmals auf ihn zurückkommen, doch festgehalten sei, dass ein Traum am Anfang seines Ordens und ein Traum am Anfang seines grossen literarischen Werkes stand. Wenn wir die Fragestellung ausweiten, so beginnt die Geschichte des Traumes in der Geschichte der Kreuzzüge schon vor Clermont[10]. Beide Gestalten, die später als die Protagonisten

9 Vgl. dazu vor allem Atiya S. 143-49.

10 Zu den Träumen im Mittelalter vgl. vor allem W. Haubrichs, "Offenbarung und Allegorese. Formen und Funktionen von Vision und Traum in frühen Legenden", in *Formen und Funktionen der Allegorie*, ed. W. Haug, Stuttgart 1980, S. 243-64 mit umfassender Bibliographie, und K. Speckenbach, "Von den Troimen. Über den Traum in Theorie und Dichtung", in *'Sagen mit sinne'*. Festschrift M.-L. Dittrich, Göppingen 1976, S. 169-204. Sehr instruktiv, wenn auch ohne die Kreuzzüge einzubeziehen J. Quillet, "Le Songe", in *Culture et travail intellectuel dans l'Occident*

des ersten Kreuzzuges gelten können, Peter der Einsiedler und Gottfried von Bouillon, werden durch Träume mit dem Kreuzzug in Verbindung gebracht, wenn auch in sehr unterschiedlicher Weise.

Über Peter berichtet Albert von Aachen[11], dass ihm vor 1095 auf einer Wallfahrt in den Osten der Patriarch seine Ohnmacht gegenüber den Muslims klagte mit der Bitte um Hilfe durch die abendländischen Christen. Peter versprach, sich beim Papst, bei Königen, Herzögen, Grafen usw. für die heiligen Stätten einsetzen zu wollen, ohne dass schon erkennbar wird, ob es sich um eine neuartige militärische oder um eine finanzielle Unterstützung für die Kirche von Jerusalem handeln sollte, wie sie seit Jahrhunderten immer wieder erfolgt war.

In der Grabeskirche zurück wird er "vom Gebet und vom Wachen" ermüdet, vom Schlaf übermannt[12]. In einer Vision fordert ihn der Herr, gewissermassen in Wiederholung des vorangegangenen Gesprächs mit dem Patriarchen, auf, nach Hause zu eilen und die Gläubigen dafür zu gewinnen, Jerusalem und die heiligen Stätten zu säubern, auch würden den Auserwählten dabei die Pforten des Paradieses geöffnet. Als erstes aber solle er sich vom Patriarchen noch ein Schreiben mitgeben lassen, das mit dem Siegel des Heiligen Kreuzes versehen sei.

Typologisch handelt es sich um eine Traumvision, mit einem speziellen Auftrag, wenn auch einem Auftrag von ungewöhnlicher Rationalität, der gerade nicht auf die alleinige Kraft des von Gott zu unterstützenden Wortes zielt, sondern auf einen, von den beiden Gesprächspartnern vergessenen praktischen Aspekt: die juristische Beglaubigung für die in Aussicht genommene Werbekampagne. Kennzeichnend für diese bestätigende Funktion des

---

médiéval, Paris 1981, S. 81-93; T. Gregory (Hg.), *I sogni nel medioevo*, Roma 1985; A. Paravicini Bagliani-G. Stabile, *Träume im Mittelalter*. Ikonologische Untersuchungen, Stuttgart 1989.

11 Albert von Aachen, *Historia Hierosolymitana* (künftig Albert von Aachen) I 1-5, Recueil des Historiens des Croisades. Historiens occidentaux IV (künftig Recueil), Paris 1879, S. 272-275.

12 Ebd. I 4 S. 273: *sicut orationibus et vigiliis fatigatus, somno decipitur.*

Traumes ist mit seinem Ende auch das Ende des Schlafes erreicht, Petrus wacht auf und fährt mit Beten und Wachen bis zum frühen Morgen fort, geht zum Patriarchen, erhält das erbetene Schreiben und kehrt in den Westen zurück, wo er es dem Papste vorlegt, der darauf das Konzil von Clermont einberuft.

Ebenfalls über eine Traumvision, aber nicht des Petrus Eremita, sondern eines sonst unbekannten Bartholomäus wird Urban II. beim Genuesen Caffaro zum Kreuzzugsaufruf aufgefordert. Nach einer gemeinsamen Jerusalemwallfahrt beschliessen Gottfried und Robert von Flandern, eine Versammlung in Le Puy zur Hilfe für das Heilige Land abzuhalten. Am dritten Tag einer Vorbesprechung von 12 Leuten erhält der genannte Bartholomäus im Traum den Auftrag des Erzengels Gabriel, zum Bischof von Le Puy zu gehen, der ihn zusammen mit einem eigenen Boten zum Papst schicken solle, damit er den *iter Iherosolimitanum* mit einem Sündenablass ausrufen möge[13].

Auf einer ganz anderen Ebene bewegen wir uns bei Gottfried von Bouillon[14]. Wieder bei Albert von Aachen hört man, dass vor dem Kreuzzug ein Diener im Traum eine Himmelsleiter sah, die der Herzog mit seinem Mundschenk zu besteigen begann, doch wurde der Mundschenk auf halbem Weg durch das Erlöschen seiner Fackel zur Umkehr gezwungen, während der Diener daraufhin mit seiner Fackel erfolgreich bis an das obere Ende stieg und sich mit Gottfried im Himmelssaal zu Tisch setzen durfte. Ebenso wird in einer zweiten Erzählung noch vor dem Kreuzzug der Ritter Ezelo bei einer Jagd im Walde von Müdigkeit übermannt, auf den Sinai versetzt, wo zwei Gestalten in priesterlichen Gewändern den Herzog als *dux et praeceptor populi Christiani*, Führer und Lehrer des Christenvolkes, begrüssen. In einer

---

13 Caffaro, *Liberatio Orientis*, ed. Belgrano, Fonti per la Storia d'Italia 11, Roma 1890, S. 100.

14 Zu Gottfried vgl. John C. Andressohn, *The Ancestry and Life of Godfrey of Bouillon*, Indiana 1947, ND. New York 1972, der auf die sagenhaften Züge nicht eingeht. Die schöne Arbeit von G. Waeger, *Gottfried von Bouillon in der Historiographie*, Zürich 1969, berührt die zeitgenössischen Berichte und Urteile nur am Rande.

dritten Vision schliesslich sieht sieben Monate nach Gottfrieds Aufbruch ein Kanoniker der Marienkirche in Aachen im Schlaf den Herzog in der Sonne sitzen, umgeben von allen Vögeln des Himmels. Ein Teil von diesen entfernt sich Gruppe um Gruppe, der grössere Teil bleibt an seiner Seite, bis kurz darauf die Sonne sich verdunkelt, der Thron leer wird und auch die restlichen Vögel davonfliegen[15]: drei klasssiche Oracula, die auf die Zukunft weisen, die beiden ersten, als der Kreuzzug noch gar nicht in Sicht, das dritte, als Gottfried bereits unterwegs war.

Damit steht ein Traum in Jerusalem am Anfang der Kreuzzüge, wie Träume bereits vor der Ausrufung bzw. ohne Kenntnis über den Ausgang des ersten Zuges bei den Zurückgebliebenen den ersten Herrscher des Königreichs Jerusalem bestimmen: Kreuzzug und Traum gehören offensichtlich eng zusammen. Es sollen im folgenden ausschliesslich Träume und Visionen Schlafender eine Rolle spielen, ob es sich nach den Kategorien von Artemidor und Macrobius um *oracula, somnia* oder *visiones* handelt[16] – wobei unsere Quellen die dort gemachten Unterscheidungen nicht mehr kennen, sondern die Begriffe synonym verwenden –, während Visionen wacher Menschen oder kollektiver "Empfänger" wie des ganzen Kreuzfahrerheeres oder auch der feindlichen Heere während einer Schlacht nicht berücksichtigt werden[17].

Von Clermont bis zum Frühjahr 1098 ist der Kreuzzug freilich von Träumen und Traumvisionen frei. Sie beschränken sich auffälligerweise auf die erwähnten Beispiele vor dem Aufbruch und auf die etwas mehr als 13 Monate von der Belagerung in Antiochia bis zur Eroberung Jerusalems. Mit ihr bricht die Erwähnung von Träumen und Visionen, die zum Kreuzzugsgeschehen gehören, von vereinzelten Ausnahmen abgesehen, ebenso schlagartig ab. Dabei sind es die gleichen Berichterstatter, Albert von Aachen,

15 Albert von Aachen VI 26 S. 481, VI 34 S. 486 und VI 36 S. 487, cf. Alphandéry (wie Anm. 22) I, S. 125.

16 Vgl. auch Haubrichs (wie Anm. 10) S. 243, und vor allem der Beitrag von Bernd Manuwald in diesem Band.

17 Vgl. die Zusammenstellung bei Rousset, *L'origine et le caractère de la première croisade* (wie Anm. 22), S. 91-93.

Fulcher von Chartres, später Wilhelm von Tyrus, die zuerst transzendentalen Erscheinungen zum Teil breiten Raum gewährt haben, nun zu einem völlig nüchternen Stil übergehen, politische, militärische, kirchliche Fakten berichten, Reflexionen über Gut und Böse einfliessen lassen, aber keinen Platz für übersinnliche Eingriffe mehr zu haben scheinen. Aus dem eschatologischen Kreuzzug wird ein irdisches Geschehen[18]. Nach nur vier Jahren erfüllte sich bereits der Satz Péguys "Tout commence en mystique et tout finit en politique", denn in vieler Hinsicht war der erste Kreuzzug der einzige wirkliche Kreuzzug[19].

Diese Absenz von Träumen gilt erstaunlicherweise auch für die folgenden Kreuzzüge: weder Ludwig VII. noch Konrad III., weder Philipp II. Augustus, Richard Löwenherz noch Friedrich Barbarossa werden durch eigene oder Träume anderer zum Aufbruch bewogen, sondern sie handeln als rationale Herrscher, wie auch keiner der zum Kreuzzug aufrufenden Päpste Urban II., Eugen III., Urban III. und Gregor VIII. aufgrund von eigenen Träumen reagiert. Von einer Erscheinung des Hl. Georg vor der Schlacht bei Ikonium im Mai 1190 abgesehen[20], verlaufen die Kreuzzüge nun ohne Träume. Wo nach dem ersten Kreuzzug Visionen auftreten, handelt es sich um die Kreuzzugspredigt wie etwa für den Kölner Scholaster Oliver von Paderborn in Friesland, für Jakob von Vitry in Flandern, und es sind Himmelserscheinungen am hellichten Tag, vor einer grossen Menge, nicht nächtliche Eingebungen an einen Einzelnen[21]. Sie gehören einer anderen Kategorie an. Wir können uns daher im folgenden, was Traum und Traumvisionen angeht, auf den ersten Kreuzzug beschränken.

---

18 Vgl. dazu auch R. Hiestand, "Il cronista medievale della prima crociata e il suo pubblico", *Annali della Facoltà di Lettere e Filosofia di Napoli* 27 (1984-85), S. 207-27.

19 Vgl. zuletzt Rousset, *Histoire d'une idéologie* (wie Anm. 22), S. 18f.

20 Jakob von Acqui, *Chronica*, Mon. Germ. Script. rer. Germ., ed. O. Holder-Egger, Hannover 1892, S. 93; hier Friedrich I., in anderen Quellen wird die Erscheinung Bischof Gottfried von Würzburg zugeschrieben.

21 Zu Oliver R. Hiestand, in *Jahrbuch des Kölnischen Geschichtsvereins* 58 (1987), S. 1-34.

* * *

Doch zuerst viel allgemeiner: Der Kreuzzug – ein Traum? Historisch ist der Kreuzzug als Handlung gewiss nicht als Traum zu bezeichnen, als ob man heute erklären könnte, es hätte ihn nie gegeben. Dass die Kreuzzüge eine Realität der abendländischen Geschichte vom Ende des 11. bis zum Ende des 13. Jahrhunderts waren und den Nahen Osten bis heute tief geprägt haben, ist evident. Doch die Frage könnte sich stellen, wie weit er als Idee ein Traum, eine Chimäre war, wie wir für andere Zeiten von Träumen, sei es etwa der Weltherrschaft oder einer ewigen Friedensordnung, sprechen.

Langfristig hat der Kreuzzug das militärisch-politische Ziel nicht erreicht: das Heilige Land, von 1099 an gewonnen, war 1291 endgültig, Jerusalem schon nach 88 Jahren wieder in die Hände der Gegner zurückgefallen. Aus dem Abstand von 700 bis 900 Jahren scheint uns dies als eine kurze Epoche. Doch der Historiker darf sich davon nicht in die Irre führen lassen: haben wir nicht eben miterlebt, wie sich das, was noch mindestens für Jahre hinzunehmende Tatsache schien, in wenigen Monaten anders darstellte?

Der Kreuzzug – ein Traum? Um dieser Frage näher zu kommen, sei einmal nicht wie in der berühmten Untersuchung von Carl Erdmann (1935) zwischen Marschziel und Kriegsziel, sondern zwischen dem Ziel des Kreuzzuges als militärisch-politischem Unternehmen und dem ideellen Anliegen getrennt, das die Initiatoren und Propagatoren leitete. Paul Alphandéry hat in Vorlesungen am Collège de France zum ersten Mal dieser inneren Geschichte des Kreuzzuges näherzukommen versucht. Manches von seinen Fragestellungen ist von Paul Rousset, Etienne Delaruelle, Hans Eberhard Mayer und Jonathan Riley-Smith aufgenommen worden[22], aber immer noch steht die äussere Geschichte

22 C. Erdmann, *Die Entstehung des Kreuzzugsgedankens*, Stuttgart 1935, vor allem S. 307; P. Alphandéry, *La chrétienté et l'idée de croisade*, I-II, Paris 1954-59; P. Rousset, *Les origines et les caractères de la première croisade*, Neuchâtel 1945; ders., *Histoire d'une idéologie.* La

des Kreuzzuges in der Forschung im Vordergrund. Dies ist berechtigt, weil erst aus einer zuverlässigen Kenntnis der Fakten die zweite Ebene erfasst werden kann. Mit aller Vorsicht mögen daher gestützt auf diese Arbeiten einige skizzenhafte Überlegungen angefügt werden.

Unsere Frage soll also lauten: Wie weit lassen sich in den Kreuzzügen neben dem äusseren Misserfolg nichtverwirklichte Ideen erkennen, Ideen, die "Träume" blieben? Was Albert von Aachen über die Entstehung des ersten Kreuzzuges berichtet, war bereits nachträgliche Interpretation. Wir wissen heute, dass das äussere Ziel Urbans II. nicht der Gründung von Kreuzfahrerstaaten und einer lateinischen Kirche im Osten galt, sondern einer Hilfe für Basileus und griechische Kirche unter byzantinischer Führung[23]. Doch das eigentliche Anliegen war dies nicht. Liest man die frühen Fassungen der Rede von Clermont, so wird der innerabendländische Aspekt deutlich: kurz gefasst die Sorge um den Frieden, der Versuch, die aggressive Aktivität im Inneren dadurch in den Griff zu bekommen, dass man ihr durch eine Wendung nach aussen ein neues Wirkungsfeld schuf. Damit wurde der Kreuzzug zum Element der von der Kirche getragenen Pax-Bewegung, in die sie die Laiengesellschaft zwingen wollte. Im Inneren Frieden schaffen, Krieg nach aussen tragen, wenn es denn überhaupt Krieg geben musste[24], bedeutete re-

---

croisade, Lausanne 1983; E. Delaruelle, *L'idée de croisade au moyen âge*, Torino 1980; H.E. Mayer, *Geschichte der Kreuzzüge*, Stuttgart 6. Aufl. 1985, S. 13-40 und ders., "Probleme moderner Kreuzugsforschung", *Vierteljahreshefte für Sozial- und Wirtschaftsgeschichte* 50 (1963), S. 505-13. Riley-Smith wie folgende Anm.

23 Über die Ziele des ersten Kreuzzuges vgl. aus den letzten Jahren vor allem Mayer, *Geschichte der Kreuzzüge*, S. 13-41; H.E.J. Cowdrey, "Pope Urban's II Preaching of the First Crusade", *History* 55 (1970), S. 177-88; E. Blake, "The Formation of the Crusade Idea", *Journal of Ecclesiastical History* 21 (1970), S. 11-31; J. Riley-Smith, *The First Crusade*, London 1986; Rousset, *Histoire d'une idéologie*, S. 41-44.

24 Vgl. die Wiedergabe der Rede Urbans II. in Clermont bei Fulcher von Chartres, *Historia Hierosolymitana* (künftig Fulcher) I 3, ed. H. Hagenmeyer, Heidelberg 1913, S. 130; R. Hiestand, "Kreuzzug und Friedensidee", in *Frieden in Geschichte und Gegenwart*, Düsseldorf 1985

ligiös ein Stück kollektiver Selbstreinigung der Gesellschaft, die, von den Zeitgenossen durchaus richtig verstanden, in einen enthusiastischen, positiven Aufbruch mündete. Denn es verband sich damit rasch der Glaube, das himmlische Jerusalem im irdischen Jerusalem finden zu können[25]. Natürlich wissen wir heute, dass dieses Ziel in doppeltem Sinne ein Traum blieb, die Fehden wurden nicht beendet, und nicht die Kirche, sondern das Königtum, das eben aus der kirchlichen Sphäre abgedrängt worden war, griff die Ansätze zu einer wirklichen Friedensordnung auf. Fassen wir es einmal so: Urbans II. Hoffnung, sein "Traum" einer besseren Welt, erfüllte sich durch den ersten Kreuzzug nicht, was er dagegen nicht zu hoffen gewagt, in Clermont eben nicht einmal "geträumt" hatte, die Befreiung der heiligen Stätten, ging am 15. Juli 1099 in Erfüllung, von ihm zeitlich noch miterlebt, aber aus Gründen der damaligen technischen Möglichkeit nicht mehr zur Kenntnis genommen, ehe er vierzehn Tage später starb.

Unter ganz anderen Vorzeichen stand der zweite Kreuzzug[26]. Der Fall von Edessa an Weihnachten 1144 wurde nur Vorwand und die Rückgewinnung in der Folge nicht ernsthaft versucht. Treibend war zuerst König Ludwig VII., der einerseits als Sühne für die Brandtat von Vitry, andererseits in Erfüllung des Gelübdes seines 1131 verstorbenen Bruders Philipp eine Wallfahrt unternehmen wollte, für die er die französischen Kreuzfahrer, besser sein Reich als Zeugen brauchte. Sein Interesse an militärischen Aktionen war gering, und er kehrte nach der Absolvierung der Pilgerpflichten zurück. Der Aufbruch in Massen war das Werk Bernhards von Clairvaux. Dies überrascht umso mehr, als der

---

(Kultur und Erkenntnis 1), S. 46-57; Rousset, *Histoire d'une idéologie*, S. 34-44.

25 Alphandéry I, S. 35f., 67. Vgl. Blake und Cowdrey (beide wie Anm. 23); S. Mähl, "Jerusalem in mittelalterlicher Sicht", in *Die Welt als Geschichte* 22 (1962), S. 11-26.

26 Vgl. unter unserem Gesichtspunkt v.a. Alphandéry I, S. 168ff.; H. Glaser, "Das Scheitern des zweiten Kreuzzuges als heilsgeschichtliches Ereignis", in *Festschrift für Max Spindler*, München 1969, S. 115-42; G. Constable, "The Second Crusade as Seen by Contemporaries", *Traditio* 9 (1953), S. 213-79; Rousset, *Histoire d'une idéologie*, S. 67-71.

Zisterzienserabt in Wirklichkeit dem Kreuzzug gegenüber sehr zurückhaltend, ja ablehnend war und seit langem Ratsuchende von einer Reise nach Jerusalem abzuhalten gesucht hatte[27]. Nur wegen der nach handgreiflicher Realität suchenden Umwelt war er bereit, den Zug nach Jerusalem als Bild für den Weg zum himmlischen Jerusalem zu akzeptieren, um das es ihm in Wirklichkeit ging. So stellte sich das seltsame Ergebnis ein, dass Bernhard, der an das irdische Jerusalem keine irgendwie geartete Heilserwartung knüpfte, derjenige mittelalterliche Mensch geworden ist, der als Individuum wohl die meisten Menschen zum Aufbruch nach eben diesem für ihn nebensächlichen Ziel bewog. Es wurde ein Akt der "évasion collective", jedoch nicht mit dem Blick auf die Gesamtheit, sondern zu einer Selbstheiligung eines jeden für sich als Individuum, die Bernhard den Teilnehmern auferlegen wollte[28]. Dieses Ziel der Umkehr wurde nicht erreicht, Rivalitäten und Selbstsucht bestimmten den Kreuzzug und riefen sein "Scheitern" hervor. Die Bereitschaft zur Selbstentäusserung fehlte. Der Weg hatte von der kollektiven Ausstossung des Bösen aus der Gesellschaft zum individuellen Weg nach dem irdischen Jerusalem in der Form des Kreuzzuges geführt, weil realistisch gesehen nicht alle Menschen zum Eintritt in das Kloster als dem realen Ort des wahren Jerusalem gewonnen werden konnten. Hatte der erste Kreuzzug sein innergesellschaftliches Ziel nicht erreicht, aber äusserlich Erfolg gehabt, so wurde beim zweiten Kreuzzug das äussere Ziel verfehlt, doch Ludwig VII. hatte seine Wallfahrt hinter sich gebracht. Freilich in grösserem Umfang war auch das innere Ziel nicht erreicht worden, es blieb wieder ein Traum.

Ähnliches gilt für den dritten Kreuzzug. Nach der Schlacht von Hattin und dem Fall Jerusalems am 2. Oktober 1187 galt es zu erklären, weshalb der Erfolg des ersten Kreuzzuges nach

27 Vgl. vor allem G. Constable, "Monachisme et pèlerinage au Moyen Age", *Revue historique* 268 (1977), S. 3-27; ders., "Opposition to pilgrimage in the Middle Ages", *Studia Gratiana* 19 (1976), S. 125-46.

28 Alphandéry I, S. 173ff.

göttlichem Plan zunichte gemacht worden war[29]. Es konnte nicht am Einzelnen liegen, war nicht die unerfüllte Wallfahrt, sondern – gemäss der im 11. Jahrhundert aufkommenden, nach dem zweiten Kreuzzug sich verbreitenden Formel *peccatis nostris exigentibus*, “weil unsere Sünden es fordern” – modern gesprochen eine “Kollektivschuld” der *Christianitas*[30]. Die Sündhaftigkeit ganz allgemein stand als Problem an. Damit wurde das Ziel konzeptionell negativ, nicht Frieden zu schaffen, sondern die Gnade Gottes wiederzugewinnen. Es folgte ein Busszug und zwar der ganzen *Christianitas* in einem bisher räumlich nie erreichten Umfang unter Einschluss von England, Wales, Skandinavien, Ungarn, in dem es um das Heil der Kirche als Ganzes, nicht des Einzelnen gehen sollte. In den Vordergrund traten freilich die Könige, und das hiess die politischen Einheiten: Friedrich Barbarossa, Philipp II. Augustus, Richard Löwenherz. Doch der Kreuzzug scheiterte abgesehen von der Rückeroberung Akkons. Da zum ersten Mal der äussere Erfolg unmittelbar an das innere Ziel gekoppelt war, wurde es ein Scheitern auf beiden Ebenen. Und die mit Barbarossa verknüpften messianisch-eschatologischen Hoffnungen auf den Endkaiser, in Frankreich schon vor dem zweiten Kreuzzug auf Ludwig VII. bezogen, endeten im Saleph. Statt den jahrhundertealten, auf Vorstellungen der erythreischen Sibylle zurückgehenden Mythos zu erfüllen, den Traum zur Wirklichkeit zu machen, verschwand der Kaiser durch die Übertragung einer zuerst auf Friedrich II. bezogenen Legende im Kyffhäuser und wurde seinerseits zu einem für Jahrhunderte lebendigen, geschichtstreibenden Mythos[31]. Das eigentliche Ziel des Kreuzzuges, diesmal die Selbsterlösung der abendländischen christli-

29 Vgl. die Kreuzzugsaufrufe Gregors VIII. “Audita tremendi severitate” (JL. 16019) und “Numquam melius superni” (JL. 16018). Zum dritten Kreuzzug allgemein Alphandéry II, S. 1-32.

30 Vgl. dazu P. Rousset, “La croyance en la justice immanente à l'époque féodale”, *Le Moyen Age* 54 (1948), S. 225-248, vor allem S. 243.

31 Vgl. E. Eickhoff, *Friedrich Barbarossa im Orient.* Kreuzzug und Tod Friedrichs I., Tübingen 1977, S. 171f.; F. Graus, *Lebendige Vergangenheit.* Überlieferung im Mittelalter, Köln-Wien 1975, S. 343-51; Alphandéry II, S. 8-15.

chen Gesellschaft, hatte sich als Traum erwiesen, dem man vergeblich nachgejagt war.

Da die Könige gescheitert waren, auch der Kreuzzug Heinrichs VI. keinen wirklichen Erfolg gebracht hatte, der eben nur Jerusalem heissen konnte, folgte der Versuch des Papsttums, unter eigener Führung das Ziel zu erreichen[32]. Die tragende Idee blieb die gleiche, denn ohne die Rückgewinnung Jerusalems war die Busse nicht vollbracht, die *Christianitas* nicht mit Gott versöhnt. Zuerst – für den vierten Kreuzzug – sollte die Führung noch in Stellvertretung unter Mitwirkung von Kardinälen als Legaten erfolgen. So erfreut man sich nach der Eroberung Konstantinopels über die angeblich wiederhergestellte Einheit mit den Griechen zeigte, war für die eigentliche Sache nichts gewonnen, und die Prestigeeinbusse blieb unübersehbar. Daher wollte Innozenz III. für den zweiten von ihm organisierten Kreuzzug die Führung in Person übernehmen. Das Papsttum spielte die ganze Autorität aus, wenn unter seiner unmittelbaren Führung die *Christianitas* den Kreuzzug vollenden sollte[33]. Es war zweifellos eine beeindruckende Perspektive, den römischen Bischof, der – vom unglücklichen Vigilius 553 abgesehen – nie an einem der acht ökumenischen Konzile im Osten teilgenommen hatte – nun in das Heilige Land ziehen zu wissen. War es Tragik oder eher eine gütige Wendung, dass der Tod den Papst im Juli 1216 kurz vor dem Aufbruch ereilte? Sein gefledderter Leichnam, nackt im Dom von Perugia aufgebahrt, wurde jedenfalls auch zum Symbol für einen gescheiterten Traum.

Zwischen diese beiden Kreuzzüge fällt jener stets die Phantasie bewegende Zug von "Kindern", genauer freilich jungen Leuten, *pueri*, die reinen Herzens den grossen Erfolg erreichen zu können wähnten. Züge von Leuten niederer Herkunft mit der gleichen Idee schlossen sich an, alle ohne Erfolg[34]. Es war aus-

32 Alphandéry II, S. 41-73; H. Roscher, *Innozenz III. und der Kreuzzug*, Göttingen 1969.

33 Alphandéry II, S. 149-63.

34 Zum Kinderkreuzzug von 1212 vgl. Alphandéry II, S. 115-148; U. Gäbler, "Der 'Kinderkreuzzug' von 1212", *Schweizerische Zeitschrift für*

gerechnet der rationalste, kühlste von allen Kreuzzügen, der im Jahre 1229 Jerusalem zurückgewann – gegen das Papsttum und unter kirchlichem Bann. Von weitreichenden religiösen Plänen wird man dabei kaum sprechen können, und Verlierer war die Kirche. Doch auch Friedrich II. blieb die Verbindung des Königreichs Jerusalem mit der Kaiserkrone und den eschatologischen Implikationen auf Dauer verwehrt[35]. Nicht völlig zu Unrecht sieht Alphandéry mit ihm das Ende der Kreuzzüge für gekommen.

So erweist sich vom ersten bis zum fünften Kreuzzug die als Basis für Propaganda und Unternehmen jeweils tragende Idee als unerfüllter, immer mehr als unerfüllbarer Traum, bis nach zweihundert Jahren selbst das geographische Ziel wieder verloren war. Wir könnten daher formulieren, dass zwar jeder Kreuzzug einen anderen, seinen eigenen Traum als Ziel hatte, keiner von ihnen sich aber je verwirklichte, aber auch, dass der Kreuzzug eine historische Erscheinung ist, in der die tiefsten Wünsche, die "Träume" der Zeit sich offenbarten. Und doch wäre diese Sicht ganz offensichtlich verkürzt, denn dieselben Ideen, die im Kreuzzug ohne Erfüllung blieben, haben tief auf ihre Zeit eingewirkt. Dies würde zu einem anderen Diskurs über das Thema führen, was die Kreuzzüge der abendländischen Welt gebracht haben. Eines aber dürfen wir nicht übersehen. Zugrunde lag den Kreuzzügen die Suche des mittelalterlichen Menschen nach dem Heil. Da sowohl die diesem Ziele untergeordnete Teilnahme als auch vor allem ein Tod während des Kreuzzuges von der Kirche mit dem Ablass, zum Teil sogar mit dem Plenarablass versehen worden war, öffnete selbst die Teilnahme an einem erfolglosen Kreuzzug, auch wenn das Erreichen des irdischen Jerusalems Traum blieb, dem Menschen *realiter*, so wie es die Vision an Peter den Einsiedler verkündet hatte, die Türen zum himmlischen Jerusalem.

Geschichte 28 (1978), S. 1-14; P. Raedts, "The Children's Crusade of 1212", *Journal of Mediaeval History* 3 (1977), S. 279-323.

35 Alphandéry II, S. 196-98. Vgl. zur sog. Selbstkrönung H.E. Mayer, "Das Pontifikale von Tyrus", *Dumbarton Oaks Papers* 21 (1967), S. 200-10.

* * *

Kehren wir zu den wirklichen Träumen zurück. Es bleibt die Frage, wie weit Träume auf den Verlauf der Kreuzzüge Einfluss gehabt haben. Wie angedeutet, überliefern die Quellen vom Juni 1098 bis zur Eroberung Jerusalems eine lange Sequenz von Visionen und Träumen. Sie setzten unmittelbar nach der Eroberung Antiochias ein. Am Morgen des 11. Juni 1098 berichtete ein Priester Stephan den Fürsten, dass Christus sie auffordere, Vertrauen in ihn zu bewahren. Als Folge legten sie öffentlich einen Eid ab, eher sterben zu wollen als zu fliehen[36]. Dies war ein wichtiges psychologisches Zeichen, nachdem in der Nacht zuvor eine allgemeine Fluchtbewegung eingesetzt hatte. Und am Tage darauf meldete sich ein anderer Provenzale namens Petrus Bartholomäus und wies auf Grund von Visionen auf die in der Kathedrale der Ausgrabung harrende heilige Lanze[37]. Das zentrale Heiltum des ersten Kreuzzugs war in die Diskussion geworfen.

Ein kleiner Priester und ein einfacher Kreuzfahrer erhalten eine Schlüsselstellung. Seit langem hat die Forschung erkannt, dass im ersten Kreuzzug zum ersten Mal im Mittelalter nicht nur "die kleinen Leute" bestimmend in den Lauf der Ereignisse eingreifen, sondern auch zum ersten Mal eine Geschichtsschreibung das Denken dieser Leute widerspiegelt, allen voran der Bericht eines Klerikers aus Südfrankreich oder Unteritalien, der dann viele Überarbeitungen erfuhr. Damit sind die Voraussetzungen gut, einen Einblick in die Mentalität der kleinen Kreuzfahrer zu erlangen. Doch nicht den *Gesta* des Anonymus, sondern dem Kreuzzugsbericht Raimunds von Aguilers, eines Kaplans Raimunds von Saint-Gilles, verdanken wir die grösste Zahl von Visionen und Träumen[38]. Dies hängt mit dessen Verwicklung in die Auseinandersetzungen um die heilige Lanze zusammen, die

36 *Gesta Francorum*, ed. R. Hill, Oxford 1956, S. 57.

37 Ebd., S. 59.

38 *Le Liber de Raymond d'Aguilers* (künftig Raimund), ed. J.H. Hill-L.L. Hill, Paris 1969.

überwiegend mit Hilfe von Visionen geführt wurden. Raimund von Aguilers gibt uns dabei ein eigentliches Dossier, in dem die Berichte über solche Visionen zum Teil in der Form schriftlicher Prozessaussagen mit mehrgliedriger Datierung und Beglaubigung wiedergegeben werden[39].

Statt nun diese Träume und Traumvisionen einzeln zu untersuchen, sollen sie unter eher systematischen Gesichtspunkten erfasst werden. Von vorneherein fällt auf, dass ihre Zahl eigentlich gering ist. An Träumen im engeren Sinne, die einer Interpretation bedürfen, sind es nur vier oder fünf. In allen anderen Fällen handelt es sich um Visionen, in denen Christus, Maria, ein Apostel – Petrus und/oder Andreas –, dann auch Heilige wie Agathe, Nikolaus, Georg, auch eine ungenannt bleibende Heilige, daneben kurz zuvor auf dem Kreuzzug verstorbene Personen wie vor allem Adhemar von Le Puy im Traum erscheinen und allgemeine Handlungsanweisungen oder spezielle Aufträge erteilen. Bei den eigentlichen Träumen handelt es sich fast ausschliesslich um *oracula*, wenn etwa die Mutter Gottfrieds Ida zu ihrem tiefen Erschrecken die auf der Grabeskirche befindliche Christusstatue sich verneigen sieht, was ihr dann ein frommer Mann dahin deutet, dass ihr ungeborener Sohn Jerusalem befreien werde[40]. Ähnliches gilt für die drei bereits erwähnten Träume, die sich auf Gottfried beziehen. *oracula* sind auch eine Ankündigung des bevorstehenden Todes an den kleinen Adligen Anselm von Ribemont und die Warnung eines türkischen Emirs vor Joscelin von Edessa, eines der wenigen Beispiele aus der Zeit nach dem ersten Kreuzzug[41].

Weit über die Hälfte aller Träume und Visionen, die uns überliefert werden, konzentriert sich auf die wenigen Wochen der Belagerung der Kreuzfahrer in Antiochia durch die Türken und die Auseinandersetzungen um die Heilige Lanze. Vom Verlauf des Kreuzuges her sicher kein Zufall, fallen sie in die militärische

39 Ebd., S. 68-76, 112-29 als Zeugenaussage der Bericht des Petrus Bartholomäus vor Archas.

40 Raimund von Aguilers cod. F, ed. Recueil III, Paris 1866, S. 308.

41 Raimund, S. 108f. und Fulcher III 24, 1, S. 680.

Krise, in der sich entschied, ob das Unternehmen weitergehen oder in einer totalen Katastrophe mit der Vernichtung des Heeres enden werde.

Von den *personae dramatis* her fällt auf, dass keiner der Führer des Kreuzzuges dazu zählt: weder der Papst noch der Legat Adhemar noch Raimund von St-Gilles, Bohemund von Tarent oder Gottfried von Bouillon haben je einen Traum oder eine Vision. Päpste und weltliche Führer träumen auf dem Kreuzzug nicht[42]. Es sind kleine Leute, Priester wie jener Stephan, Kleriker wie der Kanonikus von Aachen mit der Vision über die künftige Herrscherrolle Gottfrieds, daneben einfache Pilger, wie der als *quidam* bezeichnete Petrus Bartholomäus, Ritter wie Anselm von Ribemont. Auch Petrus Eremita ist zum Zeitpunkt seiner Vision in der Grabeskirche nur ein Pilger. Das ändert sich freilich in den Chansons de Geste, wo Charlemagne selber dreimal im Traum der Auftrag erteilt wird, ins Heilige Land zu ziehen[43]. In unserem Zusammenhang lasssen sich nur zwei Ausnahmen nennen, der Erzbischof Hugo von Lyon, päpstlicher Legat auf den Kreuzzug von 1101, der sich über seine Stellung im Jenseits vergewissern will, und Gottfrieds Mutter Ida. Doch der Erzbischof hütet sich, seine Vision bekanntzugeben, ehe er auf dem Totenbett liegt[44], und die später in das Epos übergehende Weissagung an Ida über das noch ungeborene Kind gehört in einen topischen Motivvorrat. Sie ist zugleich die einzige Frau, die in unserem Zusammenhang auftritt: der Kreuzzug ist – sicher nicht überraschend – als ein kriegerisches Unternehmen vor allem eine Männersache, auch in bezug auf Träume!

Wenn es sich meist um je einen Traum handelt, so gibt es signifikante Ausnahmen. Im Zusammenhang mit der Lanzenge-

---

42 Vgl. dagegen Haubrichs (wie Anm. 10), S. 249, der festhält, dass Gott üblicherweise *sanctos homines* im Schlaf heimsucht.

43 *Pèlerinage de Charlemagne* v. 68-71, ed. P. Aebischer, Genève 1965, cf. H. Braet, *Le songe dans la Chanson de Geste au XIIe siècle*, Gent 1975 (Romanica Gandensia 15), S. 69f., geht aber auf die *Chanson d'Antioche* kaum ein.

44 Raimund Handschrift F, ed. Recueil, S. 308.

schichte, die ihm letztlich das Leben kosten wird, hat Petrus Bartholomäus schon bei seinem ersten Auftreten über vier nächtliche Visionen zu berichten, die er lokal und zeitlich genau einordnen kann[45], während es sich bei der fünften und letzten um eine Vision am Tage handelt, als er halbtot vor Angst und zitternd auf einem Stein sitzt. Genau genommen sind es Bestätigungsvisionen, weil er den ersten Auftrag nicht ausgeführt hat[46]. Nach dem Lanzenfund erhält er weitere Aufträge des Apostels für das Heer, zweimal vor der Schlacht gegen die Türken unter Kerboga, und sogleich nach dem Tode Adhemars beginnt ihm dieser zu erscheinen, um Reue über seinen Unglauben an die Lanze zu bekunden. Stets geht es um die Lanze, wobei einmal auch ein Simon, der Bischof von Apt und der Chronist Raimund von Aguilers selbst beteiligt sind. Wiederum die Apostel Petrus und Andreas erscheinen dem Petrus Bartholomäus, als die Belagerung von Marra stockt und sie ihn in der *capella comitis* um Mitternacht aufwecken. Eine letzte Vision, wenige Tage vor der Feuerprobe, soll ihn über eigene und lautgewordene Zweifel anderer hinwegführen[47]. Anders steht es mit einem zweiten Provenzalen namens Petrus Desiderii, der zum ersten Mal gleichfalls in der Lanzenfrage bestätigend eingreift, dann aber bis vor die Mauern Jerusalem immer wieder über Offenbarungen zu berichten weiss, die zum Teil wie für Petrus Bartholomäus den Apostel Andreas als Gegenüber haben, daneben den verstorbenen Legaten Adhemar, dessen Ansichten zu den aktuellen Problemen er vermittelt. Er überbringt dem Grafen von St-Gilles Trostworte wegen der abgebrochenen Belagerung von Archas und verheisst ihm den Gewinn von Alexandrien und *Babylonia* (Kairo). Noch in Antiochia erhält er den Auftrag, die Reliquien von vier Heiligen nach Jerusalem mitzunehmen, und schliesslich greift während der Belagerung von Jerusalem Adhemar über ihn mit einem Befehl zu

45 Raimund, S. 68: *Andreas ... me quater olim monuit.*
46 Mehrfache Visionen hat auch Stephan de Valence, ebd., S. 72, 117 und 127f.
47 Ebd., S. 64, 75, 77f., 89, 95-97, 112.

Busse und Prozessionen ein[48]. Wie Petrus Bartholomäus ist er sozusagen ein ständiger "Träumer" geworden, der gelegentlich fast auf Bestellung mit seinem Apostel in Kontakt steht und Bestätigungen und Weisungen erhält. Man erinnert sich lebhaft an Zeitungen südlicher Länder, wo solche regelmässigen Kontakte mit dem Jenseits bis heute eine grosse Rolle spielen, oft nicht weniger absichtsvoll als es vor Antiochia und Arka geschah.

Nicht nur die Kreuzfahrer werden von Träumen heimgesucht. Während der Belagerung von Antiochia erscheint Christus dem gegnerischen Befehlshaber Firuz und befiehlt ihm, die Stadt den Christen zu übergeben[49], und der Emir Balak sieht im Jahre 1123 im Traum den Grafen Joscelin von Edessa, der ihm die Augen aussticht[50]. Während Firuz sich an seinen Vorgesetzten wendet, von diesem aber als Dummkopf ausgelacht wird, der doch nicht etwa einem Geist (*spiritus*) anheimfallen werde: *"Numquid non phantasmati, brute, vis oboedire?"*, berät sich Balak mit seinen "Priestern", die ihm die Beseitigung Joscelins nahelegen, jedoch zu spät, da dieser bereits aus der Haft entwichen ist. Wenn der Kontext dieser zweiten Vision unklar bleibt, weil Balaks Ende nichts mit Joscelin zu tun hat, wird durch die erste Vision Firuz vom Verräter zum Vollstrecker eines göttlichen Auftrages; gleichzeitig wird Bohemund von dem möglichen Vorwurf befreit, aus Gewinnsucht den Kontakt mit einem Ungläubigen aufgenommen zu haben. Sachlich und formal unterscheiden sich beide Träume jedoch nicht von anderen.

Da es sich vorwiegend um kleine Leute handelt, die nicht von vorneherein *auctoritas* besitzen, Träume andererseits offenkundig stets auf eine erhebliche Skepsis treffen, wie die Firuz-Geschichte zeigt, spielt die Frage der Beglaubigung immer wieder eine Rolle. Die Träumenden wagen es wegen *paupertas* usw. zuerst nicht,

---

48 Ebd., S. 116, 131 und 144.

49 Fulcher I 17, S. 230ff. Guibert von Nogent, *Dei Gesta per Francos* VII 33, ed. Recueil IV, Paris 1879, S. 251, weist diese Traumgeschichte als im Widerspruch zu anderen Berichten zurück.

50 Fulcher III 24, 1, S. 680f.; verkürzt in Lisiard c. 38, Recueil III, S. 584.

den Auftrag zu erfüllen[51], sind auch selber misstrauisch, ob sie nicht Opfer einer Gaukelei geworden sind. Petrus Bartholomäus erklärt daher in einer Version sofort, er werde den Auftrag erst ausführen, wenn er noch ein zweites und ein drittes Mal wiederholt worden sei[52]. Erst beim zweiten, bei Raimund von Aguilers gar beim fünften Mal, als er im Kampfe mit zwei Berittenen beinahe erstickt war und dann auf einem Steine sitzend den Heiligen wieder gesehen hatte, überwindet er sich, zu den Führern zu gehen[53]. Die wiederholte Aufforderung unter Hinweis auf die Nichterfüllung des vorangehenden Auftrags erhöht die eigene Gewissheit über die "Echtheit", sie erhöht auch die Glaubwürdigkeit bei der Weitergabe, vor allem wenn der Inhalt noch ausserhalb des aktuellen Erfahrungshorizontes liegt. Denn in der Version der *Gesta* setzt die erste Aufforderung an Stephan zum Ausharren in Antiochia den noch gar nicht eingetretenen Gewinn der Stadt voraus, und ähnliches gilt für die erste Vision des Petrus Bartholomäus, der in die Stadt entrückt werden muss, um die Stelle des künftigen Lanzenfundes zu erfahren. Ebenso verhält es sich mit den Visionen um Gottfried, war doch zur Zeit seiner Geburt die Kreuzzugsidee noch gar nicht entstanden.

Aufschlussreich für die Frage der Beglaubigung ist das bereits öfters herangezogene Lanzendossier. Petrus Bartholomäus wird vom *peregrinus* bzw. vom *pauper rusticus* und *iuvenis* in einzelnen Berichten zum *clericus* "aufgewertet"[54], ein Bericht des

51 Vgl. z.B. Petrus Bartholomäus nach der ersten Vision: *mecum recogitans et paupertatis mee abitum et vestram magnitudinem* (zu den Fürsten) *veritus sum*. Ähnlich bei den folgenden Erscheinungen.

52 Radulf von Caen, Gesta Tancredi c. 100, Recueil III, S. 676; ähnlich beteuert Stephanus Valenti bei Baudri von Dol, Historia Hierosolymitana III 7, Recueil IV, Paris 1879, S. 66: *visionem quam videns vidi, quam ne putetis fantasiam vel somniorum ludificationem; si mentior, meam, volo, deleatis impudentiam.*

53 *Gesta Francorum*, S. 59f.; Baudri von Dol VII 9, S. 67f., und Guibert von Nogent V 19, S. 196 je beim zweiten Mal, Raimund, S. 68ff., beim fünften Mal.

54 *Gesta Francorum*, S. 57; Raimund, S. 68, 75; ebenso Petrus Tudebodus, *De itinere Hierosolymitano*, ed. J.H. Hill-L.L. Hill, Paris 1977, S. 100.

Bischofs von Apt gilt von vorneherein als richtig, während für den Priester Stephan wenige Zeilen vorher bei einem inhaltlich nur wenig verschiedenen Bericht hervorgehoben wird, er sei *vir magni testimonii et bonae vitae* gewesen[55]. Nach der Feuerprobe dagegen gilt Petrus Bartholomäus für Radulf von Caen als *versutus mendaciique commentor*[56]. Andererseits wird, was ebensowenig übersehen werden darf, gerade die Offenbarung an kleine Leute wie Petrus Bartholomäus als bewusstes Zeichen gesehen, dass Gott für den Kreuzzug nicht die Grossen ausgewählt habe[57]. Dennoch tritt im gleichen Zusammenhang die Meinung vieler zu Tage, dass Gott nicht mit "einem solchen Menschen spreche, die Führer und die Bischöfe beiseite lasse und sich einem *homo rusticus* zeige"[58].

Eigentliche Auflösungen eines Traumes sind selten[59]. Albert von Aachen lässt sie für die drei Träume über Gottfried je in einem eigenen Kapitel mit der Überschrift *interpretatio* bzw. *solutio* in lehrhafter Form folgen: "Was wäre unter dieser Leiter, die zum himmlischen Palaste führt, anderes zu verstehen als die Fahrt nach Jerusalem?" bzw. "was ist unter diesem Gesicht anderes zu verstehen, als dass der Herzog von Gott erwählt ist?" usw.[60] Begriff um Begriff wird aufgelöst: das reine Gold

---

55 Raimund, S. 118f.

56 Radulf von Caen c. 100, S. 676.

57 Raimund, S. 68: *usus sua potentia et benignitate dominus pauperem quendam rusticum elegit.*

58 Raimund, S. 116. Vgl. unten Anm. 80.

59 Vgl. P. Diepgen, *Traum und Traumdeutung als medizinisch-naturwissenschaftliches Problem im Mittelalter*, Berlin 1912; über die Traumdeutungen und Einteilungen auch Speckenbach, "Von den Troimen" (wie Anm. 10); P. Dinzelbacher, Vision und Visionsliteratur im Mittelalter, Stuttgart 1981. Th. Wagner-Simon-G. Benedetti, *Traum und Träumen.* Traumanalysen in Wissenschaft, Religion und Kunst, Göttingen 1984, gibt nichts für uns. Dass der übernatürliche Traum durchwegs der Interpretation bedürfe, wie Haubrichs (wie Anm. 10), S. 249 als Auffassung Ruperts von Deutz wiedergibt, gilt also für Träume auf dem Kreuzzug nur zum Teil.

60 Albert von Aachen VI 27, S. 482; VI 35, S. 487. Dabei ist die Terminologie, von der antiken Begrifflichkeit her gesehen, völlig verschwommen. Zur *visio* in VI 26 folgt die *Interpretatio somnii*, zum *somnium* in VI

als das Zeichen der reinen Herzen, das Erlöschen der Fackel des Mundschenks spiegelt seinen Zweifel, die Vögel sind die Kreuzfahrer. Oder sollte in dieser Ausdrucksweise noch ein letzter Vorbehalt mitschwingen, dass man den Sinn vielleicht doch verfehlt haben könnte? Anselm von Ribemont wendet sich in einer Fassung seines Traumes an einen Priester, um zu wissen, was er tun soll, in der anderen weiss er es selbst[61]. Sonst ist der Inhalt der Träume offensichtlich stets klar, auch wenn man sich gerne Anweisungen für das künftige Verhalten holt. Dennoch eröffnet man sie in der Regel nicht, wie wir es erwarten würden, zuerst den unmittelbaren Nachbarn und Gefährten, sondern man geht direkt zu den Führern des Heeres: dem Legaten oder Raimund von St-Gilles; ist man jedoch in – meist schlafender – Begleitung, versucht man diese rasch zu wecken, damit sie nachher Zeuge der Vision sein könne[62] – vergeblich, wie sich versteht, da mit dem eigenen Wachwerden der Traum zu Ende ist.

Die Zurückhaltung in der Weitergabe von Träumen und Visionen hat gute Gründe. Träume können auch gefährlich sein. Wenn er sich einmal offenbart hat, muss der Visionär bereit sein, die vollen Konsequenzen zu tragen: Stephanus bietet an, sich von einem Turm herunterstürzen zu wollen, Petrus Bartholomäus hat sich der Feuerprobe zu unterziehen[63].

Wohl dem kriegerischen Gesamtzusammenhang entspringt, dass häufig Verstorbene den noch Lebenden erscheinen. Wieder steht dabei der päpstliche Legat Adhemar im Vordergrund, denn durch seine Autorität bzw. seine aus dem Jenseits mitgeteilte Reue über einst gehegte Zweifel soll er die Echtheit der Lanze

---

34 die *Solutio somnii*, wobei gleich die ersten Worte *Quid in hac visione* lauten, zur *visio* in VI 36 die *Explanatio visionis.*

61 Tudebodus (wie Anm. 54), S. 131 und Raimund, S. 108f.

62 Z.B. Raimund, S. 74, 89.

63 *Gesta Francorum*, S. 58; die Feuerprobe für Petrus Bartholomäus findet sich in vielen Berichten zum ersten Kreuzzug, vgl. die Zusammenstellung bei H. Hagenmeyer, "Chronologie de la première croisade", *Revue de l'Orient latin* 7 (1900), S. 296 Nr. 277, am ausführlichsten bei Raimund, S. 120-23.

noch postum sichern. Daneben gehören in diesen Kontext ein Bekannter Anselms von Ribemont, der verstorbene Bruder eines namentlich nicht genannten Kreuzfahrers, der Bannerträger Adhemars namens Heraklius und der im Jahre 1101 in der Schlacht bei Ramla gefallene Geldemer Carpinel[64]. Der Kreuzfahrer lebt vor allem seit der Belagerung von Antiochia mit ihren grossen Entbehrungen stets im Bewusstsein eines möglicherweise nahen eigenen Todes und seine Sorge gilt dem individuellen, eventuell der Anteilhabe am kollektiv zugesprochenen Heil.

Damit ist auch schon die Funktion der Träume angesprochen. Prinzipiell handelt es sich bei allen Träumen, die im Zusammenhang der Kreuzzüge überliefert werden, um "richtige" Träume in dem Sinne, dass sie nicht auf Eingebungen des Bösen zur Täuschung des Menschen beruhen oder nur Phantastereien darstellen. Sie haben ausnahmslos die Aufgabe, jene Ebene unmittelbar ins Spiel zu bringen, die an der Basis des Kreuzzuges steht, das Einwirken Gottes in die Geschichte, wie die Kreuzzüge ihrerseits funktional und instrumental ein Teil der Heilsgeschichte sind. Die Träume auf dem ersten Kreuzzug – meist Visionen, wie wir gesehen haben – stellen daher jeweils einen unmittelbaren Kontakt zwischen dem Ereignis oder dem einzelnen Kreuzfahrer, und Gott her. Sie sollen in Krisensituationen innere Sicherheit bringen und bestätigen, dass das Kreuzzugsunternehmen dem göttlichen Willen entspricht: wirklich "*Deus lo vult*". Dementsprechend handelt es sich neben den *oracula* meist um Hilfeangebote oder Handlungsanweisungen in Extremsituationen sei es des Einzelnen oder des ganzen Heeres. Für den ersten Fall steht etwa ein aus Antiochia fliehender Kleriker, der von seinem verstorbenen Bruder zur Rückkehr aufgefordert wird, oder Petrus Bartholomäus, dem der Apostel Andreas zum ersten Mal beim grossen Erdbeben vom 30. Dezember 1097 erscheint, als er des Nachts allein in seiner Hütte liegt und keinen Gefährten hat, der

---

64 Adhemar: Raimund, S. 119 und 127; Enguerrand de Sancto Paulo für Anselm de Ribemont: ebd., S. 109; Bruder eines Kreuzfahrers: Fulcher I 20, 2, S. 246; Heraklius: Raimund, S. 119; Geldemer Carpinel: Raimund von Aguilers Handschrift F, ed. Recueil, S. 308.

ihn trösten könnte. Bei Erzbischof Hugo von Lyon ist es die Totenwache für den ihm wohl seit früher bekannten Geldemer Carpinel[65]. In Antiochia versichert Christus die Belagerten durch Stephan seiner Gegenwart, der Priester Ebrard erfährt von einem syrischen Christen, dem der hlg. Markus erschienen war, dass alle Apostel aufgefordert worden sind, sich zu den in Antiochia Eingeschlossenen zu begeben[66]. Allerdings wird auch Umkehr gefordert, weil die Kreuzfahrer von einer christlichen Lebensweise abgewichen sind. In der ersten Vision des Petrus Bartholomäus wird Adhemar gerügt, weil er zu wenig predige[67], in Antiochia Fasten befohlen und vor allem die Trennung von Frauen, unter denen sich sogar Sarazeninnen befänden, vor Jerusalem sind es Prozessionen zur inneren Reinigung, die dem Erfolg vorangehen müssen[68].

Am bedeutendsten für den Verlauf, ja als entscheidend zu bezeichnen ist die bereits öfters genannte Vision, die zur Auffindung der Heiligen Lanze führt. Durch sie gelingt es in den kritischsten Tagen des ganzen Unternehmens, als die Kreuzfahrer ohne Vorräte in dem eben gewonnenen Antiochia eingeschlossen werden, die sich anbahnende Auflösung des Heeres in eine wilde Fluchtbewegung aufzuhalten und die Kräfte freizusetzen, die dann den Verzweiflungssieg über das türkische Entsatzheer ermöglichen und so den Kreuzzug sichern. Gewiss kommt es bald darauf über die Echtheit der Vision und der Lanze selbst zu einem tiefen Konflikt. Er geht äusserlich zugunsten des Visionärs aus, führt de facto jedoch zu seinem Tod und zum Zusammenbruch der Lanzenthese, die nachher fast keine Rolle mehr spielt. Dennoch könnte man formulieren, dass es ohne die Lanze und damit ohne die Lanzenvision keinen "Kreuzzug" als historisches Ereignis sui generis gäbe, wir heute über die Jahre 1095 bis

65 Fliehender Kleriker: Fulcher I 20, 2, S. 246; Petrus Bartholomäus: Raimund, S. 68f.; Raimund von Aguilers Handschrift F ed. Recueil, S. 308.

66 Stephanus: Gesta Francorum, S. 58; Ebrardus: Raimund, S. 117.

67 Raimund, S. 69.

68 Gesta Francorum, S. 58; Raimund, S. 97, 144.

Anfang 1098 als eine Episode hinweggehen würden, selbst die Frage bleibt, wieviel in den Chroniken darüber überhaupt zu lesen wäre. Ein Traum hatte den Kreuzzug gerettet.

Während die Visionen im Zusammenhang mit der Lanze nur nach der eigentlichen Auffindung deren Authentizität bestätigen, also nur vermittelnde Rolle haben, weist der Traum Peters des Einsiedlers den Protagonisten auf eine noch fehlende, aber gewiss nützliche Beglaubigung seiner Mitteilung in der Form eines schriftlichen Hilferufs des Patriarchen samt dem Kreuzessiegel. Doch sei nochmals darauf verwiesen, dass in diesem Traum ein irdisches Rechtsmittel, wenn auch mit dem Kreuzessiegel gewiss besonderer Art verlangt wird, nicht etwa auf einen der so beliebten und von Innozenz III. in die Propaganda einbezogenen Himmelsbriefe ausgewichen wird[69]. Der politisch-militärisch "irrationale" erste Kreuzzug ragt gerade durch rationale Elemente auch in den Träumen heraus.

Von der Wirksamkeit der Lanzen-Vision und den Auswirkungen des Lanzen-Fundes war eben die Rede. Auch sonst sind die Folgen von Visionen auf den Handlungsablauf deutlich. Die Vision des Stephanus hat den Eid der Führer zur Folge, in Antiochia auszuharren und nicht zu fliehen, gleichzeitig führt sie zu den Bussübungen als Reinigung vor der Schlacht gegen die Feinde[70]. Ähnlich werden aufgrund einer Adhemarvision vor dem entscheidenden Angriff auf Jerusalem Fasten und Prozessionen angeordnet und der aufgrund der Vision in der Grabeskirche besiegelte Brief von Petrus Eremita bewegt, wie wir gesehen haben, nach Albert von Aachen Urban II. zur Kreuzzugspredigt.

Andere Träume haben die Funktion kurz- oder langfristiger *oracula*. Gottfrieds Stellung auf dem Kreuzzug bzw. in Jerusalem

---

69 Roger de Hovedene, Chronica, ed. W. Stubbs, Rolls Series 51, London 1868-1871, IV, S. 167. Von einem solchen Himmelsbrief, der vom Erzengel Gabriel der Kirche von Jerusalem zur Weitergabe an alle Kirchen überbracht worden sei, ist bei Ekkehard, *Chronica III. Hierosolymita*, ed. F.-J. Schmale, Freiherr vom Stein-Gedächtnisausgabe, Darmstadt 1972, S. 332, für die Zeit nach der Befreiung der heiligen Stadt die Rede.

70 Gesta Francorum, S. 58.

beruht eben nicht auf einem Zufall, sondern ist schon vor seiner Geburt so vorgesehen, ebenso seine unbedingte Treue zum Kreuzzugsgelübde, während diejenigen, die wie sein Mundschenk Zweifel hegen, die Himmelsleiter nicht bis oben hinaufsteigen können und des Heils verlustig gehen. Wenn Anselm von Ribemont von einem Misthaufen aus den Blick auf einen Palast aus Gold, Silber, Elfenbein, Edelsteinen und Marmor erhält, in dem die *Ierosolymitae* wohnen, zu denen auch er bald gehören werde, so ist dies eine klare Ankündigung des bevorstehenden Todes[71]; in der Tat wird er am Tage darauf von einem aus der belagerten Stadt geschleuderten Stein tödlich getroffen. *oraculum* ist in transzendentaler Hinsicht auch die Versicherung, die Hugo von Lyon von seinem alten Gefährten Geldemer Carpinel erhält, dass sein Name im himmlischen Buch des Lebens aufgezeichnet sei[72].

Noch ein letztes sei in diesem Zusammenhang kurz erörtert: der Ort, wo Visionen und Träume stattfinden. Soweit überhaupt Angaben gemacht werden, lässt sich eine grosse Gruppe erkennen: der Kanoniker von Aachen in der Marienkirche, der Kleriker Stephanus in der Marienkirche zu Antiochia, der Priester Ebrardus in einer Kirche in Tripolis, sein syrischer Gewährsmann ebendort in der Marienkirche, Petrus Bartholomäus sowohl vor Marra als auch vor Archas in der *capella* des Grafen von Toulouse, Peter der Einsiedler und Hugo von Lyon in der Grabeskirche. Stets wird betont, dass sie während intensiven Gebeten, zum Teil sogar ausdrücklich im Kampf um das Wachsein, für kurze Teit von Müdigkeit und Schlaf übermannt, ihre Träume hatten. Wenn der Bischof von Apt nicht mehr sicher ist, ob er wach oder schlafend war – *nescio utrum in insompnis ego an non* – , so betont Anselm von Ribemont nachdrücklich, "nicht schlafend, sondern wach" *non insomnis sed vigilanter* sei er gewesen[73]. Petrus

71 Raimund, S. 108f.; Tudebodus imitatus et continuatus c. 104, ed. Recueil III, S. 215; Radulf von Caen c. 106, ebd., S. 680.

72 Raimund Handschrift F, ed. Recueil, S. 308.

73 Bischof von Apt: Raimund, S. 89 und 119; Anselm: ebd., S. 109.

Bartholomäus wird bei der zweiten Vision aufgeweckt und antwortet dem Hl. Andreas: "Ich schlafe nicht"[74]. Hugo von Lyon hatte eine Ruhepause in den Litaneien der Totenwache empfohlen, als er seine Vision erhielt, die unverkennbar an Gedanken anknüpfte, die sich in einer solchen Situation aufdrängen. Durch den Ort in einer Kirche und durch die Einbindung in intensives Gebet oder Psallieren, gar an eine Beichte[75], wurde die Vision abgesichert gegen den Verdacht der Gaukelei des Bösen oder eigener Lässigkeit. Es waren eben nicht Truggesichte von Trunkenen oder Geblendeten, sondern Träume und Visionen am richtigen Ort und im richtigen Kontext.

Daneben gibt es eine zweite typische Situation. Sowohl bei Anselm von Ribemont als auch beim Ritter Ezelo, dem Gefährten Gottfrieds, heisst es, der Traum sei ihnen gekommen, als sie am Mittag in Schlaf versanken. Sozusagen in Vorwegnahme eines kritischen Einwandes fügt der Berichterstatter im Falle Anselms sogleich hinzu, *ut est consuetudo* bzw. *ut est moris*[76]. Die klimatisch bedingte andere Lebensform führt zu Ruhepausen am Tag. Diese äussere Bedingtheit gilt es hervorheben, denn Schlaf am Tage ist gegen die Regel, wäre gerade ein Zeichen der Herrschaft des Bösen. Sollte es ein Zufall sein, dass in einer anderen Fassung Anselm seinen Traum nicht um die Mittagszeit hat, sondern in der Nacht und dann auch sofort weiss, was er bedeutet, während der "Mittagsschläfer" einen Priester um Auskunft bitten muss?[77]

* * *

Noch einige Sätze zur literarischen Gestaltung. Ganz unterschiedlich erfolgt die Einordnung der Träume und Visionen in den

74 Ebd., S. 70.

75 Ebd., S. 72.

76 Tudebodus imitatus et continuatus c. 104, S. 215: *is quadam die, meridiei hora, ut est consuetudo, lassa membra sopori dedisset, somnium vidit, quod experrectus indicavit.* In ähnlichen Worten bei Radulf von Caen c. 106, S. 680: *is in meridie, ut est moris, quum lassos somnus oculos summisisset, somnium vidit.*

77 Raimund, S. 109.

Erzähltext und ihre Behandlung bei der Überarbeitung vorhandener Vorlagen. Wir befinden uns dabei auf einer zweiten funktionalen Ebene, die nicht den Ablauf der Ereignisse, sondern die Vermittlung an den Leser berührt. Die Trennung ist im Gegensatz zu rein fiktionalen Berichten erlaubt und notwendig, weil einerseits die parallelen Überlieferungen eine Kontrolle erlauben, andererseits an der Tatsache des Auftretens bzw. der Berichterstattung mancher dieser Visionen zu zweifeln kein Anlass besteht, sie also als historisch wirksame Fakten akzeptiert werden müssen – die Vision wohlgemerkt. Die literarische Behandlung gibt damit gleichzeitig einen Einblick in die Denkstruktur der jeweiligen Autoren, die sich auch in dem niederschlägt, was sie aus Vorlagen nicht übernehmen oder gegenüber diesen abändern. Dazu gehört sicher der Wegfall der drei Gottfried-Träume bei Wilhelm von Tyrus, der sich sonst eng an Albert von Aachen anschliesst, auch die Schwanenritterlegende offensichtlich bereits kennt, freilich in das Gebiet der Fabel verweist[78]. In den gleichen Zusammenhang gehört die erwähnte Aufwertung des Petrus Bartholomäus vom einfachen Kreuzfahrer zum Kleriker bei Albert gegenüber dem Text der *Gesta*[79].

Formal fallen neben Monologen der Ermahnung die zum Teil langen Dialoge zwischen den in der Visionen auftretenden Personen auf. Man sprach offensichtlich gerne um 1100 – auch im Traum. Naturgemäss geht es zu Beginn meist um die Identität der wahrgenommenen Personen, nicht selten fast im Stile eines Kinderratespieles, doch auch dann hat man den Eindruck, dass es sich um wortgewaltige Partner handelt. Vor allem Petrus Bartholomäus führt so lange und so ungewöhnliche Wortwechsel, die er auch noch schriftlich aufzeichnet oder aufzeichnen lässt, dass ihm sehr bald der Zweifel entgegenhallt: kann Gott so

78 Wilhelm von Tyrus, *Chronicon* IX 6, ed. R.B.C. Huygens, Corpus Christianorum. Series Mediaevalis 67, Turnholti 1985, S. 427. Zur Chanson *Le Chevalier au Cygne* aus dem *Cycle de la croisade*, The Old French Crusade Cycle 1, Alabama 1977.

79 *Gesta Francorum*, S. 59 und Albert von Aachen IV 43, S. 419.

gesprochen haben?[80] Auch Hugo von Lyon sucht auf alle denkbaren Weisen Geldemer Carpinel die Antwort auf die Frage zu entlocken, die ihn bewegt: "Sag mir, wie steht es mit mir?" (*Dic mihi, de me quomodo est?*) – gemeint im Buch des Lebens, um wenigstens das beruhigende Wort zu vernehmen: *"Bene"*[81].

* * *

Kehren wir zurück zu Philippe de Mézières. Die Zeit der Kreuzzüge neigte sich, als er sein Werk verfasste, in mehrfacher Hinsicht dem Ende zu. Es waren längst nicht mehr Kämpfe, die weit im Osten zu führen waren. Im gleichen Jahre 1389, in welchem er den *Songe* abschloss, gab die Schlacht auf dem Amselfeld den Türken den südlichen Balkan in die Hände, und er erlebte noch das Scheitern des vorletzten grossen Unternehmens, für das er selber aus seiner Zelle heraus geworben hatte. Auf die Niederlage bei Nikopolis im Jahre 1396 antwortete er mit seiner letzten uns erhaltenen Schrift, einer *Epistre lamentable et consolatoire*, mit der er nochmals Propaganda für seinen Orden als die einzig angemessene Antwort zu machen versuchte. Selbst im *Songe* erscheint ihm an Ende Providence divine in einer zweiten Vision wiederum, um ihn über den Misserfolg seiner eigenen Bemühungen zu trösten, als er, eben von seinem Traum – dem *Songe* – erwacht, in tiefer Niedergeschlagenheit in seiner Zelle sitzt. Noch würde er sich in einem Traum befindlich wähnen, wenn ihm nicht all die traurigen Ereignisse seiner Zeit vor Augen träten[82].

Kreuzzugspläne gab es weit über Philippe de Mézières hinaus bis zu Aeneas Silvius Piccolomini und ins 17. Jahrhundert. Und doch ist es symptomatisch, dass am Ende des 14. Jahrhunderts

80 Raimund, S. 116: *Cum autem hec fratribus ostendissemus, ceperunt quidam dicere quod numquam crederent, quod huiuscemodi homini loqueretur Deus et dimitteret principes et episcopos* (in der Edition falsch *episcopus*) *et ostenderet se rustico homini.* Es ist aber gegen Rousset, *Les origines*, S. 91 zu betonen, dass es oft Dialoge mit kurzen Sätzen von beiden Seiten, nicht so sehr lange Reden nur der himmlischen Seite sind.

81 Raimund Handschrift F, ed. Recueil, S. 308.

82 f. 366, ed. Coopland II 500-02.

der Kreuzzugsplan in die literarische Form eines Traums, eben des *Songe du vieil pelerin* gekleidet wurde, dem ein leider verlorenes[83], Karl V. gewidmetes Werk *Le Pèlerinage du pauvre pèlerin et réconfort de son père et sa mère* vorausgegangen war, und dass es der Traum eines *alten* Pilgers war. Es war ein Vermächtnis, das weitergegeben werden sollte, aber von Resignation zeugt. So sehr vom *Roman de la Rose* und Dante zu Chaucer der Traum ein verbreitetes literarisches Genus geworden war[84], so bildete es doch ein Schritt darüber hinaus, die reale politische Idee des Kreuzzuges nun in die Form eines Traumes zu kleiden. Die Hoffnungen, die Philippe de Mézières auf den 1388 volljährig gewordenen Karl VI. gesetzt hatte, gingen nicht in Erfüllung. Schon 1392 traten beim jungen König unübersehbare Zeichen einer Geisteskrankheit zu Tage, die ihn nachher weitgehend regierungsunfähig machte. Nicht nur die Hoffnung auf einen idealen König, sondern auch auf einen "richtigen" Kreuzzug waren nicht mehr in der realen Welt anzusiedeln. Umgekehrt hat der umfangreiche, detaillierte Einbezug der politischen Welt in die Allegorie dieser zwar zur Psychologie und zur Moral hinzu ein neues weites Feld geöffnet, sie aber, wie kürzlich zu Recht festgestellt wurde, zugleich in ihrem Wesen zerbrochen[85].

Bis heute unerklärt bleibt, dass Philippe de Mézières, dem diese Entwicklung nicht verborgen geblieben sein kann, sie nicht bzw. nicht mehr zur Kenntnis nahm oder zur Kenntnis nehmen wollte. Er hielt an seinen Hoffnungen, sagen wir ruhig an seinen Illusionen fest. Noch 1395 liess er in einem Brief an Richard II. von England auf den beiden jungen Königen – auch für England bereits fern der Wirklichkeit, wie ihm ebenfalls nicht entgangen sein kann – die Hoffnungen für ein Europa des Friedens ruhen, aus dem heraus der erhoffte Kreuzzug unternommen werden könnte.

---

83 Bei Iorga, *Philippe de Mézières* (wie Anm. 5) S. 466 als *"Le Songe du povre pelerin"* bezeichnet.

84 Cf. auch K.L. Lynch, *Medieval Dream Vision. Poetry, Philosophy and Literary Form*, Stanford/Cal. 1988.

85 Strubel (wie Anm. 1), S. 70: "déconstruit".

Nicht nur der Kreuzzug in seiner politischen Verwirklichung und Erfolgsaussicht war zum unerfüllten Traum geworden, nicht nur die Kreuzzugspropaganda hatte eine allegorische Traumform erhalten, sondern – so könnten wir sagen – auch der Verfasser des *Songe*, dessen Leitidee aus einem Traum in Jerusalem entsprang, war in eine Traumwelt entglitten. Als er am 29. Mai 1405 starb, lag ein Leben für den Kreuzzug hinter ihm, doch nicht nur der Kreuzzug war zum "*Songe*" geworden, vielmehr bezeichnete sich Philippe de Mézières selber in diesen Jahren nicht nur als Einsiedler, und im Brief an Richard II. als *vieil abortif*, sondern auch als "Träumer"[86].

86 Vgl. Atiya (wie Anm. 8), S. 154.

Joachim Poeschke

Dürers "Traumgesicht"

Im Mittelalter war der Traum – anders als in der Moderne – kein genuines Thema der bildenden Kunst. Schon gar nicht galt er als eine bevorzugte Quelle künstlerischer Inspiration. Das bedeutet andererseits nicht, daß es im Mittelalter an Darstellungen von Träumen überhaupt gefehlt hätte. Im Gegenteil, es gab solche in beträchtlicher Zahl, sowohl in der Buch-, Wand-, Tafel- und Glasmalerei als auch in der Skulptur. *Funktion* und *Bedeutung* der Träume – um die Stichworte des Untertitels dieser Ringvorlesung aufzugreifen –, waren dabei jedoch ganz durch die jeweiligen literarischen Vorlagen festgelegt, und die *Form ihrer Darstellung* änderte sich über lange Zeit kaum. Wenig sinnvoll dürfte es daher sein, hier auf die mehr oder weniger bedeutenden Varianten der Traumdarstellungen im Mittelalter näher einzugehen. Ebensowenig soll hier den vielfältigen Beziehungen zwischen mündlichen und schriftlichen Traumberichten einerseits und ihren bildlichen Darstellungen andererseits bzw. der Auslegung von Traumberichten in Bildern weiter nachgegangen werden[1]. Vielmehr möchte ich versuchen, jenen Punkt in der Geschichte der Kunst näher zu beleuchten, an dem ein wirklich entscheidender Wandel in der bildlichen Darstellung von Träumen erkennbar wird, ein Wandel, der – in Kürze gesagt –, darin besteht, daß die Traumdarstellung von einer nur mittelbaren zu einer unmittelbaren sich verändert. Von kunstgeschichtlichem Interesse ist dieser Wandel nicht zuletzt insofern, als sich darin zugleich das neue Selbstverständnis des an der Schwelle zur Neuzeit stehenden Künstlers bekundet.

Damit dies jedoch hinreichend deutlich wird, ist zuvor ein kurzer Rückblick auf das Mittelalter unumgänglich. Traumdar-

1 Vgl. hierzu zuletzt: *Träume im Mittelalter. Ikonologische Studien*, hg. von A. Paravicini Bagliani und G. Stabile, Stuttgart-Zürich 1989.

stellungen sind uns aus dem Mittelalter, wie gesagt, in großer Anzahl überliefert. Jedoch handelt es sich in diesen Fällen durchweg um Darstellungen rein *illustrativen* Charakters, um Übertragungen von in literarischer Form vorgegebenen Traumschilderungen in Bilder. Zu den im Mittelalter am häufigsten verbreiteten Darstellungen dieser Art gehören die Illustrationen zu Genesis 28, 10-18, der Schilderung des Traumes Jakobs von der Himmelsleiter. Ein Beispiel hierfür ist die Miniatur aus dem sogenannten Mosaner Psalter der Staatsbibliothek Preußischer Kulturbesitz in Berlin, der um 1160 datiert wird (Abb. 1)[2]. "Jakob zog" – so heißt es in der Genesis – "aus Beerscheba weg und ging nach Haran. Er kam zu einem bestimmten Ort, wo er übernachtete, denn die Sonne war untergegangen. Er nahm einen von den Steinen dieses Ortes, legte ihn unter seinen Kopf und schlief dort ein. Da hatte er einen Traum: Er sah eine Treppe, die auf der Erde stand und bis zum Himmel reichte. Auf ihr stiegen Engel Gottes auf und nieder. Und siehe, der Herr stand oben und sprach: Ich bin der Herr, der Gott deines Vaters Abraham und der Gott Isaaks. Das Land, auf dem du liegst, will ich dir und deinen Nachkommen geben [...]". – Die Illustration dieses Textes nimmt den Hauptteil des rot umrandeten Bildfeldes ein. Jedoch beschränkt sich der Illustrator nicht nur auf diese eine Begebenheit. Denn unmittelbar daneben wird Jakob noch ein zweites Mal gezeigt, wie er am nächsten Morgen den Stein, der ihm während des Schlafes als Kopfstütze diente, als Steinmal in Bethel errichtet und mit Salböl begießt.

Kennzeichnend für die Darstellungsform und repräsentativ auch für andere mittelalterliche Traumdarstellungen ist hier zweierlei: 1. daß das Traumbild nicht als solches nur, sondern innerhalb seines erzählerischen Kontextes im Bild erscheint, d.h. daß zusammen mit dem Traumbild zumindest auch der Träumende noch dargestellt wird, darüber hinaus oft aber auch die als Folge

2 Vgl. *Zimelien. Abendländische Handschriften des Mittelalters aus den Sammlungen der Stiftung Preußischer Kulturbesitz Berlin*, Katalog der Ausstellung der Staatlichen Museen Berlin-Dahlem 1975/76, Wiesbaden o.J., S. 77.

Abb. 1: Sog. Mosaner Psalter: Der Traum Jakobs,
Berlin, Staatsbibliothek, Preuss. Kulturbesitz

aus der Vision sich ergebende weitere Handlung, wodurch die Bedeutung der Vision als einer göttlichen Offenbarung nochmals nachdrücklich unterstrichen wird; 2. daß die Darstellungsform in keiner Weise dem Unterschied zwischen Wirklichkeit und Erscheinung, zwischen dem Träumenden und dem Traumbild Rechnung zu tragen sucht.

Dieselben Merkmale kennzeichnen noch weit über das 12. Jahrhundert hinaus den Modus von Traumdarstellungen in der Bildkunst. Das mag als ein weiteres Beispiel das um 1300 entstandene Fresko in der Oberkirche von Assisi, das den Traum des Papstes Innocenz III. zeigt, illustrieren (Abb. 2)[3]. Nach den von Thomas von Celano und Bonaventura verfaßten Viten des hl. Franz sah der Papst im Traum, wie die vom Einsturz bedrohte Laterankirche durch einen einfachen Mann gestützt und dadurch gerettet wurde. Er erkannte in dem Mann Franziskus, dessen Ordensregel er daraufhin sogleich bestätigte, und eben diese Bestätigung der Ordensregel ist bezeichnenderweise der Inhalt des nächstfolgenden Bildes im Zyklus. Der hier nicht näher zu erörternde stilistische Unterschied zwischen der Psalterillustration des 12. Jahrhunderts und dem Fresko Giottos ist natürlich unübersehbar. Doch ungeachtet der im Fresko gesteigerten Monumentalität, des strafferen Bildgefüges, der geklärteren Räumlichkeit und der größeren Wirklichkeitsnähe in der Wiedergabe der Figuren und der Örtlichkeit bleibt mit der älteren Miniatur vergleichbar, daß Traumbild und Träumender zusammen und unmittelbar nebeneinander und ohne jegliche Unterscheidung der Realitätsebenen innerhalb des Bildes gezeigt werden. Allenfalls im Detail verrät sich eine neue Nuance darin, daß der eine der beiden Kammerdiener, die sich vor dem Bett des Papstes niedergelassen haben, mit gespannter Aufmerksamkeit zu dem Träumenden emporblickt, als würde er eine Unruhe an diesem wahrnehmen.

3 Vgl. hierzu J. Poeschke, *Die Kirche San Francesco in Assisi und ihre Wandmalereien*, München 1985, S. 88.

Abb. 2: Der Traum des Papstes Innocenz III.,
Assisi, S. Francesco

Solche mal miniaturhaften, mal monumentalen Verbildlichungen von in der Bibel oder in Heiligenviten geschilderten Visionen und Offenbarungsträumen bleiben bis in die Renaissance hinein die gängige Form der Traumdarstellung. Ihnen im Darstellungsmodus verwandt sind auch die profanen Traumdarstellungen dieser Zeit, auch die im Gefolge des literarischen Humanismus um 1500 vermehrt auftretenden profanen Traumdarstellungen allegorischer und moralisierender Art, die zum Teil ebenfalls auf bestimmte literarische Vorbilder zurückgreifen, zum Teil unabhängig von solchen entstehen[4]. Zu der ersten Gruppe gehört das zumeist als "Der Traum des Ritters" betitelte Bild des frühen Raffael in der National Gallery in London (Abb. 3)[5]. Raffael hat das Bild, das vermutlich für Scipione Borghese bestimmt war, um 1504-05 gemalt. Literarischer Ausgangspunkt der Darstellung sind Ciceros 'Somnium Scipionis' und, spezieller noch, das 15. Kapitel der 'Punica' des Silius Italicus. In letzterem wird geschildert, wie der junge Scipio sich im Schatten eines Lorbeerbaumes niederläßt und ihm im Schlaf Virtus und Voluptas erscheinen, die eine ihn zur Tugend anhaltend, die andere ihm die Freuden des Lebens ausmalend. Die Entscheidung für die Tugend ist der lehrhafte Sinn dieser klassischen "histoire moralisée", die vermutlich als mahnendes Beispiel für den jungen Scipione Borghese gedacht war. Was die künstlerischen Mittel, die Raffael hier einsetzt, betrifft, so haben sich diese seit Giotto zwar erheblich geändert, nicht geändert aber hat sich das ununterschiedene Nebeneinander von Wirklichkeit und Traum, die völlig gleiche körperliche Präsenz von Träumendem und Geträumtem.

---

4 Vgl. hierzu allgemein: M. Zehnpfennig, *"Traum" und "Vision" in Darstellungen des 16. und 17. Jahrhunderts*, Diss. Tübingen 1979.

5 Vgl. E. Panofsky, *Herkules am Scheidewege*, Studien der Bibliothek Warburg, Leipzig 1930, S. 37ff.; E. Wind, *Pagan Mysteries in the Renaissance*, London 1958, S. 81ff.; A. Chastel, *Art et humanisme à Florence*, 2. Aufl., Paris 1961, S. 252, 269; D. Wuttke, *Die Histori Herculis des Nürnberger Humanisten und Freundes der Gebrüder Vischer, Pangratz Bernhaubt gen. Schwenter*, Köln-Graz 1964, S. 117ff.; Zehnpfennig (wie Anm. 4), S. 2-4.

Abb. 3: Raffael, Der Traum des Ritters,
London, National Gallery

Möglicherweise wäre dies zum damaligen Zeitpunkt schon anders gewesen, wenn es in der *antiken* Kunst Vorbilder für eine in gestalthafter Form sich ausdrückende Unterscheidung von Wirklichkeit und traumhafter Erscheinung gegeben hätte, aber gerade eine solche gab es nicht.

Sie beginnt vielmehr erst in dem Moment, wo nicht mehr nur der literarisch vorgegebene oder frei erfundene, sondern auch der *selbsterlebte* Traum zum Bildgegenstand wird, oder diesen doch zumindest stark prägt. Ein Traum dieser Art kann andererseits nur der Traum des Künstlers selbst sein, und das schließt schon aus, daß es dergleichen *vor* der Renaissance gegeben hat, da erst von dieser Zeit an der angestammte Themenkreis sich in der Weise erweiterte und zugleich das Selbstverständnis bzw. die Selbsteinschätzung des Künstlers in dem Maße sich wandelte, daß das eigene Traumerlebnis zum Bildgegenstand hat werden können. Allerdings ist es auch dann noch weit davon entfernt, in den Bereich der Auftragskunst vorzudringen. Vielmehr bleibt es – wie neue Themen in dieser Epoche der Kunst fast immer – auf die *kleine* Form beschränkt, auf den Bereich der Zeichnung, der Studie, der privaten Niederschrift. Und auch hier ist es von extremer Seltenheit. Letztlich läßt sich sogar nur ein einziges vollgültiges Beispiel benennen.

Es handelt sich hierbei um das Aquarell von Dürer, das in der Literatur unter dem Titel "Traumgesicht" kursiert und im Juni 1525 entstanden ist, ein Blatt von 30 cm Höhe und 42,5 cm Breite, das sich heute im Kunsthistorischen Museum in Wien befindet, wohin es im 19. Jahrhundert aus der Ambraser Kunstsammlung des Erzherzogs Ferdinand von Tirol gelangt ist (Abb. 4)[6]. In der oberen Hälfte des Blattes ist in blassen Farben,

6 Vgl. F. Winkler, *Die Zeichnungen Albrecht Dürers*, IV, Berlin 1939, S. 103f., Nr. 944; *Dürer: Schriftlicher Nachlaß*, hg. von H. Rupprich, I, Berlin 1956, S. 214f.; K. Herrmann-Fiore, *Dürers Landschaftsaquarelle*, Bern-Frankfurt a.M. 1972, S. 105-09; Zehnpfennig (wie Anm. 4), S. 15f.; J. M. Massing, "Dürer's Dream of 1525", *The Burlington Magazine* 69 (1986), S. 82-85. – Farbabbildungen bei A. Anzelewsky, *Dürer. Werk und Wirkung*, Stuttgart 1980, S. 249 Abb. 239, und P. Strieder, *Dürer*, Königstein/Ts. o.J., S. 331 Abb. 425.

Abb. 4: Albrecht Dürer, Traumgesicht,
Wien, Kunsthistorisches Museum

in Ocker und Graublau, eine weiträumige Landschaft angedeutet. Einzelheiten in dieser Landschaft sind nur sparsam und schemenhaft wiedergegeben: so einige Bäume und Buschgruppen links und rechts sowie – dies jedoch ist schon schwerer identifizierbar – die Silhouette einer Stadt im Mittelgrund. Allein schon die Flachheit sowie die Fahlheit und farbliche Monotonie des Landschaftsbildes sind ganz ungewöhnlich für eine Landschaftsdarstellung in jener Zeit, sind ungewöhnlich auch für ein Landschaftsaquarell Dürers, wie ein Blick auf das in seinem betonten Breitformat vergleichbare Aquarell "Landschaft bei Kalchreuth" im Berliner Kupferstichkabinett, das in Form und Farbe ungleich differenzierter ausgearbeitet ist, zeigt. Erst recht merkwürdig aber ist in dem Wiener Aquarell die Wiedergabe des Himmels, der sich groß und regenschwer über der Landschaft ausdehnt, und an dem – wie riesige Stalaktiten – in dunklerem Blau herabstürzende Wassermassen sich abzeichnen, von denen die gewaltigste und dunkelste auf der Erdoberfläche zerplatzt.

Wie die Darstellung zu verstehen ist, sagt uns am klarsten die von Dürer selbst stammende Beschriftung auf der unteren Hälfte des Blattes. Dürer hat – wie gelegentlich auch Leonardo – nicht selten seine Blätter mit solchen erklärenden Beischriften versehen. Die Beschriftung des Wiener Aquarells aber ist eine ungewöhnlich ausführliche und bemerkenswerte. Sie lautet (nach Rupprich)[7]:

> Jm 1525 jor nach dem Pfinxstag zwischen dem mitwoch und pfintzdag jn der nacht jm schlaff hab jch dis gesicht gesehen, wy fill grosser wassern van himell fillen. Und das erst traff das erthrich ungefer 4 meill fan mir mit einer sölchen grausamkeitt mit einem uber grossem raüschen und czersprüczen und ertrenckett das gantz lant. In solchem erschrack jch so gar schwerlich, das ich doran erwachett, edan dy andern wasser filen. Und dy wasser, dy do filen, dy warn fast gros. Und der fill ettliche weit, etliche neher, und

7 Rupprich (wie Anm. 6), S. 214f.

> sy kamen so hoch herab, das sy im geduncken gleich langsam filn. Aber do das erst wasser, das das ertrich traff, schir herbey kam, do fill es mit einer solchen geschwindikeit, wynt und braüsen, das jch also erschrack, do jch erwacht, das mir all mein leichnam zittret und lang nit recht zu mir selbs kam. Aber do jch am morgen auff stund, molet jch hy oben, wy jchs gesehen hett. Got wende alle ding zum besten. Albrecht Dürer.

Fassen wir diese bewegte, das Traumerlebnis ganz unmittelbar wiedergebende Schilderung in wenigen Worten zusammen, so war folgendes geschehen: In der Nacht vom 7. zum 8. Juni 1525 hat Dürer im Traum gewaltige Wassermassen vom Himmel herabstürzen sehen, manche nah, manche weit entfernt. Diejenige, die am nächsten war, in einer Entfernung von etwa vier Meilen, ergoß sich mit vernichtender Gewalt über die Erde, so daß Dürer tief erschreckt und zitternd aus dem Schlaf erwachte.

Das Blatt in Wien ist somit nichts anderes als das Protokoll eines Angsttraumes – ein ungewöhnlich detailliertes Protokoll darüber hinaus, ein bildliches Protokoll, das ergänzt und erläutert wird durch ein schriftliches. Es ist nicht nur das erste, sondern – soweit ich sehe – überhaupt das einzige Dokument seiner Art. Bezeichnend und wichtig ist freilich, bei aller Neuartigkeit einer solchen Aufzeichnung, daß Dürer hier keinen beliebigen Traum festhielt, sondern einen prophetischen Traum, jene Spezies von Traum also, die seit jeher die einzige war, die überhaupt als darstellungswürdig erachtet wurde. Als Novum bleibt gleichwohl bestehen, daß der Künstler hier nicht einen literarisch überlieferten, sondern seinen eigenen prophetischen Traum festgehalten hat.

Mit welcher *Absicht* festgehalten hat, mag man sich fragen. War das Blatt an einen bestimmten Adressaten gerichtet? Die Beschriftung sagt hierüber nichts, besagt vielmehr das Gegenteil, denn sie läßt unzweideutig erkennen, daß es sich in erster Linie um eine spontane, noch ganz unter dem Eindruck des

Traumerlebnisses niedergelegte *private* Aufzeichnung handelt – von der Art, wie wir sie von Dürer auch sonst kennen, so z.B. aus seinem "Gedenkbuch", das neben der Familienchronik auch Notizen über denkwürdige Zeitereignisse und seltsame Naturerscheinungen und Gesichte enthält.

Darüber hinaus dürfte Dürers "Traumgesicht" allenfalls einem ihm eng vertrauten Personenkreis bekannt geworden sein. Denn daß Dürer seine Träume gern seinen Freunden erzählte, geht hervor aus einem Brief Pirckheimers, den dieser am 26. Februar 1522 an Ulrich Varnbühler schrieb[8] und in dem er den Freund daran erinnert, wie Dürer ihnen einst begeistert von einem "somnium suavissimum" erzählt habe, der, wenn er in Erfüllung gegangen wäre, ihn – Dürer – zum glücklichsten Menschen gemacht hätte. In einem solchen Zusammenhang ist auch das – freilich ganz anders gestimmte – Blatt in Wien zu sehen, als private Aufzeichnung, allenfalls geeignet, Freunden und Familiaren gezeigt zu werden, hingegen nicht als ein für die Öffentlichkeit bestimmtes Werk, auch nicht als Erinnerungs- und Entwurfsskizze für ein später auszuführendes Gemälde. Für welchen Ort, müßte man dann fragen, hätte damals auch ein solches Gemälde bestimmt sein können?

Sowohl dieser private als auch der unverkennbar authentische Charakter der Traumaufzeichnung lassen daran zweifeln, daß – wie man vermutet hat – die seit 1499 von den Astrologen für das Jahr 1524 prognostizierte Sintflutkatastrophe der unmittelbare äußere Anlaß für Dürers Aquarell gewesen sei[9]. Denn in die damalige Auseinandersetzung über diese Prophezeiung einzugreifen oder gar aus der allgemeinen Anteilnahme an ihr Nutzen zu ziehen, wäre ein für die Öffentlichkeit bestimmtes Werk – etwa ein Holzschnitt oder eine Holzschnittfolge wie die Apokalypse – weitaus eher geeignet gewesen. Vor allem aber: Warum hätte

8 *Dürer: Schriftlicher Nachlaß* (wie Anm. 6), I, S. 268.

9 G. Hellmann, *Aus der Blütezeit der Astrometeorologie*, Beiträge zur Geschichte der Meteorologie, Berlin 1914, S. 5ff.; A. Rosenthal, "Dürer's Dream of 1525", *The Burlington Magazine* 69 (1936), S. 82-85.

sich Dürer fast anderthalb Jahre *nach* dem für die Katastrophe vorausgesagten Zeitpunkt auf eben diese Voraussage noch beziehen sollen, zumal sie eine ganz auf die Planetenkonstellation im Februar 1524 fixierte gewesen war? Ihrer noch im Juni 1525 zu gedenken, gab es eigentlich keinen vernünftigen Grund. Erinnert sei in diesem Zusammenhang auch an den beißenden Spott, mit dem Luther jene Astrologen bedachte, "die von einer Sündfluth oder großem Gewässer hätten gesagt, so Anno 1524 kommen sollte, das doch nicht geschach; sondern das folgende 25. Jahr stunden die Bauren auf, und wurden aufrührerisch. Davon sagte kein Astrologe nicht ein Wort"[10].

Erster Anlaß für Dürers Aufzeichnung des "Traumgesichtes" war vielmehr, wie auch aus der Beschriftung des Blattes deutlich genug hervorgeht, das Traumerlebnis selbst gewesen. Hierzu kamen, als ein weiterer Beweggrund, die bekannten religiösen und sozialen Unruhen in jenen Jahren, die auch noch nach 1524 in weiten Kreisen die Erwartung eines nahen Weltendes schürten. Daß Dürer an diesen Zeitereignissen starken Anteil nahm, bezeugen nachdrücklicher noch als die Aufzeichnung des "Traumgesichtes" die beiden berühmten, heute in der Alten Pinakothek in München aufbewahrten Aposteltafeln, die Dürer am 6. Oktober 1526 dem Rat der Stadt Nürnberg geschenkt hatte, und die ausdrücklich als Mahnung an die "weltlichen Regenten", sich vor Irrlehrern in acht zu nehmen, gedacht waren. Gerade aber die Wochen und Tage unmittelbar vor dem Datum des "Traumgesichtes" waren in besonderem Maße von Furcht und Schrecken erfüllt gewesen, da in ihnen der Bauernkrieg seinen Höhepunkt und bald danach auch sein blutiges Ende erreichte. Ereignisse wie diese dürften eher als die falsche Prophezeiung für das Jahr 1524 der Beweggrund für Dürers akribische Aufzeichnung seines Traumgesichtes gewesen sein.

Andererseits ist – von Medizinhistorikern vor allem – das Traumgesicht-Aquarell mit Dürers Gesundheitszustand, der sich

10 *Tischreden*, in: Dr. Martin Luther's *Sämtliche Werke*, Bd. 62, Frankfurt a.M.-Erlangen 1854, S. 327.

seit seiner niederländischen Reise, insbesondere seit seinem Aufenthalt in Seeland im Dezember 1520, rapide verschlechtert hatte, in Verbindung gebracht worden[11], wobei die Art seiner Krankheit bis heute nicht vollständig geklärt ist, doch hat man mit guten Gründen eine Malariainfektion als Ursache vermutet[12]. Wenn diese Vermutung zutrifft, so würde damit zwar das Angsttraumerlebnis als solches eine Begründung finden, noch nicht aber die Tatsache, daß Dürer seinen Traum im Bild aufgezeichnet hat. Gerade hierin besteht jedoch die eigentliche Besonderheit und Einzigartigkeit des Blattes in Wien. Denn Angstträume werden sicherlich auch anderen Künstlern der Zeit Dürers nicht fremd gewesen sein. Nichts davon hat jedoch in Bildern seinen Niederschlag gefunden. Damit aber stellt sich die Frage nach einer weiteren – und zwar nach der im eigentlichen Sinne *kunstgeschichtlichen* – Voraussetzung für die Entstehung des Dürerschen "Traumgesichtes".

Daß es kein Zufall war, daß gerade Dürer als erster einen selbsterlebten Traum im Bild festgehalten hat, geht schon aus der Tatsache hervor, daß es zu dem Traumgesicht-Aquarell in Dürers sonstigem künstlerischen Schaffen deutliche Analogien gibt, wie sie in vergleichbarer Weise bei keinem anderen Künstler der Zeit zu finden sind. Es hängt dies nicht zuletzt damit zusammen, daß seine Künstlerpersönlichkeit insgesamt eine ungewöhnlich komplexe war. Einerseits bemühte er sich sein Leben lang, anknüpfend an die italienischen Kunsttheoretiker, um die Lehre von den richtigen Proportionen und um eine rationale Begründung der Schönheit, andererseits fesselte ihn, und das ist der Punkt, der in unserem Zusammenhang von besonderem Interesse ist,

11 H. Federschmid, "Albrecht Dürers Krankheit und Leiden im Lichte der heutigen Wissenschaft", *Münchener medizinische Wochenschrift* 69 (1922), S. 1123-1125; M. Putscher, "Über Träume", in: *Medicinae et artibus.* Festschrift für Wilhelm Kastner zu seinem 65. Geburtstag, Düsseldorf 1968 (Düsseldorfer Arbeiten zur Geschichte der Medizin), S. 121-145.

12 Federschmid (wie Anm. 11), S. 1123.

nicht weniger als die *äußere Gestalt* das *innere Wesen* des Menschen. Daraus wiederum erklärt sich, daß seine Werke in einem für die damalige Zeit ganz ungewöhnlichen Maße einen starken Hang zur Selbstbeobachtung, einen ungewöhnlich scharf diagnostizierenden Blick auf sich selbst verraten. So beginnt auch mit dem frühen Dürer erst das *Künstlerselbstbildnis* modernen Typs sich herauszuformen, d.h. dasjenige Bildnis, das nicht so sehr auf eine repräsentative und an äußerlichen Konventionen orientierte Darstellung seiner selbst abzielt, sondern das in erster Linie die intime Zwiesprache mit sich selbst sucht, das sich selbst erforschend in den Blick nimmt, um mit den eigenen Gesichtszügen zugleich den in ihm sich spiegelnden inneren Zustand zu beschreiben. Natürlich sind es nicht die großen, gemalten und mehr oder weniger offiziellen Selbstbildnisse Dürers im Prado oder in der Alten Pinakothek, in denen dies sichtbar wird, sondern vor allem die inoffiziellen, privaten, *gezeichneten* Selbstbildnisse, wie dasjenige in der Universitätsbibliothek Erlangen, von ca. 1491/92 (Abb. 5)[13], oder dasjenige im Metropolitan Museum in New York, von ca. 1493[14], sowie die in der Spätzeit Dürers entstandene Federzeichnung in den Weimarer Kunstsammlungen, in der der Künstler, im Spiegel sich scharf fixierend und ohne jegliche Pose und Idealisierung, in völliger Nacktheit sich darstellt[15]. Von Interesse ist in diesem Zusammenhang aber auch die künstlerisch zwar anspruchslosere, jedoch im Sujet ebenfalls ganz ungewöhnliche Zeichnung in der Bremer Kunsthalle[16], auf der Dürer mit dem Zeigefinger der rechten Hand auf einen eigens durch einen Kringel markierten Punkt an seiner linken Körperseite – auf die Milz, wie allgemein angenommen wird – hinweist. Darüber steht erklärend geschrieben: "Do der gelb fleck ist mit dem finger drawff dewt do ist mir we". Vermutlich war das Blatt für einen von Dürer konsultierten auswärtigen Arzt bestimmt.

13 Winkler (wie Anm. 6), I, Nr. 26.

14 Ebd., Nr. 27.

15 Ebd., Nr. 267.

16 Ebd., II, Nr. 482.

22 Selbstbildnis mit aufgestütztem Kopf. Um 1492–93. Feder. 20,4×20,8. Erlangen, Graphische Sammlung der Universitätsbibliothek.

Unabhängig davon, ob man diese zeichnerische Selbstdarstellung als jugendliche Schwermut oder einfach als Kopfschmerz deutet, muß die Studie im Zusammenhang mit der Zeichnung *Hl. Familie* (Abb. 14) und dem Gemälde *Christus als Schmerzensmann* in Karlsruhe (Abb. 21) gesehen werden. Die Geste des in die Hand gestützten Kopfes hat jeweils eine andere Bedeutung: Schwermut bei dem Selbstbildnis, Trauer bei dem Schmerzensmann und Müdigkeit des alten Joseph bei der *Hl. Familie*.

38

Abb. 5: Albrecht Dürer, Selbstbildnis,
Erlangen, Universitätsbibliothek

Bildliche Zeugnisse von so eindringlicher Selbstbeobachtung wie diese haben, wie bereits gesagt, nichts Vergleichbares in der Zeit – auch nicht im Werk Leonardos, an den man hier vielleicht am ehesten als Parallelfall denken könnte. Macht man sich dies hinreichend klar, so erscheint es auch als weniger überraschend, daß gerade Dürer erstmals einen selbsterlebten Traum aufgezeichnet hat, ja, daß überhaupt nur von ihm aus dieser Zeit ein solches Dokument erhalten ist. Daß andererseits die im Werk Dürers so auffällig zutage tretende Selbstbeobachtung des Künstlers durchaus ihre Vorgeschichte und ihre weiteren geistesgeschichtlichen Voraussetzungen hat, sei hier nur angedeutet. Denn dies näher auszuführen, müßte ausführlich auf die in den 80er Jahren des 15. Jahrhunderts mit Marsilio Ficino einsetzende Erneuerung der aristotelischen Temperamentslehre eingegangen werden, auf das aus ihr sich herleitende, von Ficino jedoch strikter noch formulierte kausale Verhältnis von Melancholie und überragender schöpferischer Begabung bis hin zu deren höchster Steigerung als göttlicher "mania", auf die Tatsache sodann, daß Dürer – wie Melanchthon bezeugt[17] – als "melancholicus" galt, und schließlich auch auf seinen berühmten Stich der "Melencolia", der als ein weiteres bildliches Zeugnis eindringlicher Selbstreflexion des Künstlers anzusehen ist – was alles uns jedoch über den hier vorgegebenen Rahmen hinaus in ein anderes faszinierendes Feld der Dürerforschung und der Geistesgeschichte der Renaissance hineinführen würde.

Stattdessen sei zum Abschluß nochmals zu Dürers "Traumgesicht" zurückgekehrt und, ausgehend von diesem, auf *Leonardo* ein kurzer Seitenblick geworfen. Auch Leonardo hat, wie Dürer, dem Traum und den Traumgesichten offensichtlich eine große Bedeutung beigemessen, und es finden sich sowohl in den Schriften Leonardos als auch in denen Dürers diesbezügliche Sätze, die verblüffend ähnlich klingen. So heißt es bei Dürer, in den Entwürfen für die Einleitung zu einem Lehrbuch der Malerei: "Ach, wy oft sich jch grosse kunst und gut ding jm schloff, des gleichen

17 *Dürer: Schriftlicher Nachlaß* (wie Anm. 6), I, S. 319.

mir wachent nit vürkumt. Aber so jch erwach, so verlewrt mirs dy gedechtnus"[18], und bei Leonardo: "Perchè vede più certa la cosa l'occhio ne' sogni che colla imaginatione, stando desto?"[19].

Rein vom Sujet her mit Dürers "Traumgesicht" vergleichbar sind jene insgesamt sieben berühmten Zeichnungen des späten Leonardo, die als "Sintflutvisionen" bezeichnet werden. Sie sind um 1512-14 entstanden und befinden sich heute in Windsor Castle (Abb. 6)[20]. Auch in diesem Falle handelt es sich nicht um Auftragsarbeiten oder um Vorarbeiten für ein Auftragswerk, sondern um ganz aus eigenem Antrieb entstandene Studien des Künstlers, klein im Format, aber grandios in der Wirkung. Wassermassen sind es auch hier, die sich zerstörerisch über die Erde ergießen, die nun aber als wild bewegte Wassermassen, als reißende Strudel und Wogen die Erde und das Leben auf ihr verschlingen. Um Traumbilder im eigentlichen Sinne handelt es sich bei diesen Bildern jedoch nicht, so "traumatisch" sie auch wirken und so sehr sie letztlich auch von Traumerlebnissen angeregt sein mögen. Dennoch sind es unverkennbar *erfundene* Untergangsvisionen, künstlerische Studien zum Thema "diluvio", was schon darin sich zeigt, daß Leonardo dem Thema auf den einzelnen Blättern immer neue Varianten abzugewinnen sucht, zugleich aber auch eine deutliche Steigerung in den verschiedenen Versionen erkennbar wird, da in den späteren die zerstörerischen Kräfte des Wassers eine geradezu explosive Gewalt entwickeln. In allen Varianten sieht man jedoch ein überlegt komponierendes, variierendes und kontrollierendes künstlerisches Bewußtsein am Werk. Das Thema als solches – die Sintflut – wird dabei mehr und mehr vereinnahmt durch das vorrangige Interesse des Künstlers

18 Ebd., II, S. 115.

19 *The Literary Works of Leonardo da Vinci*, ed. J. P. Richter, 3. Aufl. New York 1970, II, Nr. 1144.

20 Vgl. A. E. Popham, *The drawings of Leonardo da Vinci*, London 1946, Nr. 290-296; L. H. Heydenreich, *Leonardo da Vinci*, Basel 1954, S. 171-177; ders., *Leonardo*, Berlin 1943, S. 290-294; J. Gantner, *Leonardos Visionen von der Sintflut und vom Untergang der Welt*, Bern 1958.

an der alles zersprengenden und verschlingenden Gewalt der Wasser, so daß alles, was sonst noch zum Thema gehört und was bis dahin den Hauptanteil an Darstellungen der Sintflut ausmachte – Menschen, Tiere, Pflanzen – kaum mehr zur Geltung kommt. Zugleich wird ins Große und Gigantische übersetzt, was Leonardo zuvor an Wasserbewegung und Strömungsgesetzen, an gegenseitiger Durchdringung von stationärer und fortschreitender Bewegung des Wassers in der Natur beobachtet und in Lehrskizzen festgehalten hat, so daß zuletzt eine geradezu schematische Veranschaulichung elementarer Kraftentladung seine "Sintflutvisionen" bestimmt (Abb. 6).

Demgegenüber ist das "Traumgesicht" Dürers – obwohl auch hier eine Sintflut gemeint ist – von ganz anderer Art, von geradezu extremer Schlichtheit und ohne alle künstlerische Virtuosität und durchgängige Belebung in der formalen Durchgestaltung, obwohl ansonsten gerade solche Qualitäten für Dürers Kunst kennzeichnend sind. In großer Distanz, schemenhaft, schwebend und lautlos, ohne sichtbare Kraftentfaltung und ohne Geräusch, ohne Schäumen und Spritzen, aber doch mit zwingender Notwendigkeit spielt sich hier alles ab. Und gerade die Schemenhaftigkeit und Lautlosigkeit sind es, durch die das Unwirkliche und das Bedrohliche der Erscheinung zum Ausdruck kommen. Mit anderen Worten: hier wird nicht nur im apokalyptischen *Bildgegenstand*, sondern auch im *Formalen*, in der Art der bildlichen Wiedergabe unmißverständlich deutlich, daß es sich um ein Traumbild handelt. Während Leonardos erfundene Sintflutvisionen ihren "traumatischen Effekt" gerade aus einer extremen Steigerung von bewegenden Kräften zu zerstörender Gewalt beziehen, erscheint in Dürers Aquarell alles im Stillstand begriffen und von phantomhafter Wirkung.

Es ist – um auf die Ausgangsfrage zurückzukommen – dies der Punkt, wo ein Traumbild erstmals zu einer eigenen und authentischen Darstellungsform in der bildenden Kunst gelangt, so daß sich Dürers kleines Aquarell auch in dieser Hinsicht als ein wichtiges künstlerisches Dokument des Übergangs vom Mittelalter zur Neuzeit erweist.

Abb. 6: Leonardo da Vinci, Vision einer Sintflut,
Windsor Castle, Royal Library

Hans Schadewaldt

Die mittelalterliche Physiologie des Traumgeschehens

In dieser Ringvorlesung sind bisher meine geisteswissenschaftlichen Fachkollegen mit beachtenswerten Beiträgen zu Wort gekommen. Es ging dabei in erster Linie um die Erörterung und Deutung von Traumphänomenen und Traumvisionen in der mittelalterlichen und Renaissancewelt, wenn man von dem grundlegenden ersten Vortrag über "Traum und Traumdeutung in der griechischen Antike" absieht, ein Vortrag, der es mir erlaubt, sozusagen unmittelbar daran anzuknüpfen, weil ich als Vertreter der Medizinischen Fakultät die Aufgabe übernommen habe, die physiologischen Grundlagen des Traumgeschehens, wie sie sich durch die mittelalterlichen ärztlichen Autoren darstellen lassen, zusammenfassend zu würdigen.

Gestatten Sie mir zur Einführung jedoch einige allgemeine Bemerkungen aus der Sicht der modernen Psychologie und Neurophysiologie. Unter Traum verstehen wir laut der Brockhaus-Enzyklopädie

> eine in bestimmten Phasen des Schlafes auftretende Bilderabfolge von vorwiegend visueller Qualität, die in einem eingeschränkten und veränderten Bewußtsein erlebt wird.

Im Anschluß daran wird lapidar die freilich erst seit Sigmund Freud und Carl Gustav Jung postulierte Prämisse vertreten, daß der Traum als "eine Erscheinung des Unbewußten" bezeichnet werde.

So darf man mit Fug und Recht Freuds im Jahre 1900 erschienene Darstellung "Die Traumdeutung" als den Beginn dieser neuen Auffassung über den Traum ansehen und diesem Werk die Arbeiten des Schweizer Mitstreiters und späteren Gegners Jung zur Seite stellen, der stärker den Symbolcharakter des Traumes hervorhob, den er in seinem klassischen Werk "Über Alchemie und Psychologie" (1944) näher begründete, und den Traum zu den Phänomenen des kollektiven Unbewußten zuordnete, und über diese Sicht ist auch ein moderner Einstieg in die Traumvorstellungen des ausgehenden Mittelalters und der beginnenden Neuzeit möglich.

Jung hat im übrigen bezüglich der medizinischen Auswertung von Träumen das Schlagwort geprägt "Malen statt Träumen", weil er der Überzeugung war, daß die Phantasie oder was man im allgemeinen darunter versteht, bei diesen beiden Prozessen eine gleich wichtige und ähnliche Rolle spielen würde. Er hat dafür ein stark symbolhaftes Aquarell aus einer Bildersammlung "Das Bild aus dem Unbewußten" zum Modellcharakter erhoben, weil er im Sinne seiner Lehre vom kollektiven Unbewußten glaubte, daß bei beiden Prozessen Archetypen, d.h. typisch menschliche, aber eben nicht mehr individuelle Prägungen zu beobachten seien (Abb. 1). Als geradezu bezeichnend für diese moderne Auffassung vom Traum und vom Träumen möchte ich zwei Darstellungen von bedeutenden Künstlern aus dem beginnenden 19. und dem beginnenden 20. Jahrhundert gegenüberstellen, die beide Phänomene wiedergeben, wie sie häufig von Träumen berichtet werden, daß nämlich der Betreffende sich entweder ganz nackt oder unziemlich gekleidet – hier sind es jeweils zwei Nachthemden – einer Umgebung von gaffenden Menschen oder ungewöhnlichen Häusern oder Zäunen gegenübersieht: Francesco Goyas karikierende Darstellung des "Greises zwischen den Phantomen" aus "Los Disparates" (1819-1823) (Abb. 2) und Alfred Kubins "Die Gasse" aus dem Jahre 1930 (Abb. 3).

Diesen modernen grundlegenden Beiträgen aus der Sicht der Psychologie, ggf. der Psychiatrie, könnte man für unsere Zeit die neurophysiologischen Erkenntnisse gegenüberstellen, die zu der Entdeckung bestimmter Augenbewegungen im Schlaf, der Elektroenzephalographiediagnostik des "REM-Schlafes" führten.

Diese geradezu aufsehenerregenden Erkenntnisse gewannen zuerst 1953 die Chicagoer Physiologen Kleitmann und Aserinsky, die dann der Psychiater Dement, der eigentliche Vater der

Abb. 1: “Bild aus dem Unbewußten”.
Bildsammlung C.G. Jung (Zürich).
Aus: “Der Traum”, in: *Ciba Zeitschrift* 9 (Basel 1945) 3588

Abb. 2: Francisco Goya, "Der Greis zwischen den Phantomen".
Aus: "Disparate funebre", Blatt 18.
Radierung und Aquatinta aus den Jahren 1819-1823

Abb. 3: "Die Gasse". Aquarell von Alfred Kubin (um 1900), Sammlung A. Samtshaber (Wernstein/Inn). Aus: H. Schadewaldt, "Kunst und Medizin", in: *Medicinae et Artibus. Festschrift W. Katner zum 65. Geburtstag* (Düsseldorfer Arbeiten zur Geschichte der Medizin. Beiheft 1), Düsseldorf 1968, Abb. 79

neurophysiologischen Traumforschung, ausarbeitete. Er konnte feststellen, daß etwa 20-25 % unserer Schlafzeit Träume zum Inhalt haben, von denen freilich nur ein ganz kleiner Teil nach dem Erwachen reproduziert werden kann und in denen ein Phänomen auftritt, das wir auch aus der Drogenszene kennen, die Veränderung des Zeit- und Raumgefühls, denn das was objektivierbar in wenigen Sekunden sich abspielt, wird im Traum oft minuten-, ja stundenlang empfunden. Aus eigener Erfahrung kann ich aus Versuchen mit Haschisch über ähnliche Veränderungen des Zeitgefühls berichten. (Für die Nichtmediziner unter Ihnen sollte ich noch erwähnen, daß "REM" die Anfangsbuchstaben der englischen Bezeichnung "Rapid Eye Movements" sind.)

Es ist zwar auffällig, daß die Träume meist als visuelle Reize empfunden werden, doch gibt es bei Blindgeborenen oder Blindgewordenen durchaus neben den optischen auch akustische und olfaktorische Träume, die offensichtlich darauf beruhen, daß dem Blinden kein ausreichendes Reservoir an visuellen Erlebnisphänomenen in seinem Unbewußten zur Verfügung steht.

Was die Physiologie der Traumqualitäten anbelangt, so muß man in der Geschichte der Traumforschung zwei Phänomene unterscheiden. Das ist einmal der Traum als göttliche oder religiöse Offenbarung, und das sind die sog. menschlichen Begierdeträume, wie sie bereits im Mittelalter von Albertus Magnus oder Thomas von Aquin streng unterschieden wurden und die in den Divinationsträumen als positives Phänomen – ich erinnere hier an eine großartige Darstellung des Traums der drei Magier, eine romanische Plastik von der Kathedrale Autun (Abb. 4) – oder als negative, bedrohlich empfundene Prophetie imponierten. Dazu sei ein Kupferstich von Matthäus Merian in dessen Bibel aus dem Jahre 1640, vom Traum des Propheten Daniel von den kommenden vier Weltreichen, die in Gestalt von Untieren aus dem Meere aufsteigen, als Beispiel genannt. Als positive Begierdeträume dürften die zahlreichen in die sexuelle Sphäre hineinreichenden Traumerlebnisse gelten, die ja dann auch Freud dazu geführt haben, die sexuelle Abhängigkeit als den entscheidenden Faktor für die Träume anzunehmen, während im späten Mittelal-

Abb. 4: "Der Traum der Magier".
Plastik im Musée de la Cathédrale, Autun (Saône-et-Loire).
Aus: "Der Traum", in: *Ciba Zeitschrift* 9 (Basel 1945) 3556

ter gerade diese Träume entscheidend zur Ausbreitung des sog. "Hexenwesens" beitrugen, weil die Unzucht mit dem Teufel, im Traum vollzogen, als Inkubus oder Sukkubus, je nachdem ob es sich dabei um einen männlichen oder weiblichen Teufel handeln sollte, immer wieder in den Anklagen von den Richtern beschworen wurden. Ein weiteres interessantes Phänomen war in dieser Beziehung der sog. "Alptraum". Es war, wie dies der Tübinger Philosoph und Psychologe Heinrich Spitta 1878 formulierte, "das Traumbild eines Kobolds oder Ungeheuers, welches auf der Brust des Schlafenden hockt, immer weiter gegen die Kehle vordringt, um ihn zu erwürgen". Ein Traumbild, das also offensichtlich sogar das Gefühl der Todesangst erzeugen kann, wobei alle Versuche, sich des vermeintlichen Ungetüms zu erwehren, unmöglich gemacht werden. Der Betroffene kann weder schreien noch sich aus der Umklammerung befreien und wacht meistens schweißgebadet auf, um glücklich festzustellen, daß er noch einmal der drohenden Lebensgefahr entronnen ist.

Neben den dämonologischen Vorstellungen sind schon sehr früh körperliche Phänomene für das Auftreten derartiger Alpträume in Anspruch genommen worden, wie etwa Verdauungsstörungen oder asthmatische oder kardiale Symptome, kurzum, es war eine Auseinandersetzung mit dem Geisterglauben, der Dämonologie, wie sie ja auch ganze Phasen der Heilkunde geprägt hatte. Ähnliches wurde in der Antike, etwa von Pan, dem Urheber des panischen Schreckens, behauptet. Die heute wieder ganz aktuellen Darstellungen der Vampire haben auch hier ihren Platz, und eigentlich könnte man diesen Phänomenen des Alptraumes eine eigene Vorlesung widmen, aber mein Thema lautet ja "Die mittelalterliche Physiologie des Traumgeschehens". Und so muß ich nun in eine andere Welt entführen.

Es ist die nach wie vor von der antiken Naturphilosophie und der sich daran anschließenden wissenschaftlichen Heilkunde der griechischen Antike geprägte mittelalterliche Welt, in der die alte Auseinandersetzung, ob die Denkprozesse sich in bestimmten Organen des Leibes, etwa in der Leber, im Zwerchfell oder im Herzen, abspielen oder das Gehirn als Sitz und Funktionsorgan der Denkprozesse in Anspruch genommen werden sollte, zu Gunsten des letzten entschieden worden war. Schon in der offensichtlich von Hippokrates selbst stammenden Abhandlung über die "Heilige Krankheit", worunter sich die Darstellung der Epilepsie verbirgt, liest man:

> Denn mittels des Gehirns überlegen wir, verstehen wir, sehen wir, hören wir und erkennen wir sowohl das Gute wie das Schlechte, und mit ihm rasen wir und denken wie Irre.

Und noch deutlicher wurde sein Hinweis:

> Ich bin der Ansicht, daß das Gehirn der mächtigste Körperteil ist, denn wenn er gesund ist, ist er ein Dolmetscher der Luft, denn aus der Luft kommt das Denken. Augen, Ohren, Zungen, Hände und Füße wirken in Zusammenarbeit mit dem Gehirn.

Und energisch widersprach der hippokratische Autor anderen Auffassungen:

> Einige sagen, daß das Herz das Organ sei, mit dem wir denken, und daß es Schmerz und Angst fühlt. Aber dem ist nicht so.

Homer und vor allem Aristoteles hatten das Herz in den Mittelpunkt ihrer Überlegungen gestellt:

> Denn die Intelligenz des Menschen ist in der linken Herzhöhle lokalisiert und beherrscht die übrige Seele.

Freilich hatte Platon hingegen im "Timaios" gemeint:

> Das Gehirn ist der göttlichste Teil.

Sein Schüler Aristoteles dagegen stellte das Herz als Sitz von Seele und Verstand heraus. Für ihn war das Herz die "Akropolis des Körpers". Denn:

> Das Herz liegt in der Mitte des Körpers und in seinem vorderen Teil, und wir glauben, daß im Herzen das Prinzip des Lebens und der Bewegung sowie der Empfindung sich befindet.

Ich kann hier natürlich nicht auf die verschiedenen Differenzierungen der Seelenanteile, wie sie Platon inauguriert hat, eingehen und wie sie dann auch für die christlichen Kirchenväter noch eine besondere Bedeutung hatten, ich sollte nur erwähnen, daß als nächste Frage jahrhundertelang diskutiert wurde, welcher Teil des Gehirns eine entsprechende Bedeutung bei den Denkprozessen und damit wohl auch bei den Empfindungsprozessen und der Traumentstehung hatte. Denn nach der alten Humoralpathologie, die Galen zu einem System in konsequenter Verfolgung der empedokleischen Vierelementenlehre ausformte, sollte im Gehirn die Hypophyse als Schleimdrüse einen dieser vier Kardinalsäfte, das Phlegma, entstehen lassen. Dieses würde dann zum Teil gerinnen und die Hirnmasse bilden. Sehr früh schon erkannte man, daß das Gehirn selbst gefühllos war und konnte sich deshalb nicht vorstellen, daß in diesem Teil irgendwelche Denkprozesse sich abspielen würden. Diese verlegte man hingegen in die vier Ventrikel, und diese Ventrikellehre ist dann auch die Basis geworden für die physiologische Traumdeutung. Man ging dabei von der Vorstellung aus, daß sich in diesen Ventrikeln aus den Membranen der Pia mater eine Flüssigkeit, die wir heute im Liquor cerebro-spinalis erkennen, absondern würde, die als "Succus nervorum" die geistigen Qualitäten über hohl gedachte Nerven bis in die Peripherie tragen könnte, gleichzeitig aber auch durch eine besondere Funktion dieser Ventrikel Verarbeitungsprozesse in Gang bringen sollte. So spielte im ganzen Mittelalter bis weit in die Neuzeit hinein die Ventrikellehre die entscheidende Rolle, die ich hier kurz an einigen Beispielen darlegen kann.

Sie ist besonders gut an den sogenannten Hirn-Situs-Bildern zu demonstrieren, wie dem Ventrikelschema von Johannes Peyligk in seiner 1499 gedruckten Inkunabel "Philosophiae naturalis compendium", die aber schon auf Darstellungen im 11.-

13. Jahrhundert zurückgehen, so z.B. bei John Peckham, wo deutlich die röhrenförmigen Nervi optici und die drei Seelenanteile "Fantasia", "Memoria", hier allerdings nach augustinischer Vorstellung in der Mitte, und "Cogitatio" zu sehen sind. Sein "Speculum animae" ist 1504 im Druck erschienen. Aber auch im "Antropologium" des Magnus Hundt von 1501, in der "Margarita philosophica" des Kartäuserpriors und Beichtvaters Kaiser Maximilian I. Gregor Reisch von 1503 oder in einer der vielen Ausgaben des Werkes "De anima" des Albertus Magnus sind sie ebenso zu finden wie in zahlreichen anonymen Zeichnungen und Holzschnitten, die Walter Sudhoff weitgehend vollständig zusammengestellt hat. Auf der Abbildung eines Mönches vom Jahre 1497 sieht man die Erwähnung der seelischen Qualitäten noch in Form einer Bandschrift um das Mönchsportrait geordnet. Aus dem unteren Schriftband ist zu entnehmen, daß der "Sensus tactus per totum corpus" sich überall befinden müsse, und weiter, daß dieses Bild für einen Klosterbruder zur Erläuterung der aristotelischen Auffassung gezeichnet wurde. Dann folgen auf dem oberen Spruchband die einzelnen Seelenanteile

Organum sensus gustus
Organum sensus olfactus
Organum sensus visus
Organum sensus auditus
Organum sensus communis
Organum virtutis imaginativae
Organum virtutis cogitativae
Organum virtutis memorativae

jeweils durch knappe topographische Hinweise erläutert. Hier taucht also offensichtlich sehr früh der Begriff des "Seelenorgans" auf, den dann der eigentliche Begründer der Hirnlokalisationslehre Franz Josef Gall Ende des 18. Jahrhunderts wieder verwenden sollte. Auf einer anderen, ebenso portraitähnlichen Zeichnung aus der gleichen Zeit sind dieselben Virtutes kreisförmig in das Portrait hineingezeichnet. Außer dem Sinnesorgan sind wieder in der Reihenfolge von ventral nach dorsal sensus communis, virtus imaginativa, cogitativa und memoria eingezeichnet, aber über dem Kopf schweben noch, sozusagen den immateriellen Seelenanteil anzeigend, voluntas, intellectus possibilis und intellectus agens. Im übrigen hat auf diesem Bild der mit der Anatomie wohl wenig vertraute klerikale Künstler Leber und Milz vertauscht.

Besonders interessant ist ein Gehirn-Seelen-Schema von Cosimo Rosselli (Abb. 5). Hier ist besonders deutlich ein "Vermis" eingezeichnet, der als "Custos ventriculi" bereits nach Galen den Denkprozeß steuern sollte. Bei Galen freilich war dieser sogenannte "Vermis" vor dem Kleinhirn gelegen, während erstmals arabische Autoren, wie Ali Abbas und Averroes und – worauf besonders Walter Pagel hinwies, dem wir eine ganz ausgezeichnete Arbeit zu diesem Problem verdanken – Costa Ben Lucca in Syrien, den "Vermis rubrus" offensichtlich mit dem Plexus chorioideus identifiziert haben dürften, der sich je nach Bedarf öffnen und schließen sollte. Beim Erinnerungsvorgang sollte die Hitze des vorderen Ventrikels, die dort durch das vom Herzen anfließende erwärmte Blut hervorgerufen würde, nach hinten ausstrahlen und dadurch eine Kontraktion des Vermis bedingen, der immer wieder anatomisch beschrieben wurde, obwohl es ihn natürlich in Wirklichkeit gar nicht gibt. Typisch ist die Schilderung des Magisters Gerolamo Manfredi: An der Seite des Ventrikels ist ein 'Ding', wie ein unterirdischer Wurm, rot wie Blut, gehalten von gewissen Bändern und Nerven. Dieser längliche Wurm verschließe die Passage und blockiere so den Weg vom einen zum anderen Ventrikel. Dadurch habe die Natur vorgesorgt, daß der Mensch vom Denken ausruhen könne. Wolle er aber andererseits denken, dann gäbe der Wurm die Passage frei, indem er sich zusammenziehe.

Diese Öffnung des letzten Ventrikels ließ die memorabilia in die vorderen Kammern gelangen, wo sie nun dem Denken zur Verfügung standen. War hingegen Konzentration oder gedankliche Ruhe erwünscht, dann strahlte die Hitze nach vorn, der Wurm breitete sich aus und verlegte das Ventrikelostium. Das Gehirn war nun bereit, Neues aufzunehmen, die Erinnerung

Abb. 5: Darstellung des Sitzes verschiedener Hirnfunktionen.
Holzschnitt aus Cosmas Roselio,
"Thesaurus Artificiosae Memoriae ...", Venedig 1579, S. 138.
Aus: E. Clarke-K. Dewhurst, *Die Funktionen des Gehirns.*
Aus d. Engl., München 1873, S.43 Abb. 54

hingegen war blockiert. Im 13. Jahrhundert faßte neben vielen anderen auch Bartholomaeus Anglicus das Wissen jener Zeit über das Gehirn wie folgt zusammen: Das Gehirn sei weiß, weil es blutarm sei und da es vielfältige Eindrücke aufnehmen müsse, wäre es wie eine leere Tafel. Es sei kalt und feucht, um die vom Herzen aufströmende Wärme zu kühlen. In den drei Cellulae spielten sich die hauptsächlichsten Denkprozesse ab, ganz im Sinne einer Coctio und Lubrificatio. Die Wärme nähme im Gehirn von vorn nach hinten ab, und das Kleinhirn sei ganz fest und hart, da es das Depotorgan der Erinnerungsbilder umgebe, das kühl gehalten werden müsse.

Diese Modellvorstellung von der Funktionsweise des Nervensystems sollte für einige Jahrhunderte die Medizin, Theologie und Philosophie beherrschen. Noch in Shakespeare's "Love's Labour's Lost", der "Verlorenen Liebesmüh" von 1594, ist vom "Ventricle of Memory" (4. Akt, 2. Szene) die Rede.

Mein Lehrer Paul Diepgen hat bereits 1912 in seiner grundlegenden Arbeit "Traum und Traumdeutung als medizinisch-naturwissenschaftliches Problem im Mittelalter" auf diese Phänomene ausdrücklich hingewiesen. Vielleicht kann ich anhand des klaren Schemas aus einer dem Albertus Magnus zugeschriebenen Darstellung ganz kurz die mittelalterliche Auffassung vom Traumvorgang rekonstruieren. Zu den fünf Sinnen, durch die alle sinnfälligen Objekte aufgenommen werden, kommt hier ein sechster Sinn, der Sensus communis, hinzu, aus dem alle übrigen ihren Ursprung nehmen und der im vorderen Teil, im wärmsten der Hirnkammern, seinen Sitz hat. Er stellt eine Art von Vermittlungsorgan zwischen den spezialisierten Sinnesorganen und dem sogenannten "inneren Sinn", der sinnlichen Seele, dar, und er führt weiter zu der Verarbeitungsstelle der imaginatio oder fantasia. Dort sollen die Bilder, die im Sensus communis assimiliert worden waren, zu eigenständigen Gebilden umgeformt werden, und dies war auch der Ort der eigentlichen Traumvorstellung, denn im Traum würde aus der Kammer der Memoria wieder Material bis in die Kammer von Fantasia und Imaginatio befördert, wobei ein sogenannter Wurm, der Vermis, regulierend eingreifen soll. Es könnte sein, daß darunter der heutige Aquaeductus silvii verstanden wurde, der freilich eine ganz andere Funktion hat. Während es im Vorderhaupt am heißesten sein sollte, befände sich der Ventriculus memorativus im hinteren kühleren Abschnitt, sozusagen im Eiskeller der Vorstellungsprozesse, aber im Gegensatz zum Wachzustand würden die in den Ventrikeln der Fantasia und der Imaginatio ankommenden Impulse nicht mehr zu den einzelnen Organen weitergeleitet, sondern dort spirituell wahrgenommen werden. Der Prozeß vollzöge sich also beim Träumen umgekehrt wie beim Wachen. Während im Wachzustand über die schon erwähnten Sinnesorgane und über den ersten Ventrikel des Sensus communis Außeneindrücke aufgenommen und verarbeitet würden, käme beim Traum ein Rückstrom derartiger gespeicherter Phänomene, freilich nur bis zum dritten vorderen Ventrikel in Frage, und es käme nicht zur vollkommenen realen Wahrnehmung. Dennoch würden aber Traumprozesse teilweise in der Erinnerung lebendig, dann nämlich, wenn sie wieder durch den Vermis in den Ventriculus memorativus zurückgesandt würden und dann dort als Erinnerungsfragmente die Einbildungskraft beeinflussen könnten.

Dieses sehr organbezogene Erklärungsmuster wich natürlich von den Vorstellungen einer divinatorischen Erzeugung von Träumen im Organismus weitgehend ab, und man darf auf die Verwandtschaft mit den eher materialistisch denkenden Vorsokratikern hinweisen. Da ich mich mit den physiologischen Deutungen zu befassen habe, werde ich der Schwierigkeit enthoben, die divinatorischen Träume hier zu schildern, und auch der Diskussion über die realen Erlebnisse, die z.B. Schamanen und andere Medizinmänner im Traum zu erleben meinen. Gerade bei den Schamanen ist es ja die Problematik, daß die betreffenden Heilpersonen und ihre Anhänger, obwohl sie den Schlafenden vor sich sehen, der Überzeugung sind, daß ein Teil seiner Seele in andere Länder, etwa zu Göttern und Dämonen, entwichen sei, und sie nähern sich damit Vorstellungen, wie sie auch Schizophrene mit ihrem Spaltirresein häufig aufweisen. In ganz ähnlicher Weise darf man auch gewisse Rauscheffekte, die immer wieder beschrieben worden sind, deuten. Entscheidend aber ist, daß durch die physiologische Deklaration des Traumprozesses die Traumdeutung eine andere Dimension bekam und anstelle der bis weit in unsere Zeit hinein wirkenden Versuche, die Zukunft aus den Träumen als Empfehlungen oder Warnsignale der Gottheiten erkennen zu können, die Rückbesinnung auf die eigene Psyche das entscheidende Moment ist.

Traumbücher hat es in großer Zahl vom Mittelalter an gegeben. Hier seien nur die Manuskripte der später im Buchdruck erschienenen Werke von Hieronymus Cardanus (1564), Johann Christoph Männlingen (1714) und das Traumbuch von Johann Gottlob Krüger (1758) erwähnt. Das Erscheinen von Engeln oder Gottesboten im Traum ist uns aus den Alten Testament, so bezüglich des Propheten Elias und insbesondere der Deutung von Pharaos Traum von den sieben fetten und den sieben mageren Jahren, geläufig und immer wieder in der Literatur erwähnt und in der Ikonographie nachempfunden worden. Daß sich auch Dämonen, ja der Teufel selbst des Traumes bedienen, hatte ich schon ausgeführt; dazu gehört auch die Beeinflussung der Gattin des Pilatus, Pokula, die ihren Mann aufgrund eines Traumes dazu überreden wollte, Christus nicht dem Gericht zu überantworten (Mt. 27,19). Damit wäre aber der Passionstod des Herrn und die nachherige Erlösung der Menschheit unmöglich geworden. Daher bekam diese in der Tat humanitäre Warnung einen völlig negativen Anstrich.

Vielleicht sollte ich zum Schluß noch einmal auf die faszinierende Interpretation der Traumvorgänge mit gewissen allegorischen Vorstellungen der Alchemisten, wie sie Carl Gustav Jung herausgearbeitet hat, eingehen. Denn Jung hat wohl als einer der ersten deutlich gemacht, daß es den Alchemisten nicht in erster Linie um die Verwandlung unedler in edle Metalle, ja auch nicht um die Gewinnung der Quinta essentia als Lapis philosophorum und Panazee in der Heilkunde ging, sondern daß sie der Überzeugung waren und hier gnostischen Ideen folgten, daß erst ein in ihnen selbst sich vollziehender Gedankenprozeß auch die Veränderung der bearbeiteten Substanzen bewirken könne, daß also der alchemistischen Praxis eine meditative Phase vorausgehen müsse, wie sie von Darstellungen von derartigen Meditationen in der Einsamkeit, häufig in einer Schlucht, die auch als Symbol des Traumvorgangs gedeutet wurden, oder gar im Zustand der Nigredo, der totalen Erstarrung, vorbereitet würden, aus der dann der Alchemist die Kräfte für die Veränderung der Elemente ziehen könnte (Abb. 6). Daß auch heute noch im Traum Symbole, wie sie in der Alchemie üblich waren, dem Träumenden erscheinen, hat Jung auf das kollektive Unterbewußte zurückgeführt, das Zeiten und Kulturen überspringen kann, so die häufig im Traum erlebten Verjüngungsprozesse, das Ei als Prinzip der Makro-Mikrokosmos-Entstehung, der schon beschriebene enge Weg als dunkler Gang, der freilich in eine neue Offenbarung führen kann, usw. Er hat freilich bei seinen tiefenanalytischen Überlegungen nicht das Zeitalter der Romantik berücksichtigt, obwohl er doch das Postulat des Malens als Analogon des Träumens aufstellte. Die Romantik hatte nämlich schon deutlich erkannt, daß die Träume wohl auf ähnlichen Entstehungsmechanismen beruhen dürften wie die schöpferischen künstlerischen Leistungen und in ihnen ebenso Zeit und Raum überschritten werden könnten wie im Traum. Dies berührt aber die Grundprinzipien magisch-mystischen Denkens und führt weit über die von mir zu behandelnde Thematik hinaus.

Ich darf mich also darauf beschränken festzustellen, daß heute natürlich völlig andersartige Vorstellungen über die Denkprozesse als im Mittelalter existieren und die Ventrikel keineswegs mehr als die Orte der Denkvorgänge betrachtet werden und daß nicht zuletzt mit der Entdeckung der Funktionsvariabilität der Großhirnrinde der Ursprung von Gedanken und Assoziationen in ganz andere Regionen verlegt wird und damit auch das Traumgeschehen in Gegenden angesiedelt wird, die die früheren Forscher noch gar nicht kennen konnten, zumal neben den rein funktional-anatomischen auch biochemische und biophysikalische Erörterungen über die Abhängigkeit von Soma und Psyche im Traum angestellt werden.

Abb. 6: Alchemist im Zustand der Erstarrung, der sog. "Nigredo". Aus einem alchemistischen Traktat

STUDIA HUMANIORA

DÜSSELDORFER STUDIEN ZU MITTELALTER UND RENAISSANCE

Herausgegeben von Wilhelm Busse, Hans Hecker, Rudolf Hiestand, Gert Kaiser, Joachim Poeschke, Hans Schadewaldt, Ludwig Schrader, Hubertus Schulte Herbrüggen, Josef Semmler und Peter Wunderli

Bd. 1
Forschungsinstitut für Mittelalter und Renaissance (Hrsg.)
DAS RITTERBILD IN MITTELALTER UND RENAISSANCE
189 Seiten, Paperback

Bd. 2
Urban Küsters
DER VERSCHLOSSENE GARTEN
Volkssprachliche Hohelied-Auslegung und monastische Lebensform im 12. Jahrhundert
367 Seiten, Paperback

Bd. 3
Brigitte Kasten
ADALHARD VON CORBIE
Die Biographie eines karolingischen Politikers und Klostervorstehers
227 Seiten, Paperback

Bd. 4
Edeltraud Werner
LIBER SCALE MACHOMETI
Die lateinische Fassung des Kitāb al mi'rādj
Einleitung – Edition – Glossar
267 Seiten, Paperback

Bd. 6
Gert Kaiser und Jan-Dirk Müller (Hrsg.)
HÖFISCHE LITERATUR · HOFGESELLSCHAFT · HÖFISCHE LEBENSFORMEN UM 1200
586 Seiten, Paperback

Droste Verlag

Bd. 7
Wilhelm Busse
ALTENGLISCHE LITERATUR UND IHRE GESCHICHTE
Zur Kritik des gegenwärtigen Deutungssystems
314 Seiten, Paperback

Bd. 8
Christoph Strosetzki
LITERATUR ALS BERUF
Zum Selbstverständnis gelehrter und schriftstellerischer Existenz im spanischen Siglo de Oro
334 Seiten, Paperback

Bd. 9
Thomas Brückner
DIE ERSTE FRANZÖSISCHE AENEIS
Untersuchungen zu Octovien de Saint-Gelais' Übersetzung
Mit einer kritischen Edition des VI. Buches
395 Seiten, Paperback

Bd. 10
Ludwig Schrader (Hrsg.)
ALTERNATIVE WELTEN IN MITTELALTER UND RENAISSANCE
302 Seiten, Paperback

Bd. 11
Rainer Stillers
HUMANISTISCHE DEUTUNG
Studien zu Kommentar und Literaturtheorie in der italienischen Renaissance
424 Seiten, Paperback

Bd. 12
Margarete Zimmermann
VOM HAUSBUCH ZUR NOVELLE
Didaktische und erzählende Prosa im Frankreich des späten Mittelalters
351 Seiten, Paperback

Droste Verlag

Bd. 20
Wolfgang Antweiler
DAS BISTUM TRIPOLIS IM 12. UND 13. JAHRHUNDERT
Personengeschichtliche und strukturelle Probleme
424 Seiten, Paperback

Bd. 21
Petra Braselmann
HUMANISTISCHE GRAMMATIK UND VOLKSSPRACHE
Zur „Gramática de la lengua castellana" von Antonio de Nebrija
555 Seiten, Paperback

Bd. 22
Peter Wunderli (Hrsg.)
REISEN IN REALE UND MYTHISCHE FERNE
Reiseliteratur in Mittelalter und Renaissance
270 Seiten, Paperback

Bd. 23
Sönke Lorenz
KAISERSWERTH IM MITTELALTER
Genese, Struktur und Organisation königlicher Herrschaft am Niederrhein
258 Seiten mit Abbildungen, Paperback

Droste Verlag